THE UNSPOKEN RULES

暗黙のルール

Secrets to Starting Your Career Off Right

ハーバード大学のキャリア・アドバイザーが書いた、
新・社会人の教科書

ハーバード大学キャリア・アドバイザー
ゴリック・ウン
Gorick Ng
道本美穂訳

実務教育出版

THE UNSPOKEN RULES
暗黙のルール

THE UNSPOKEN RULES

Secrets to Starting Your Career Off Right

by

Gorick Ng

Published by arrangement with
Harvard Business Review Press
through Tuttle-Mori Agency, Inc., Tokyo

未来を夢見る人たちへ。
そして、恩送りという暗黙のルールを教えてくれた母に捧ぐ。

目次

自分を知ってもらう

仕事をやり遂げる

人と良い関係を築く

仕事の質を上げ、評価される

装幀　重原隆
本文デザイン　吉村朋子
図版　FUKUDAX
組版　株式会社キャップス

はじめに

夜中の2時半、私はまだオフィスにいた。6時間後にクライアントに提出する予定の壊れたエクセルの集計表を、必死に修正しようとしていた。この仕事に応募したときの求人票には、「活力あふれる」「ペースの速い職場環境」と書かれていたが、まさかこういうことだったとは！

ピコン！ ノートパソコンの画面に通知が現れた。上司が「急げ」と言ってきたのだ。

ピコン！ またメッセージが来た。

ピコン！

修正した集計表を上司に送った。もう10分がたったが、返信はない。

「ゴリック」と背後で声がした。椅子から飛び上がって振り向くと、そこに上司が立っていた。

「一緒にやろう」。それから2時間、私たちは並んで集計表に取り組んだ。上司が私のパソコンに向かい、私は肩越しに画面をのぞき込む。まぶたが閉じてしまわないように懸命に眠気と戦いながら――。

上司があるセルを指して言った。「なぜこの数字を割り算したんだい？」

私は身を乗り出して、目を凝らした。「わかりません……」

上司はため息をついた。その夜の出来事は、麻酔なしで受けた手術のように感じられた。頭にズキズキと痛みを感じながら私は思った。どうしてこうなってしまったのだろう？

入社してから10カ月後、その答えは、私の人事評価のなかにあった。「ゴリックは自分の仕事に責任をもたなければなりません。エクセルの作業を引き継いだ場合、苦労を厭わず準備をするといった努力が必要です」と書かれていた。このコメントを読んで、私は混乱した。「仕事に責任をもつ？」どういう意味だろう。確かに、上司には「エクセル分析を任せるよ」とは言われたものの、それはマスターファイル（最新のメインファイル）の保管に責任をもつことだと思っていた。それに、上司は最終的には「よくやった」と言ってくれた。自分でも「よくやった」と思っていた。いったい何が足りなかったのだろうか？

私に足りなかったのは、仕事の「暗黙のルール」に関する知識だった。上司が口で言わなくても期待している物事の進め方、優秀な社員が意識せずに行なっている仕事のやり方を、私は知らなかった。この暗黙のルールにうまく対処していくことは、キャリアの成功にとって極めて重要だ。ただし、問題は、学校ではその方法を教えてくれないこと。暗黙のルールは、親から子へ、先輩社員から若手社員へと伝えられ、知っている人と知らない人のあいだでは不公平な競争を強いられてしまう。

では、私がそれをどのように学んだのかをお話ししよう。私はまさしく、暗黙のルールを知らない側の人間だったのだから。

母はよく「社会で成功するためには、とにかく一生懸命働くことが大切だよ」と言っていた。だが、母は間違っていた。下を向いて、黙って、ひたすら努力すれば報われるというわけではなかった。キャリア構築という勝負において、勤勉さは入場料にすぎない。この勝負で生き残り、成功するためには、それ以上の何かが必要だ。勝負のルールを知る必要があるのだ。

私が14歳のとき、シングルマザーだった母は、ミシン工場の職を解雇された。母はそれまで、履歴書もそれを送るための送付状も書いたことがなかった。もちろん、私にもそんな経験はない。だが、一人っ子の私は、家でパソコンの使い方を知っている唯一の人間として、母の求職活動に乗り出すことになった。ランチを取りながら履歴書の書き方を調べ、午後は公共図書館で家政婦やクリーニング屋の店員の職を探し、夜は母のために何百件もの求人に応募した。週末には、生計を立てるために、見知らぬ人のバスルームを磨く母を手伝った。

ところが、数カ月たっても、私たちが送ったどの応募にも返事はなかった。何時間もかけて1通1通を書き上げたというのに、まったく返事がないことに私たちは打ちのめされた。行き詰ったような気がした。最後のあがきとして、母は政府の奨学金を申し込み、幼児教育アシスタントになるための学校に入学することにした。じつに40年ぶりの学生生活である。そして、修了証をもらって保育関係の仕事に就き、定年まで勤めることができた。母と私は、何とか生き延びることができた。

それ以来、私はずっと疑問に思っていた。なぜ母のように勤勉な人がなかなか職を見つけられなかったのだろう。グーグルでいろいろ調べたのに、なぜ私は母の助けになれなかったのだろう、と。その答えは数年後、私が高校生の頃に見つかった。コミュニティサービスのあるイベントで、私はサンディという年上の少年に出会った。彼は別の学校の生徒で、ちょうどアメリカの一流大学に出願している最中だった。私は、自分がそんな大学に出願できるかもしれないと考えたことはなかったし、そういう多くの大学について耳にしたことさえなかった。サンディを通して、大学のウェブサイトに書いてある指示だけが入学選考プロセスではないことを知った。先生に推薦状をお願いするだけでは不十分で、推薦状で紹介してほしい成果を一覧表にして伝えなければならないことを知った。GPA（成績評価値）と共通テストの点数では、ある程度までしか評価されず、課外活動や人物評価も同じくらい重要になることも知った。そして、これらの対策は役立った。私は家族のなかで初めて大学に進学し、ハーバード大学に入学できたのだ。

「暗黙のルール」はもう過去のものになった、とそのとき私は思っていた。やっと始まったばかりだとは思いもよらなかった。

大学2年生のある晩、寮に戻ろうと歩いていた私のそばを、何人かのクラスメートが急いで通り過ぎていった。私はジーンズとフード付きパーカーを着ていたのに、彼らはスーツを着込んでいた。翌日の授業で、ひそひそ話が耳に入ってきた。最近開かれたキャリアフェアに参加していた企業が、招待者限定のパーティーを開催したという。キャリアフェアで、私はその企業のテーブル近くを通りかかったものの、誰とも話をしなかった。どうせ2年生は採用しないだろうと思い込んでいたのだ。だが、2年生の一部の学生たちは、採用担当者に自分を売り込んでいただけでなく、友人のつてをたどって口添えしてもらっていた。キャリアフェアに参加して、私はパンフレットとブランド名の入った無料のミネラルウォーターを手にしたが、彼らは面接のチャンスを手にしていた。

それから数週間、私が大学で授業を受けているあいだ、この学生たちは市外で「内定者拘束週間」に参加していた。学生が内定を受けたあとに、企業の本社に招待されて、豪華な食事でもてなされるのである。私と母がなぜ苦労したのか、ふいにわかった気がした。就職に成功する人は水面下で人間関係を築いていたことも知らずに、私たちはやみくもにオンラインで仕事に応募していたのだ。

私はすぐに動き出した。先輩に話を聞き、教えられたとおりに行動した。暗黙のルールは効果を発揮した。クレディ・スイスの投資銀行部門で大学3年生向けの夏のインターンシップに参加し、ボストン・コンサルティング・グループ（BCG）で正規の経営コンサルタントの職を得ることができたからだ。ルールを知っている人だけが得られるような仕事に就くことができたのだ。だが、のちに人事評価からわかったように、入社することと仕事をうまくやっていくことは、まったく別物だった。

今度は、私もよくわかっていた。早速、同僚や友人たちに、それぞれの仕事や不満、人事評価について話を聞き始めた。1回かぎりの愚痴大会として始まったものが、たちまち仕事から離れた日常会話になった。驚いたことに、スタートアップ企業、法律事務所、病院、学校など、どこで働いているかは関係なく、誰もが同じ問題で悩んでいた。

まもなく、私は調査の範囲を広げていった。企業のマネジャーらに突然メールを送り、チームについての不満を話してほしいと頼むようになった。やがて、地球の反対側にいる見知らぬ人たちとビデオチャットをし、企業のリーダー的存在の人たちが水面下で口にする不満に耳を傾けるようになった。私たちは次の3つの問いについて話し合った。

・職場で最も犯しやすいミスはどんなものか？
・仕事を始めたばかりの最初の数年をやり直せるとしたら、どう行動するか？
・優秀な社員と平凡な社員との違いは何か？

その後5年近くのあいだ、私は500人以上にこの問いを投げかけた。企業のCEOやマネジャーもいれば、働き始めたばかりの若手社員もいた。居住地、業界、職種もさまざまだった。彼らのおかげで、仕事で成功するために何をすべきかが見えてきたし、彼らの知恵と厚意のおかげで、人生が好転した。さらに半年ほどたつと、職場の机で泣きそうになっていた私は、会議でプレゼンテーションを行なうまでに成長した。上司に仕事を細かく管理されていた私は、上司をコントロールするようになった。

それ以来、私は、自分がかつて誰かに教えてほしかったことを人に伝えることで、「恩送り」をしようと心がけてきた。だから、母校のハーバード大学とマサチューセッツ大学ボストン校のキャリア・アドバイザーとなり、アメリカとカナダ各地の大勢の学生や若いビジネスパーソンに指導を行なってきた。とはいえ、成功したいと強く願いながらもどうしたらよいかわからないと悩む人たちに対応する一方で、私が会うことのできない人たちが数えきれないほどいる。そういう多くの人たちに、仕事ができる人の秘訣を明らかにしたい。ひとりで見つけ出すには何年もかかるようなコツを伝えたい。私が本書を書いた目的はそこにある。

本書では、キャリアの成功を支える暗黙のルールを、ひとつひとつ見ていくつもりだ。これらのルールは、初めての仕事やインターンシップ、見習い期間だけのものではない。あなたがどんな業界で、どんな役職に就いていても、ベテラン社員でも、職場復帰したばかりでも、役立つルールと言える。本書は、キャリアをスタートさせる方法だけでなく、キャリアのかじ取りをし、キャリアを成功させる方法を示した手引書でもある。

ここで本編に入る前にひとつ、触れておきたいことがある。それは本書を「最初から最後まで読まなければ」と思う必要はないということだ。取り入れるべき戦略、スキル、論点はたくさんある。ぜひ、あなたの仕事の状況に合わせて、あるいは仕事で壁にぶつかったとき、いくつかの章を再び開いてみてほしい。あなたのキャリアは旅に似ている。成功するための秘訣を見極めるのもまた、旅のようなものだ。

暗黙のルールはいまや、あなたの手のなかにある。それらを身につけ、あなたのために役立ててほしい。

ゴリック・ウン
www.gorick.com

序章

暗黙のルール

はじめに、あなたがキャリアのスタートを正しく切るために知っておくべき暗黙のルールをざっと示す。だが、ルールがわかっても、それらに従って行動するためのコツがなければ完全とは言えない。本書の以下の章では、これらのルールに合わせた行動を取ることで、仕事で成果をあげ、キャリアを成功させるための方法を紹介していくつもりだ。そのためにも、本書を読み進めるあいだ、以下のルールを常に心に留めておいてほしい。世の中をよく見て、うまく渡っていくために装着するべきコンタクトレンズのようなもの——それが暗黙のルールなのだ。

ルールを拒否するか、受け入れるか、曲げるかを決める

自分はどのルールに納得がいくか（いかないか）、疑問を抱くか（抱かないか）、どのルールが自分の価値観に反するか（反しないか）。それを考えなければならない。そして、それぞれのルールを拒否

するべきか、受け入れるべきか、曲げるべきか、さらにはどんな場合に拒否するか、受け入れるか、曲げるかを、あなた自身で決めるのだ。注意すべきは、正しいことと上司の好みに合うことは違うということ。上司のフィードバックが有効で、受け入れるべき場合もあれば、無駄なフィードバックで、さりげなく無視するべき場合もある。それを見極めよう。協力者を見つけることも大切だ。

全体像を見る

新しいチームに入るときは、チームの仕事、その目的、サービスの提供先、最近の動き、競合他社、重要な関係者、チームや組織の目標達成のために果たすべきあなたの役割をよく調べること。新しい仕事を引き受けるときは、大きな目的、成功のイメージ、そしてあなたの仕事が全体像のなかでどう位置づけられるのかを理解する。チームや会社、業界の最新情報は、常に把握しよう。

下調べと準備をし、その努力を周りに示す

何か聞きたいことがあるときに、すぐに誰かに頼ってはいけない。まずはメールやファイルに目を通し、オンラインで検索しよう。それでも答えが見つからないときは、質問をまとめて、周りの人に尋ねる。最初は同世代の同僚に、次は少し先輩の同僚や関係者へと、段々と相談先を上げていく。なぜ疑問に思ったのかを説明し、解決するために自分で何をしたか、その努力を伝える。わか

らないことを質問する前に、自分がどこまでわかっているかも伝えよう。

主体的に考える

自分がプロジェクト全体の責任者で、誰にも助けを求められないと想像してほしい。その場合、問題解決のためにあなたは何をするべきか？　あるいは、自分が会社を任されていると想像してほしい。その場合、目標達成のためにあなたは何をするべきか？　重要なのは、積極的に行動すること。誰も挨拶してくれない？　それなら、自分から挨拶しよう。誰も情報を教えてくれない？　それなら、自分から情報を求めよう。誰も仕事を与えてくれない？　それなら、自分から「仕事が欲しい」と言おう。自分なりの提案をするのもよい。課題ではなく、解決策を提案する。自分のキャリアの手綱は自分で握らなければならない。

学びたい、力になりたいという気持ちを示す

新しいチームやプロジェクトに入ったとき、あなたは質問することを期待されている（「学習者モード」）。だが、時が経つにつれて、あなたは仕事を理解し、有意義な貢献を期待されるようになる（「リーダーモード」）。自分はいま、学習者モードなのか、リーダーモードなのか。それを踏まえたうえで行動しよう。「質問はありますか？」と聞かれたら、「はい」か「いいえ」のどちらかではなく、

必ず「はい」と答えなければならない。そのために、いつも質問や意見を用意しておくこと。何をしたらよいかわからない場合は、「何かお手伝いできませんか？」と聞いてみよう。

自分の物語を理解する

自分はなぜこの仕事に就いたのかを考えてみよう。自己紹介をするときは、あなたの過去、現在、将来について話し、これまでしてきたこと、現在取り組んでいること、必要に応じて、今後やろうとしていることを伝える。あなたのパーソナルストーリーを「英雄の旅（ヒーローズ・ジャーニー）」のように組み立てることを意識するのだ。この仕事に興味をもったきっかけ、過去の経験、現在に至るまでの道のり、将来やりたいことを必ず盛り込むこと。近況を話す場合は、すでにやり遂げた仕事と現在も取り組んでいる仕事について話そう。

自分と相手を理解する

あなたは社交的な性格か、内向的な性格か。経験豊富か、経験に乏しいか。多数派と少数派のどちらの属性に属しているか。人があなたに対して抱くかもしれない偏見に気を配り、そうした偏見に対処する。そして、周りの人たちをよく知ること。彼らはどんな考えに慣れ親しんでいるか、なじみがないか。新しい情報をどんな方法で知りたがっているか。どんな言葉を聞きたがっているか。

話をするときや文章を書くときは、聞き手や読み手に合わせてメッセージを変えなければならない。最適なタイミングで最適な人を見つけることも重要だ。

他者を真似る

初めての場面では、他者の様子を参考にしよう。尊敬し、共感できる人を見つけて、その人の行動、服装、書き方、話し方を観察し、正しいと思える点を取り入れるのだ。職場の人たちの切迫感や真剣さを見習うこと。自分に対して影響力をもつ人と話す場合は、さらに切迫感を漂わせ、真剣さを示したほうがよい。どうしたらよいかわからない場合は、ほかの人に先にやってもらおう。

意図と効果のズレに対処する

人とやり取りする場合、意図（人にどう伝えるつもりか）と効果（実際にどう伝わるか）は同じにはならないと理解する。自分がどう誤解される可能性があるかを自覚すること。人に悪く解釈されないように、否定的に見られかねない自分の態度や行動を振り返ってみてほしい。自分の意図がさまざまに誤解される可能性があるのなら、メールやインスタントメッセージではなく、直接話したほうがいいだろう。

適切なシグナルを送る

他者はどんなふうにあなたを見て、あなたの言葉を聞き、あなたの匂いを嗅ぎ、あなたの印象を抱くか。それを意識しよう。アイコンタクト、笑顔、迅速な対応、ひとつの仕事に集中することなどをどう考えるか。そうした文化規範に注意しよう。誰かに指示やアドバイスを受けたら、その人の前でメモを取ること。自分がやり遂げると言ったことは必ず実行しなければならない（あるいは、できない理由を自分から説明しなければならない）。いつ、どのように姿を見せ、発言し、メールを送り、助けを求めるべきかに気を配ること。わからない場合は、早め早めに対処する。

先回りして考える

上司に頼まれるかもしれない仕事を考え、その準備をしよう。上司が抱えるかもしれない問題を想像し、その解決策を提案しよう。仕事を提出する前や会議に出席する前に、聞かれるかもしれない質問を洗い出し、その答えを用意しよう。何かを判断するときは、二次的、三次的な影響を考慮する。何かを指示されたら、「この指示は筋が通っているか」「このアイデアによってほかの人に問題が起こらないか」と、先回りして考えよう。

最終目標から逆算して段取りを立てる

自分が何を達成しようとしているのかを理解し、最終目標までのすべての段階と期限を考え、逆算して段取りを考えよう。何を、どのように、いつまでに行なうべきかを明らかにする。「これはいつまでに報告するべきですか？」と同僚や先輩に尋ねてみよう。教えてもらったことは、その場で復唱し、確認すること。そして、自分が最終目標に着実に近づいているかどうかを常にチェックする。

他者の時間と手間を省く

人に助けを求めるときは、事前に相手に生じる手間を考え、それをできるかぎり取り除こう。ミーティングを設定する場合は、相手の勤務時間に合わせて、自分の空いている時間を提案する。議論のテーマ、重要な情報、ミーティングの目的をよく考えたうえで明確にする。曖昧な部分を残してはいけない。自分の考えは3つ以下に絞って説明しよう。議論を始める前に、全員が状況を理解できるように背景情報を示すこと。

パターンを把握する

同じ間違いを繰り返してはいけない。相手に同じことを二度言わせてはいけない。そして、同じ質問を二度してはいけない。同じ質問がどうしても必要ならば、相手に断ったうえで繰り返すか、まずはほかの人に尋ねてみよう。パターンを探すことが重要だ。上司からいつも同じ仕事を頼まれる場合は、次に頼まれる前に準備をしておこう。もっと生産的に働くための方法を見つけるのだ。問題が起きたら、根本原因を解決しなければならない。人からどう見られたいかを考え、自分の行動パターンを見直してみよう。

緊急かつ重要な仕事に優先的に取り組む

どんな仕事を優先すべきか――それは、締め切りが最も早く、多くの人々が関係し、大きな問題を引き起こし、時間とともに状況が悪化し、あなたの中心的な職務であり、重要人物から見て最も重要な仕事である。自分にとって重要な仕事が他者にとって重要ではないかもしれないし、その逆もあることを理解する。与えられた時間を踏まえて、人が何を期待しているか（期待していないか）を見極めよう。人から細かくチェックされるであろう仕事に力を注ぐ必要がある。「しなければいけない仕事」と「できたらやりたい仕事」に分け、まずは前者に取りかかろう。

人間関係を観察し、把握する

職場の指揮命令系統、個人の役割と責任範囲（誰が何をいつやるか）、好ましいとみなされる行動、社員同士の絆を意識する。誰が誰の直属の部下か、誰が何の責任者か、誰が誰に影響力（支配力）をもっているかを把握しよう。職場の人が好ましいとみなす行動、好ましくないとみなす行動にも注意する。常に職場の人に相談し、情報を共有しなければならない。周りの人の顔を立て、満足させることも重要だ。どんなときに積極的に目立つべきか、やり過ぎになるかを理解しよう。

自分から働きかけて人間関係を築く

人とつながるきっかけを探そう。そのためには、まず人の話に参加すること。相手の話に耳を傾け、理解し、考えることだ。それから、コメントし、相手が自由に答えられるような質問をする。相手に十分に話をさせつつ、あなたも同じくらい話をする。一度会話をした人に再び出会ったら、気持ちよく挨拶しよう。お礼のメールを送り、近況を尋ね、手助けを申し出て、関連ニュースを共有し、人を引き合わせてみるのもよい。自分と相手の共通点を探し、自分から声をかけることが大切だ。

自分の間違いを認める

自分の仕事ぶりに自信がもてない場合は、フィードバックを求めること。「私は何を始める／何を止める／何を継続するべきでしょうか？」「私の仕事ぶりはいかがでしょうか？」と尋ねてみよう。自分が間違っていたと認めて謝るべきか、それとも弁解するべきか、そのタイミングを意識してほしい。間違いを犯した場合は、謝る覚悟を決め、起きたことを説明し、影響を緩和するか問題を解決するためのプランを提案する。同じ間違いを繰り返さない方法も説明しよう。

やんわりと伝える

人に助けを求めるときは、要求ではなく、お願いすること。相手に断るチャンスを与えなければならない。また、誰かの意見に賛成できない場合は、批判ではなく建設的なフィードバックとするため、「……かなと思うんですが」「もし……だったらどうなるでしょうか」「ほかに……も考えられますけれど、いかがでしょうか？」といった表現を使おう。アイデアを提案するときは、同じようなアイデアが以前に提案されていないか、提案されていれば、なぜうまくいかなかったを把握する。あなたが新人で、まだ影響力がない場合は、「……の案はダメでしょうか？」という質問のような表現を使って提案してみよう。

パフォーマンスとポテンシャルを示す

あなたはパフォーマンス（現在の仕事でどれほど成果をあげているか）とポテンシャル（今後の仕事でどれほど成果をあげる可能性があるか）に基づき評価されている。それを理解しなければならない。ポテンシャルを示すためには、任された仕事以上のことに取り組み、誰も行なっていない仕事を行ない、未解決の問題を解決し、誰も乗り越えていない課題を乗り越え、人が知らない知識や情報を取り入れ、共有することが大切だ。あなたのポテンシャルに気づいてもらおう。やりたい仕事を主張するためには、それに見合った人材になる必要がある。

職場の人たちを観察してみてほしい。仕事で成功している人は、これら暗黙のルールの全部ではないとしても、ほとんどをマスターしていることに気づくはずだ。そして、仕事がうまくいかない人は、同じルールで繰り返し失敗していることも――。

では、この暗黙のルールは、あなた自身のキャリアにどのように活かすことができるのか？　本書ではそれを説明していきたい。

第1章

3つのC——能力、熱意、協調性

本題に入る前に、本書全体を通して使われるフレームワークを紹介しよう。それは「3つのC」——能力（competence）、熱意（commitment）、協調性（compatibility）——である。あなたが新しい仕事に就いた瞬間から、上司や同僚やクライアントは、心のなかで次の3つの質問を問いかける。

・君は仕事をうまくこなせるのか？（能力があるか）
・君はこの仕事に夢中になっているか？（熱意があるか）
・君は私たちと仲良くやっていけるのか？（協調性があるか）

そんな上司や同僚やクライアントに対して、あなたは3つの質問すべてに「はい！」と答え、それを彼らに納得してもらう必要がある。能力があることを証明すれば、もっと重要な、責任が伴う仕事を任せたいと思ってくれるだろう。熱意があることを証明すれば、あなたの心意気を買ってく

図表 1-1

3つのC：能力、熱意、協調性

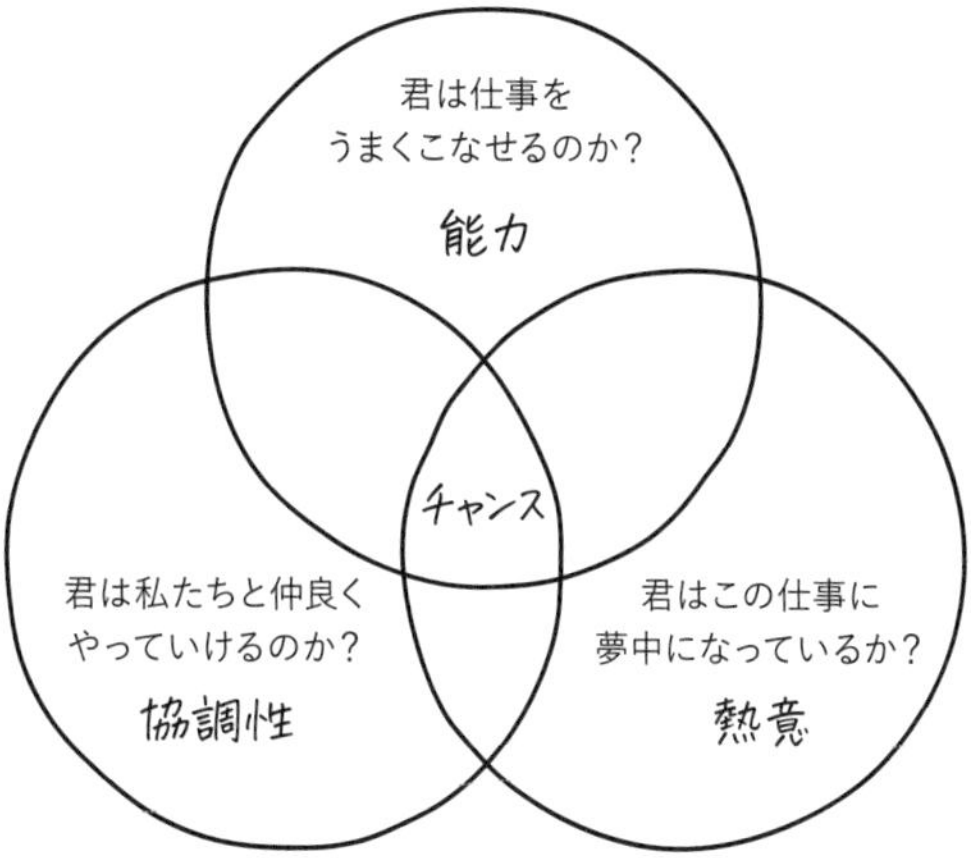

れるだろう。協調性があることを証明すれば、あなたと一緒に働きたいと思ってくれるだろう。図表1－1に示すとおり、3つのCを証明できれば、信頼を構築し、チャンスを獲得し、キャリアの目標達成に近づく可能性を最大限に高めることになる。

3つのCのひとつかふたつを証明するだけでは駄目だ。3つすべてが必要なのだ。どれかひとつが欠けていても、人はあなたを信頼して重要な仕事を任せようとはせず、あなたのことを時間と労力をかけるに値する人材だと思わず、あなたと一緒に過ごしたいとは思わないだろう（図表1－2）。

はじめに、それぞれのCの意味を明らかにしていきたい。そして、これらをコントロールするのがなぜ難しいのか――それでいて、なぜ重要なのか――を説明しよう。

図表 1-2　人はあなたの3つのCについてどう考えるか

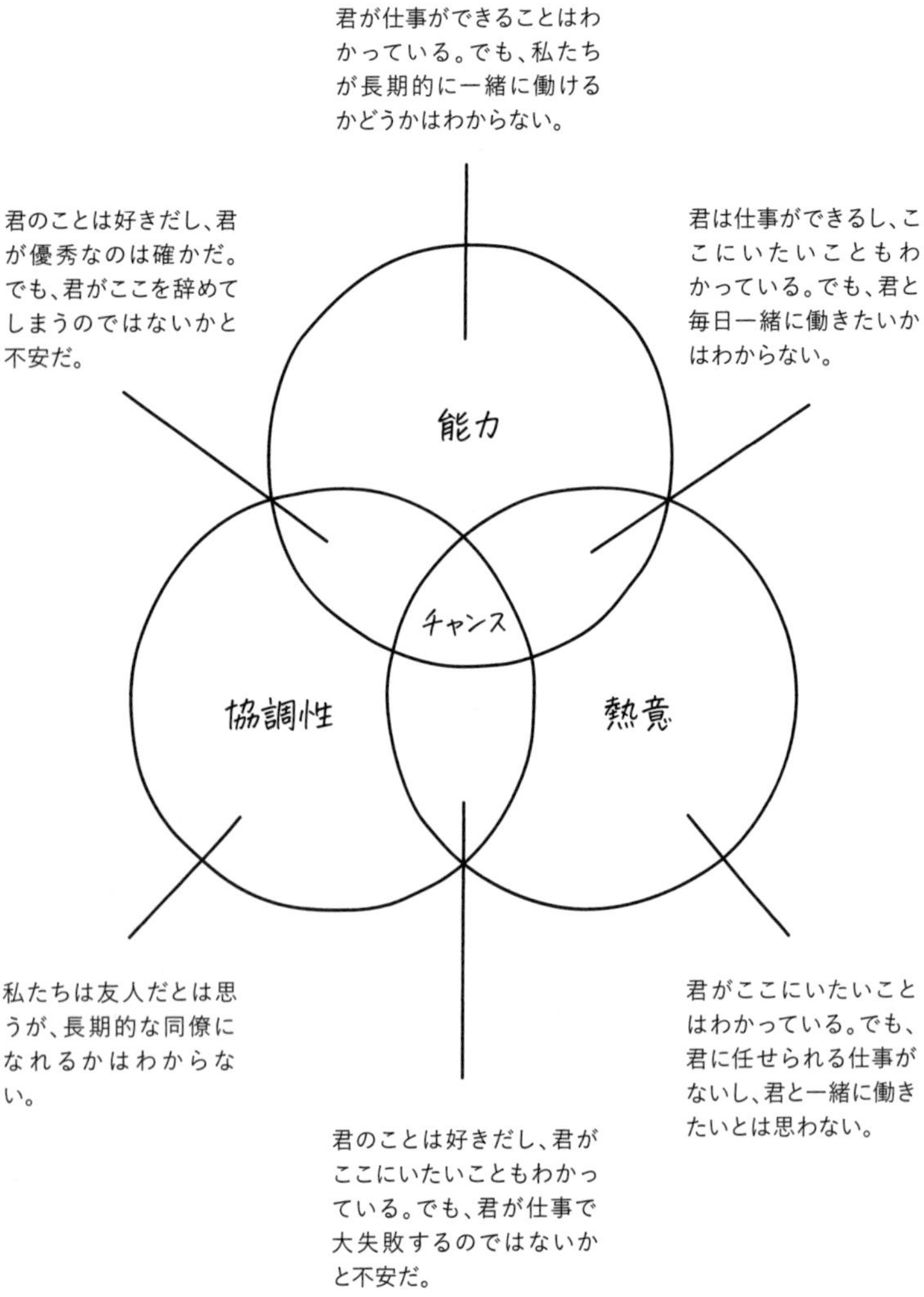
君が仕事ができることはわかっている。でも、私たちが長期的に一緒に働けるかどうかはわからない。
君のことは好きだし、君が優秀なのは確かだ。でも、君がここを辞めてしまうのではないかと不安だ。
君は仕事ができるし、ここにいたいこともわかっている。でも、君と毎日一緒に働きたいかはわからない。
能力
チャンス
協調性
熱意
私たちは友人だとは思うが、長期的な同僚になれるかはわからない。
君のことは好きだし、君がここにいたいこともわかっている。でも、君が仕事で大失敗するのではないかと不安だ。
君がここにいたいことはわかっている。でも、君に任せられる仕事がないし、君と一緒に働きたいとは思わない。

≫ 能力 (competence)

「能力がある」とは、手取り足取り管理されなくても、仕事を完璧に、正確に、迅速に行なうことができ、あなたの仕事によって誰かのメンツが潰れることもない状態を意味する。つまり、「無能」と思われるほど足りなくもないし、「傲慢」と思われるほどやり過ぎてもいない。それが「能力がある」ということなのだ。

私が対応した大学生のなかに、スタートアップ企業で市場分析のオンラインインターンシップに参加した女子学生がいた。ところが、学期途中で、彼女は授業が忙しくなってしまう。すでに終わっていなければならない最新の調査プロジェクトに、まだ着手もしていなかった。上司が何度も電話やメールで連絡をしても、1週間以上にわたって電話に出ず、メールの返信もしなかった。中間試験が終わったら遅れを取り戻すつもりだった。だが、その前に彼女は解雇された。コミュニケーションを怠り、その結果、無能と判断されたためだった。

もうひとつ例を挙げよう。教職課程を最近卒業した男性は、就職した高

校を解雇される羽目になった。職場の同僚との会話のなかで、口癖のようにこう言っていたからだ。「教職課程で5E授業計画を学びました。ご存じでしたか？　旧来型の授業計画よりも優れていますし、生徒も気に入るはずですよ」。ベテランの先生方は腕を組み、「俺の前から消えろ」とでも言うかのような視線を送っていた。やがて彼は、現場を知らない「知ったかぶり」という評判を得て、傲慢だと思われるようになった。

なぜ能力の証明は難しいのか

人間の真の能力を測るのは難しい。パン職人やプログラマーなら、パンを味見して、プログラムを検査するだけでいいのだから簡単だ。だが、1日の大半を人とのやり取りで過ごすような多くの仕事では、能力を測るのはそれほど簡単ではない。

明確に測定できる成果（アウトプット）がない場合、上司は目に見える情報（インプット）に頼ることが多い。プロジェクトは進捗しているように見えるか、会議で自信をもって発言しているか、自分を上手にアピールしているか、といった点だ。だとしたら、昇進する人や、注目を浴びる仕事を任せられる人が最も有能とはかぎらないのは当然だ。能力主義を標榜する組織でさえ、それは変わらない。真の能力は確かに重要だが、本書で見ていくように、能力があると認められることも同じくらい重要なのだ。

≫ 熱意（commitment）

「熱意がある」とは、仕事に充実感を感じ、チームの目標達成の力になりたいと思っていることを意味する。ただし、人が身構えるくらい前のめりになるのはやり過ぎだ。つまり、「無気力」と思われるほど足りなくもないし、「威嚇的《いかく》」と思われるほどやり過ぎてもいない。それが「熱意がある」ということなのだ。

あるサマーキャンプの指導員は、一生懸命働いて残業もしているというのに、キャンプの管理者から「怠けている」と叱られていた。仲間の指導員のひとりが彼を脇に連れていって、「問題は努力不足ではない」と教えてくれた。情熱が足りないというのだ。彼は落ち着いて見えるし、携帯電話を取り出していることも多かった。一方で、仲間の指導員たちは、ミュージカルで元気いっぱいのキャンプ指導員の役を演じているかのように振る舞っていた。そこで、この指導員はその後数週間にわたって、にこにこしながら、きびきびと弾むような足取りで歩くようにしてみた。すると驚いたことに、管理者は彼に一目置くようになった。すべては、彼がもう無

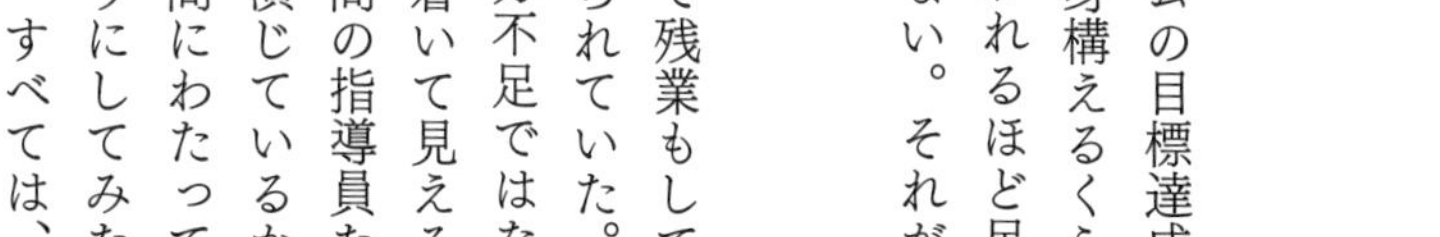

気力に見えなくなったからだった。

さらに、投資銀行でインターンシップに参加した大学生の例を挙げよう。彼は自分の仕事が早く終わったときはいつも、断りもなく同僚の仕事に手を出していた。幹部の目の前で、上司の間違いを訂正したことさえあった。最終的に、インターンシップに参加した大学生のうち2名が採用の内定を得られず、そのひとりが彼だった。周囲に威嚇的と思われたからだった。

なぜ熱意の証明は難しいのか

熱意を証明する難しさは、能力の場合と同じだ。他者の受け取り方と現実は、必ずしも一致しない。あなたに実際に熱意があるからといって、他者から熱意があると思われるとはかぎらない。ときには、遅刻する、ビデオチャットで目をそらす、仕事を進んで引き受けない、発言が少ない、メールへの返信が同僚よりも遅いといった、些細な行動が原因で、熱意を疑われてしまうこともある。

実際の熱意と見かけ上の熱意を区別するのは難しい。見せかけを現実と誤解するような組織や、中身よりもスタイルを重視するような職場で働いている場合は、なおさら難しい。現在の職場に居続けろというわけではない。初めて就いた職を定年まで続ける可能性はおそらく低いだろう。誰だってそれはわかっている。関心や目標は変化する。それもわかっている。だが、そうは言っても、周りの人はあなたにある程度の熱意を見せてほしいと期待するものだ。これについては、のちほど取り上げる。

≫ 協調性(compatibility)

「協調性がある」とは、何を考えているかわからない、無理しているといった印象を抱かれることなく、人を安心させ、あなたと一緒にいたいと思われることを意味する。つまり、「消極的」と思われるほど足りなくもないし、「目立ちたがり屋」と思われるほどやり過ぎてもいない。それが「協調性がある」ということなのだ。

あるとき、映画館のレジ係をしていた女性が、上司から「もっとチームの和を大切にしてほしい」と言われた。彼女は困惑した。いつも時間どおりに出社し、丁寧に接客していたからだ。だが、彼女が評価されなかった原因は、ほとんど笑顔を見せず、同僚のように上司と雑談しないことだった。彼女は消極的で内向的と思われたために、試用期間で解雇されてしまった。

もうひとつ例を挙げよう。アメリカのＭＢＡプログラムを最近卒業した学生が、アジアのエネルギー会社の企業戦略チームに配属になった。ある日、彼は何人かの先輩社員と一緒に、サプライヤーのプレゼンテーション

に出席した。プレゼンテーションの最後に、ベンダーが「何か質問はありますか？」と言うと、室内は静まり返った。その会社には、最も役職が高い人が最初に口を開くまで待つという組織文化があり、先輩社員はそれに従っていた。だが、それを知らなかった学生は口を滑らせた。「誰からも質問がなければ、私から質問します」。同僚たちはみな呆れた表情を浮かべ、彼は目立ちたがり屋と思われてしまった。

なぜ協調性の証明は難しいのか

何をもって「協調性がある」と言うかは、職場の人間、組織文化、彼らがもっている無意識の偏見に左右されるため、難しい。人は自分と似た人を好むため、自分たちと似た外見、話し方、経歴、関心をもつ人を採用し、仲間として受け入れ、昇進させる。[1] そして、この偏見は無意識であるため、悪意のない人でさえも、気づかないまま他者を不当に扱ってしまうことが多い。服装、アクセント、癖、体重、趣味といった、人のアイデンティティとも言えるものから判断して、あの人とは「文化的に合わない」と主張する人もいる。[2]

外見、話し方、行動、経験、世界観が自分と似た人ばかりのチームに入れば、あなたは自分のアイデンティティについてあらためて考えることもないかもしれない。だが、人種、民族、社会経済的背景、性別、性的指向、障害の有無、宗教、年齢、内向的か外交的かなどの性格の点で、自分と異なる人が多いチームに入ったらどうだろう。あなたのアイデンティティは、3つのCに対する人からの評価だけでなく、あなたが描くあなた自身のイメージにも影響を与える可能性がある。

私は初めて就職したとき、たちまち自信を喪失した。東洋人はみな遠慮がちで数学が得意なはずだ、という「モデルマイノリティ（マイノリティのお手本）」神話によって、東洋系の私は、ほかの同僚よりもデータ分析の仕事を多めに与えられた。ところが、そうした神話に反する私は、与えられた仕事をうまく処理することができなかった。ビジネスメールの書き方を教わったことがなかったため、同僚からの矢継ぎ早のメールについていくことができなかった。メールを書いては、修正を繰り返さなければならなかったからだ。また、両親ともに大卒ではない低所得家庭に育った私は、同僚たちが子ども時代について交わす雑談に加わることもできなかった。母は幼少期の私に、彼らの話に出てくるようなスポーツ用品を買い与え、音楽の習い事をさせ、バカンスに連れていく余裕はなかったからだ。

3つのCという点で、私は「どうせ人から期待されないだろう」と思い違いをしていたために、自分の能力をうまく証明できなかった。同僚のようにメールの返信が早くなかったために、熱意もうまく伝わらなかった。同僚の会話に加わらなかったため、協調性がないと思われたかもしれない。一流大学の出身であるという事実は、役に立たなかった。私は裕福で、物事を知っていることを期待されていた。詐欺師と思われたくなくて、私は口を閉ざしていた。

職場は公平な競争の場ではない。能力を期待される者もいれば、期待されない者もいる。熱意が当然あるはずだと思われる者もいれば、熱意がないと疑われやすい者もいる。協調性を容易に発揮できる者もいれば、抵抗を覚える者もいる。3つのCのベン図のどこから出発するかは、人によって異なり、中心に行き着くまでの距離もまた、人それぞれなのだ。

たとえば、エンジニアの黒人女性は、ストレートヘアこそがプロフェッショナルの定番の髪型だと考える職場環境で、生まれつきのアフロヘアを隠さなければならないプレッシャーにさらされていると話してくれた。トランスジェンダーの金融専門家は、仕事のあとの職場の飲み会に誘われないこと、上司からクライアントに連れていくのを嫌がられることを話してくれた。政治活動に参加するラテン系の女性は、年配の男性ばかりの会議で発言すると、「頭が悪いくせに偉そうだ」と非難されたことを話してくれた。

エネルギー業界で働くムスリム女性は、ラマダン中に断食をしているとき、ランチミーティングやクライアントとのディナーにどう対応するか、常にジレンマを抱えていると語る。百貨店の美容コーナーで、メンバー全員が白人女性のチームで働く黒人男性は、仕事のあとで同僚らがバーで開く親睦会に参加しないことを理由に、「文化的に合わない」と言われたという。ニューヨーク市の会計事務所で働く白人女性は、大学でスポーツをしていたために「頭の悪いスポーツバカ」と呼ばれ、労働者階級の多い小さな農村出身であることを理由に、「レイシスト」とか「教養がない」と言われた恐怖を話してくれた。

企業や非営利の世界で働くシーク教の男性、ムスリム女性、ユダヤ人男性は、ターバンやヒジャーブやキッパーを見慣れていない同僚たちから、自分達のドレスコードに従うべきだという無言のプレッシャーを感じるという。金融業界で働く黒人男性は、「カジュアルフライデー」の服装に困っていると話す。同僚からは十分にカジュアルと見られながら、クライアントからはプロフェッショナルとして一目置かれ、さらには仕事から帰宅するときに黒人だからと職務質問を受けることがないような服装をと考え、苦痛を感じるという。身体障害のあるスタートアップ企業の幹部は、同僚よりも有能ではないと見られることに悩み、それを必死で乗り越えようとしていると話してくれた。また、さまざまな職場で働く女性たちは、何か意見を述べると、必ず男性がまったく同じことを言い、手柄を横取りされてしまうと語ってくれた。

　こうした話は、単なる個人の経験ではない。これまで本格的に研究され、科学的に検証されてきたパターンの代表例である。「女性は常に、感じのいい人（つまり、「男性っぽく」ない人）でありながら有能な人（つまり「女性っぽく」ない人）でなければならないという綱渡りをしている」と言われるが、残念ながら、これは事実だ。また、黒人は白人よりも職場で厳しく管理されることが多く、発音しやすい名前の人は、発音しにくい名前の人よりプラスの評価を得やすいという。[3]

　これらは公平と言えるだろうか？　言えるはずがない。より良い仕組みが必要ではないだろうか？　もちろん、必要だ。だが、あなたが仕事を始めるまでにそうした仕組みができるかというと、それは大いに疑わしい。

　私たちはときに、職場で十分に能力を発揮できない理由を説明するために、「人種差別」「性差別」「階級差別」「障害者差別」「年齢差別」「同性愛差別」「見た目による差別」といった言葉に頼ろうとする。だが、あらゆる人々にとっての公正と平等が実現するまで、読者のみなさんには、そんな社会の仕組みを苦労してくぐり抜けてきた先人たちから学んでほしいのだ。

人間同士の違いをうまく切り抜けるのは難しいことかもしれないが、それは価値ある旅でもある。結局のところ、違いこそがあなたの個性だからだ。あなた自身だからだ。あなたの個性は、重荷ではない。財産なのだ。解き放たれるのを待っている大きな力と言えるだろう。

私がインタビューをしたエンジニアの黒人女性は、エンジニア職として採用する黒人女性を意識して増やそうとしていた。トランスジェンダーの金融専門家は、会社にもっとインクルーシブな方針を導入させる取り組みをしていた。ムスリム女性は、自分の町にムスリムのビジネスパーソンのコミュニティを作ろうと活動していた。彼らは自分たちがもつ大きな力に気づいているだけでなく、その力を使って他者に手を差し伸べていた。あなたにも同じことができる。

3つのCを指針として、一緒にこの旅に出かけようではないか。本書を読み終える頃、あなたは職場で起きていることを的確に言い表す言葉を身につけているだけでなく、プロフェッショナルなビジネスパーソンになるためのツールも手にしているはずだ。

さあ、始めよう！

Point

□ 新人であるあなたは、「君は仕事をうまくこなせるのか?」「君はこの仕事に夢中になっているか?」「君は私たちと仲良くやっていけるのか?」という3つの質問に

「はい！」と答えて、それを上司や同僚やクライアントに納得してもらう必要がある。

- □そのためには、3つのC（能力、熱意、協調性）を証明しなければならない。
- □能力を証明するためには、上司に細かく管理されなくても、仕事を完璧に、正確に、迅速に行なえることを示さなければならない。
- □熱意を証明するためには、仕事に充実感を感じ、チームの目標達成の力になりたいと思っていることを示さなければならない。
- □協調性を証明するためには、人を安心させ、あなたと一緒にいたいと思われなければならない。

ビジネスパーソンとしてスタートする

Getting Started

第2章

「挑戦してみる」というマインドセット

新しい仕事にのぞむうえでの第一歩は、正しいマインドセットをもつことだ。新しい仕事かどうかにかかわらず、どんな仕事でも、あなたはたくさんのチャンスに巡り合うだろう。新しい人と知り合うチャンス、重要な責任を担うチャンス、能力を広げるチャンスに出会う。こうしたチャンスは、高速道路を車で走っているときに道路標識がビュンと音をたてて通り過ぎていくように、突然やって来る。

✓知っておくべきこと

・チャンスは常に訪れる。
・キャリアの成功は、あなたが正しいチャンスを見極め、つかめるかどうかにかかっている。
・その秘訣は？ 「とりあえずやってみよう」というマインドセットをもつことだ。

しかし、チャンスはあくまでもただの「チャンス」でしかない。それ自体で価値があるわけではない。つかんでこそ初めて価値をもつ。道路標識がポールに取りつけられた色鮮やかな金属板以上のものになるかどうかは、ドライバーであるあなたの判断に委ねられている。チャンスを認識し、つかむためには、特別なドライバーでなければならない。標識に従って行動するドライバーと、チャンスが通り過ぎていくのを黙って見過ごす大勢の者たちとは、どこが違うのだろうか？　両者を区別するのは、「どうなるかはわからない。とりあえずやってみよう」というマインドセットである。

私はこの教訓をアニーから学んだ（「アニー」は仮名である。本書に掲載するすべての名前と個人情報はプライバシー保護のために変更した）。アニーは最近大学を卒業し、石油ガス会社に就職したばかりの新人だ。入社後最初の3年間は、毎年異なる部署に配属されるローテーション研修に参加することになっていた。入社初日の1週間前、彼女は人事部からメールを受け取った。新入社員を採用している部署の一覧と、志望調査として、そのなかから自分の行きたい部署を希望順に回答できるようになっていた。結局、彼女は第3希望の部署に配属された。だが、最初は配属先を楽しんでいたアニーは、半年がたつ頃には、不満を感じるようになる。仕事を楽しめず、幹部と知り合いになることもできず、その部署での将来を思い描くことができなかった。次の配属先にも期待を感じられない。ほかのほとんどの部署には興味をひかれず、彼女が唯一興味を抱いた部署は、人事部の志望調査では選択肢のなかに入ってさえいなかった。

会社が選んだ先輩社員（バディ）との月1回の面談で、アニーはどうしたらいいかと相談した。

「行きたい部署の部長に話したらどうだい？」と先輩社員は言った。

「そんなことしていいんですか？」とアニーは言った。「迷惑じゃないですか？」

「迷惑なんてことないよ」と先輩社員は言う。「配属を決めているのは、志望調査ではなくて、人間なんだ。部署の部長があなたのことを欲しいと思えば、配属されないわけがない。それに、ほかの人たちがしていることを考えたことはあるかい？　ただ待っていると思う？　みんな同じようなことをしているよ」

面談が終わるとすぐに、アニーはメールを書き、先輩社員に見てもらい、配属を希望する部署の部長に送信した。それが以下のメールである。

件名：次のローテーションでの配属について

チデラ部長

突然のメールを失礼いたします。私は現在ローテーション研修で液化天然ガス部門に配属されている、マーケティングアナリストのアニーと申します。ご健勝のことと存じます。

私は7月に始まる次のローテーションで、チデラ部長の戦略パートナーシップ部門に加われたらと考えております。配属の機会がないものか、確認させていただけませんでしょうか。チデラ部長の部門が最近制作されたプロモーション動画を見て感激し、大学パートナーシップの拡大に携わることを希望しております（大学時代は、教授の補助金申請のお手伝いをしていたため、大学側の手続きの経験はあります）。

お差し支えなければ、15分ほどお時間をいただき、もう少しだけお話しさせていただけないでしょうか？　一応、私が自席にいる日時は以下のとおりですが（米国中部標準時）、部長のご都合のいい時で構いません。

・2月4日（火）：午前11時まで
・2月5日（水）：午後1時までと午後3時以降
・2月6日（木）：午前10時以降
・2月7日（金）：終日

ご都合はいかがでしょうか？　お忙しいところ大変恐れ入ります。ご返事お待ちしております。

アニー

メールを送信してからというもの、アニーは返信を期待して、メールの受信箱を何度も確認した。
だが、2週間たっても返信がないため、確認メールを送ることにした。

チデラ部長

先日、配属希望について下記のメールをお送りいたしましたが、ご覧いただけましたでしょうか？　できましたら、チャットで数分お話しさせていただけませんでしょうか？　私が自席にいる日時をお送りします（米国中部標準時）。

・2月18日（火）：終日
・2月19日（水）：午前11時以降
・2月20日（木）：終日
・2月21日（金）：午後1時までと午後2時以降

どうかよろしくお願いいたします。

アニー

アニーはさらに1週間待った。だが、それでも返信はなかった。

なぜ返信が来ないのだろう？　忙しいのだろうか？　部署に欠員がないのだろうか？　私が適任ではないと思っているのだろうか？　それとも、ただ返信を忘れているのだろうか？

アニーは会社のインスタントメッセンジャーで、部長を検索した。ステータスはグリーン、オンライン上にいる。メッセージを送ってもいいだろうか？　アニーは考えた。いや、それはやり過ぎではないか……。

彼女は椅子の背にもたれて、パソコンのモニターの上に貼ってある格言を眺めた。「自分がいちばん恐れている物事をやってみなさい。そうすれば恐怖心は跡形もなく消える」という言葉である。アニーは思った。「どうなるかはわからないけど、とりあえずやってみよう。最悪、何が起こるって言うの？　部長に断られてもいいじゃない」。アニーは誤って送信ボタンをクリックしないように、別のテキストファイルでメッセージを作成した。


チデラ部長、突然のメッセージをお許しください。私はチデラ部長の部署への配属を志望しております。もしよろしければ、チャットするお時間をいただけませんでしょうか。何度かメールをお送りしましたが、まだご確認いただけていないようです。私は適任ではないのかもしれませんが、念のため確認させてください。


メッセージをチャットウィンドウに貼りつけ、何回か読み返し、息を止めて……送信ボタンをクリックした。数分後、電話がかかってきた。部長からだった。

「こんにちは、アニー。チデラです。電話のほうが楽かと思ったので。ごめんさいね、私は採用には関与していないのよ」

アニーはがっかりして椅子に沈み込んだが、努めて明るい声で応対した。チデラは会社で数少ない女性幹部のひとりとして、アニーのようにやりたいことを主張する若い女性たちの力になりたいと思っている、と話し始めた。そして、電話の最後に、「もし興味があれば、読書クラブに参加しない？　職場の女性社員で始めようとしているの」とアニーを誘った。アニーは配属が叶わないことにまだ失望していたものの、参加すると返事をした。どうなるかはわからない、でも何か学ぶことはあるだろう、と思ったのだ。

1週間後、チデラから読書クラブに関するメールが届いた。社内の女性6名にメールが同報されているのに気づいたアニーは、会社のイントラネットとLinkedInで、彼女たちのことを調べた。なんと全員が幹部だった。メールに入っている女性たちのなかで、アニーは最も若く、15歳以上の年齢差があった。チデラはメールの最後に、質問を投げかけていた。

みなさんはどう思いますか？

1週間が過ぎても、誰も返信しなかった。

お手伝いできるかもしれない、とアニーは思った。チデラのメールには、読書クラブのやり方について詳しいことが書かれていなかったため、アニーはプランを全員に返信した。

チデラ部長、お手伝いできれば嬉しいです。簡単にプランを作成してみました。みなさま、いかがでしょうか？

わずか数分で、チデラから返信が来た。

賛成です。これで行きましょう。

1カ月後、アニーとチデラは、社内の女性社員による初めての読書クラブを正式に立ち上げた。それまで会社の上級幹部を誰一人として知らなかったアニーは、たちまち大勢の幹部と知り合いになった。2回目の読書クラブが終わったあと、チデラからメールが来た。

あなたの配属については忘れていませんよ。私の部署への配属を希望することを、志望調査に一言書いておいてください。私から人事部に話してみます。

とんとん拍子に話が進み、アニーはローテーション研修でチデラの部署に配属になった初めての新人となった。

チャンスが道路脇にある標識のようなものだとすると、アニーは標識に気づいただけでなく、それを徹底的に追いかけたのである。もしもアニーが、ローテーション研修の配属可能リストに掲載されていない部署に目を向けず、先輩社員にアドバイスを求めず、志望部署の部長にアプローチせず、確認メールを送らず、部長が与えたチャンスをつかもうとせず、誰も提案しない場合に協力を申し出なければ、彼女はおそらく、再び第3希望の部署に配属されていただろう。しかも、彼女はその間ずっと、笑顔を絶やさなかった。
私はアニーの話を聞いて、やりたいことを追い求める彼女の意欲と粘り強さに驚かされた。それらをどうやって育んだのだろう。それに、同じくらい重要なのは、どうやって自信をつけたかということだ。そこで、彼女にインタビューをした。

アニー　：もちろん、ずっと不安でした。同じ大学から入社した同期はいませんし、女性は私ひとりでした。自分はここにいる価値がある、と常に自分に言い聞かせる必要がありました。
ゴリック：どうやったのですか？
アニー　：これまでしてきたことすべてがいまの私につながっている、と自分で自分を褒めてあげたのです。大学では難しい専攻科目を取りました。キャンパスではリーダーシップを発揮する立場に身を置きました。アルバイトをして、学費を自分で払いました。私の大学からこの会社に採用されたのは私だけでした。こうした経験にそれなりの価値があるのは間違いないですよね？
ゴリック：もちろんです！　でも、ほとんどの人は、ある朝目を覚まして「よし、今日から自信をもとう！」と宣言できるわけではありません。そういう自信はどこから来たんですか？
アニー　：大学で初めて書いたエッセイの評価がCだったんです。打ちのめされました。でも、諦めることはできないと思ったんです。大学生活は始まったばかりでしたから。それで、そのエッセイをもって教授のところに行って、「駄目なところをすべて教えてください」

と頼みました。改善には時間がかかりましたが、学期が終わる頃には、クラスで最高得点を取れました。こうした経験から、少しずつ成長すれば大きな成長につながることを学びました。大切なのは、とにかく始めてみることなのです。働くようになってからも、このマインドセットを大事にしています。

ゴリック：でも、そんなふうに勇気を出して踏み出すのは怖くないですか？

アニー　：もちろん怖いです！　だから、「自分がいちばん恐れている物事をやってみなさい。そうすれば恐怖心は跡形もなく消える」という格言を壁に貼っています。怖いと思うことほど自分のためになる、といつも思い出す必要があります。勇気を出して踏み出さなければ成長はしません。それだけのことです。

アニーとの会話から、私は3つの教訓を学んだ。

出発点が終着点を決めるとはかぎらない。エッセイでCの評価を得ようと、仕事で疎外感を感じようと、アニーは決してうしろを振り返らず、これまで達成してきたすべてのことについて自分で自分を褒めてあげた。先を見据えていた。そして、まさにその見据えた場所に到達した。

必要最低限のことしかしなければ、必要最低限しか得られない。アニーが行きたい部署は、志望調査の選択肢には含まれていなかったが、それは配属不可能ということではなかった。アニーは、

「他人があなたの将来を決めるのをぼんやり待っていてはいけません。あなた自身でチャンスを作り出す必要があります」と言う。求めなければ、得られないのだ。

起こり得る最悪の事態は、たぶんそれほど悪くない。最悪のシナリオが他者から「ノー」と言われることだとしたら、あなたの恐怖は評価に関する恐怖であって、身の危険に関する恐怖ではない。人には「ノー」と言わせておけばよい。みずからチャンスをつかむ前に、みずからに限界を課してはならない。

人よりも経験が少ないからといって、プロジェクトに志願するのを思いとどまってはいけない。相手が自分のことを知らないからといって、自己紹介するのをためらってはいけない。「通常のプロセス」ではないからといって、やってみるのを諦めてはいけない。会社に入ったばかりのあなたには、まだ勉強中の熱心な新入社員という利点がある。新人の頃はまだ期待されていないのだから、自分の基準で、自分に対する期待値を設定したほうがいい。まずはルールを知ること。そのうえで、ルールは曲げてもよいのだ。

とはいえ、注意すべきことがある。関心をもつことと権利を当然のように要求することは、同じではないということだ。期待をせずに何かを真剣に求めるのなら、それは構わない。だが、何かを期待して、あるいは何かを要求して、答えが「ノー」だった場合にひどく失望するのは、協調性の点からは危険だ。「ノー」に対するあなたの反応が「なぜですか?!　冗談じゃない!」ではなく、

「大丈夫です。ただ希望したかっただけですから」というものであれば、とりあえずやってみよう。ことわざにもあるように、「私たちは誰もが人生という旅の英雄であり、他者は脇役でしかない」。人はみな自分のことを考えるのに忙しく、あなたのことなど考えていない。主体的に考えてほしいのだ。あなたのキャリアの面倒をあなたが見られないなら、誰も面倒を見てくれないだろう。

職場の状況も重要だ。あなたが女性で、男性中心の職場環境で働いている場合、あなたの勤勉さはなかなか評価されないかもしれない。あなたがみずからの人種や性別などから連想されるステレオタイプと一致しない仕事をしている場合（東洋系のあなたが、人物重視で専門性が求められない、白人の多い職場で働いている場合など）、周りの人はあなたのことを有能とは思わないかもしれない。脇役の仕事をしているのに注目されたい場合は、スポットライトを浴びるよう努力する必要があるかもしれない。組織の上層部に知り合いのいる同僚に囲まれている場合、限られたチャンスを得るために張り合うことになるかもしれない。たとえば、ある若手社員からこんな話を聞いた。彼が投資会社に入社した初日、会社のCEOがインターンのひとりに近づき、「君がジョンの息子かい？　ランチに行こう！」と話しかけたという。会社で何年も働いてきた社員の多くが、そんなチャンスに恵まれたことはなかった。もしもあなたがそういう立場にあるのなら、おめでとう！　チャンスを活かすべきだ。だが、そういう立場になければ、どうしたらよいのだろう？

以前、ある大学の学長から、「自己主張を控えるべき人もいれば、もっと強く自己主張すべき人もいます」と言われたことがある。この投資会社のインターンのような場合、CEOとのランチから戻ってきたら、努めて偉そうな態度を控え、学びたい、力になりたい、言われた仕事をしっかりやりたいという意思を示したほうがよい。結局、彼は直属の上司からは望めないようなチャンスをつかんだ。もしも彼が思い上がった態度を取っていれば、3つのCに関して「やり過ぎ」と思われ、評価を落としてしまった可能性もある。

一方で、もっと自己主張しないともったいない人もいる。何かを実現したいのなら、それに向かって努力しなければならない。実現するかどうかわからない場合は、とりあえず「やりたい」と主張してみるべきだろう。

結局のところ、仕事では、協調性がないと思われずに能力を証明することが大切なのだ。喜んで学びたい、貢献したい、そしてその用意もあるし熱意もある、と伝えることなのだ。「彼（彼女）には向上心がある」と多くの人に評価してもらえれば、彼らはあなたの成長に手を貸したいと思ってくれるだろう。あなたが「現状を乗り越えたい」と思っていることを証明できれば、多くの人が助けてくれるだろう。

要するに、重要なのは、「とりあえずやってみよう」というマインドセットをもつことだ。うまくいかないかもしれないけれど、うまくいくかもしれない素晴らしいアイデアがある？　だったら、試しにやってみよう。失敗するかもしれないけれど、成功するかもしれないことがある？　だったら、試しにやってみよう。気に入らないかもしれないけれど、気に入るかもしれないものがある？　だったら、試しにやってみよう。

最近、事態が好転するチャンスをつかんだときのことを思い出してほしい。普段は話さない人と話したことで、現在の仕事を見つけたのではないか？　あまり行かないようなイベントで、重要人物に出会ったのではないか？　あるいは、私やサンディ（暗黙のルールに関して私の目を開かせてくれた少年）のように、普通は尋ねないような質問をすることで、何かを学んだのではないか？　もしそうなら、あなたはすでに、「とりあえずやってみよう」のパワーを経験済みというわけだ。新しい仕事にもそのマインドセットを当てはめるときが来たのだ。そして、今後のキャリアにおいて、このマインドセットを常にもち続けてほしい。

Point

- □自分に言い聞かせよう：出発点が終着点を決めるとはかぎらない。
- □自分に言い聞かせよう：必要最低限より多くを望むのなら、必要最低限以上のことをする必要がある。
- □自分に言い聞かせよう：起こり得る最悪の事態が他者から「ノー」と言われることだとしたら、失敗のリスクはあなたが思うほど悪くはない。

第3章 リサーチと質問で能力と熱意を示す

サナは配車サービスを手がけるスタートアップ企業のオペレーション・マネジャーに転職したばかりだ。人事部から採用通知を受けるとまもなく、彼女のもとにはメールが届き始めた。最初は、今後上司となる人物から、その後、会社の同僚となる人たちからも届いた。合わせて5人からメールが届き、彼らはみな一様に「何か質問があれば言ってくださいね!」と書いていた。「冗談なの?」とサナは思った。7回の面接を終えたばかりで、質問はし尽くしていた。

だが、サナはふと思った。「質問を送るのが単なる作業ではなく、人間関係を構築するチャンスだとしたら?」。そこで早速、ノートパソコンを開き、彼ら一人ひとりと電話で話すスケジュールを組み始めた。

電話をかける前に、彼らをオンラインで検索し、彼らのLinkedInのプロフィールをスクロールし、彼らのブログの投稿に目を通した。さらに、尋ねる質問のリストを用意した。こうしてサナは、5通のメールを5回の会話につなげ、5人の新しい協力者を次々に獲得していった。そのため、彼女は入社初日、まったく初日のように感じていなかった。すでに会社の仕事が把握できており、すでにさまざまな部署に知り合いや気軽に質問できる人がいた。すでに、新商品の発売キャンペーンにも加わっていた。電話で話をした同僚が責任者を務めるキャンペーンである。

✓知っておくべきこと

- 入社初日を迎える前でも、好ましい第一印象を与えることはできる。
- 入社初日を迎える前に、組織の活動、最近の動き、競合他社、組織の幹部、組織全体のなかでの幹部の役割を把握する。
- 常に質問を用意し、確実に良い質問ができるようにする。

そんなサナの初日と、銀行のインターンシップに参加したジョージの初日は、似ても似つかないものだった。ジョージが同僚とエレベーターに乗っていると、途中で銀行のＣＥＯが乗り込んできた。だが、その人物がＣＥＯだと知らなかったジョージは、そのままエレベーターのフロアボタンを眺めていた。ジョージがまだ研修用の名札をつけていることに気づいたＣＥＯは、話しかけてきた。「はじめまして。お会いしたことないですよね？　キャシーです。どうぞよろしく」

「ジョージです。よろしくお願いします」

「わが社にようこそ」とＣＥＯは言った。「どこの部署ですか？」

「資産運用チームです」とジョージは答えた。「あなたはどちらですか?」

キャシーはくすくす笑った。「私はCEOです」

ジョージは目を丸くした。顔が真っ赤になった。

その後、ジョージはチームの同僚たちに、この出来事をネタに散々からかわれた。数時間のうちに、この事件はチーム全員の耳に入った。夏のあいだずっと、ジョージは「CEOを知らなかったインターン」と言われ続けたのである。

ジョージの話を聞いたとき、私はすぐに思った。「なんて手厳しい! 人は本当にそんなに他者を批判的に見るものだろうか?」。その答えは「ノー」でもあり「イエス」でもある。

まず、「ノー」の答えから考えてみよう。そう、人はそれほど他者に批判の目を向けてはいない。おそらくCEO自身も、キャリアのある時点で、第一印象に失敗したことがあるはずだ。重要なのは、第一印象で大失敗をしても、絶望してほかの仕事を探したほうがいいというわけではない。それにどう対応するかである。しおれた花のように萎縮してしまうのか? それとも、「みんなが僕のことを噂している! これからは事前に調べておこう! でもプラスに考えれば、僕は覚えられたってことじゃないかな?」と考えて、自分で自分をからかうのか? ひとつ対応を間違えば、「あの人は自信がないのかもしれない」と疑われてしまう。だが、「あなたには自分の間違いを認めるだけの自覚がある。前に進んで行けるだけの分別がある」と言ってくれる人もいるはずだ。

では、「イエス」の答えはどうだろう。ジョージの経験からわかるように、他者に対して批判的に判断を下す人は多い——それも多くの場合、自分で気づきもせずに。

要するに、サナはプロフェッショナルだった。ジョージは典型的なインターンだった。ジョージはスーツを着た子どもだった。サナが3つのCを示したのに対し、ジョージはチャンスを逃してしまった。どうしたらジョージのようではなく、サナのようになれるのだろうか？　そのためには、一歩先んじて物事を考え、全体像を見ることだ。そのために役立つ15の方法を以下に紹介しよう。ほとんどはたいして時間がかからないので、心配しないでほしい。新しい仕事に就く場合、初めての相手に電話をかける場合、会議や就職面接にのぞむ場合の準備として、まずは最初の10の方法を習慣にしてほしい。メールのテンプレートや会話の話題については、私のサイト（https://www.gorick.com）をご覧いただきたい。

優先順位の高い作業　所要時間：45分

□ これから話そうとする相手が勤務する組織のウィキペディアをざっと読む。そうすれば、組織の活動と歴史の理解に役に立つ。

□ 組織のウェブサイトにアクセスし、「会社情報」「事業活動」「ニュース」のページに目を通す。そうすれば、組織みずからが発信する情報が把握できる。

□ http://www.google.com/news で組織を検索し、ここ数カ月の記事に目を通す。そうすれば、組織の最近の動きが把握できる。

□組織のウェブサイトの「部門」のページに掲載された人物の役職、顔写真、略歴を確認する。少なくとも、組織のトップと、あなたの部門やチームの責任者の名前と顔を記憶する。そうすれば、重要な人物と会った場合にすぐにその人だとわかる。

□組織から受け取ったメールがあれば確認し、メール内に書かれている人物や同報先に含まれる人物に注意する。オンラインで、その人物の氏名＋組織＋LinkedInを検索する（たとえば、ジョン・スミス〔組織名〕LinkedIn）。そうすれば、将来の同僚との会話の話題を見つけることができる。

□組織のソーシャルメディアの画像やYouTubeの動画で、社員の服装を注意して観察する。自分が着るつもりの服装が適切かどうかを人事部の担当者に確認する（リモートワークの場合は、上半身だけを気にすればよいだろう）。そうすれば、職場で浮かずに済む。

□リモートワークではなく出社する場合、メールを読み返し、どこに何時に到着し、出社初日に何を持参する必要があるかを確認する（写真つきの身分証明書、就労ビザなど）。職場の住所を調べて、遅くとも15分前に到着するためには何時に出発するべきかを確認する。そうすれば、当日慌てなくて済む（遅刻というさらに悪い事態も避けられる）。

□ https://www.google.com/alerts にアクセスし、組織に関してグーグルアラートを設定する。そうすれば、最新ニュースを常に把握できる。

□ 組織にブログや電子メールのニュースレターがあれば、加入する。そうすれば、組織で起きていることを常に把握できる。

□ 誰かがチャットしようと連絡してきたら、喜んで誘いに乗る。そうすれば、今後の仕事が把握できるのはもちろん、早くから人間関係を構築することができる（少々時間は取られるが、チャンスを逃してはならない！）

優先順位の低い作業　あなたの都合と熱意次第ではあるが、以下の作業には2、3時間かかるかもしれない。

□ オンラインで、組織＋競合会社で検索し、組織の競合他社を突き止める。競合他社のウェブサイトを拾い読みし、各社の違いを理解するよう努める。https://www.google.com/alerts にアクセスし、各競合他社についてもグーグルアラートの設定を検討する。そうすれば、組織をさらに広い視野で理解することができる。

□組織のなかであなたと共通点の多い人や、LinkedIn であなたと共通のつながりをもつ人を見つけた場合、知人に紹介を頼んでみる。そうすれば、メンターや協力者を見つけて、個人的なつながりを築くことができる。

□やり取りしたい相手とのあいだに共通の知人がいない場合は、相手のメールアドレスを探し出して、メールを送り、仕事や経験について30分ほど電話で話せないかと頼んでみる。

□電話の最後に必ず、「話を伺ったほうがいい方はほかにいますか?」と確認する。そして、紹介を頼んでみる。

□（社員のレビューを読むために）Glassdoor［訳注／現社員や元社員による企業レビューが掲載された米国の求人情報サイト］、（組織に関する世間の評判を知るために）Reddit［訳注／米国の掲示板型ウェブサイト］、（組織のリーダーが組織の仕事について語っている話を聞くために）好みのポッドキャスト・アプリで、組織を検索してみる。

この作業の裏にある意図は、部署や組織に関する細かい情報をすべて明らかにすることではない。目的は、図表3－1の8つの文章の空欄を埋められる情報を収集し、一歩下がって全体像を見ることだ。組織の幹部らは、こうした作業を毎日行なっている。この姿勢を早く身につければつけるほ

図表 3-1

全体像を見るために空欄を埋めよう

- ＿＿＿＿＿＿(雇用主／顧客)は、＿＿＿＿＿(方法)によって＿＿＿＿＿(人々)が＿＿＿＿＿(状況・行動)ための活動をしている。

  例：ABC広告代理店は、ソーシャルメディア・キャンペーンの企画によって非営利団体の寄付を増やすための活動をしている。

- 最近、＿＿＿＿＿＿(雇用主／顧客)は、＿＿＿＿＿(達成目標)ために＿＿＿＿＿(取り組み)を行なっている。

  例：最近、ABC広告代理店は、世界的な知名度を上げるためにアジアに拡大を図っている。

- ＿＿＿＿＿＿(雇用主／顧客)は、＿＿＿＿＿(競合会社)と競合している。＿＿＿＿＿＿(理由)からだ。

  例：ABC広告代理店は、XYZ社と競合している。両社とも知名度向上キャンペーンに力を入れているからだ。

- 会社のトップは＿＿＿＿＿(人物)で、部門のトップは＿＿＿＿＿(人物)だ。私のチームのリーダーは＿＿＿＿＿(人物)だ。

  例：会社のトップはケン・R（CEO）で、部門のトップはジェレン・C（マーケティング部長）だ。私のチームのリーダーはエンジェル・Aだ。

- ＿＿＿＿＿＿(人物)には、私と共通点がある。＿＿＿＿＿＿(理由)からだ。

  例：チームのデザイナーであるニーシャには、私と共通点がある。ふたりともトロントで育ったからだ。

- 調べたところ、＿＿＿＿＿＿(状況)とわかった。だから、＿＿＿＿＿＿(仕事)に興味を持った。＿＿＿＿＿＿(理由)からだ。

  例：調べたところ、ABCはポッドキャストを始めたばかりだとわかった。だから、チームに制作担当が必要ではないかと興味を持った。私は学校のラジオ局で働いていたからだ。

- ＿＿＿＿＿＿(役職・立場)として、私の役割は、＿＿＿＿＿＿＿＿＿＿＿＿(チーム／部門／会社の達成目標)することだ。

  例：役員秘書として、私の役割は、幹部の方々の仕事の段取りや遂行を助けることだ。

- 入社初日は、＿＿＿＿(物)を持参して、＿＿＿＿(服装)を着て、＿＿＿＿(時刻)時に＿＿＿＿(場所)に行く。

  例：入社初日は、身分証明書を持参して、ビジネスカジュアルを着て、午前8時半にプリンプトン・ストリート26番地に行く。

ど、自分は有能で熱意がある、という強いシグナルを周囲に送ることになる。そうすれば、周りの人々はあなたのことを、馬車馬のように働く単なる労働者ではなく、思慮深いパートナーとみなすようになるはずだ。

≫良い質問の尋ね方

もちろん、こうしたさまざまなリサーチを行ない、得られた情報を頭に入れるだけでは十分ではない。人はあなたの頭のなかを読み取ることはできないため、あなたが知っている情報を伝えないかぎり、あなたの努力を評価することはできないからだ。しかし、だからといって、偉そうな新入社員のように仕事のやり方を人に教えて回れという意味ではない。そんなことをすれば、傲慢だと思われてしまう。

あなたは得られた情報をもとに、質問しなければならない。ここで、暗黙のルールを思い出してほしい。「質問はあるか?」と聞かれたら、「はい」か「いいえ」のどちらかではなく、「はい」と答えなければならない、というルールである。そのためには、いつも質問を用意しておかなければならない。しかし、ただ質問すればよいというわけでもない。重要なのは、良い質問をすることである。

良い質問と悪い質問の違いを理解することは、非常に重要だ。「くだらない質問などない」とよく言われるが、そんなことはない。くだらない質問というものは確実に存在する。テクノロジー企

図表3-2 良い質問と悪い質問

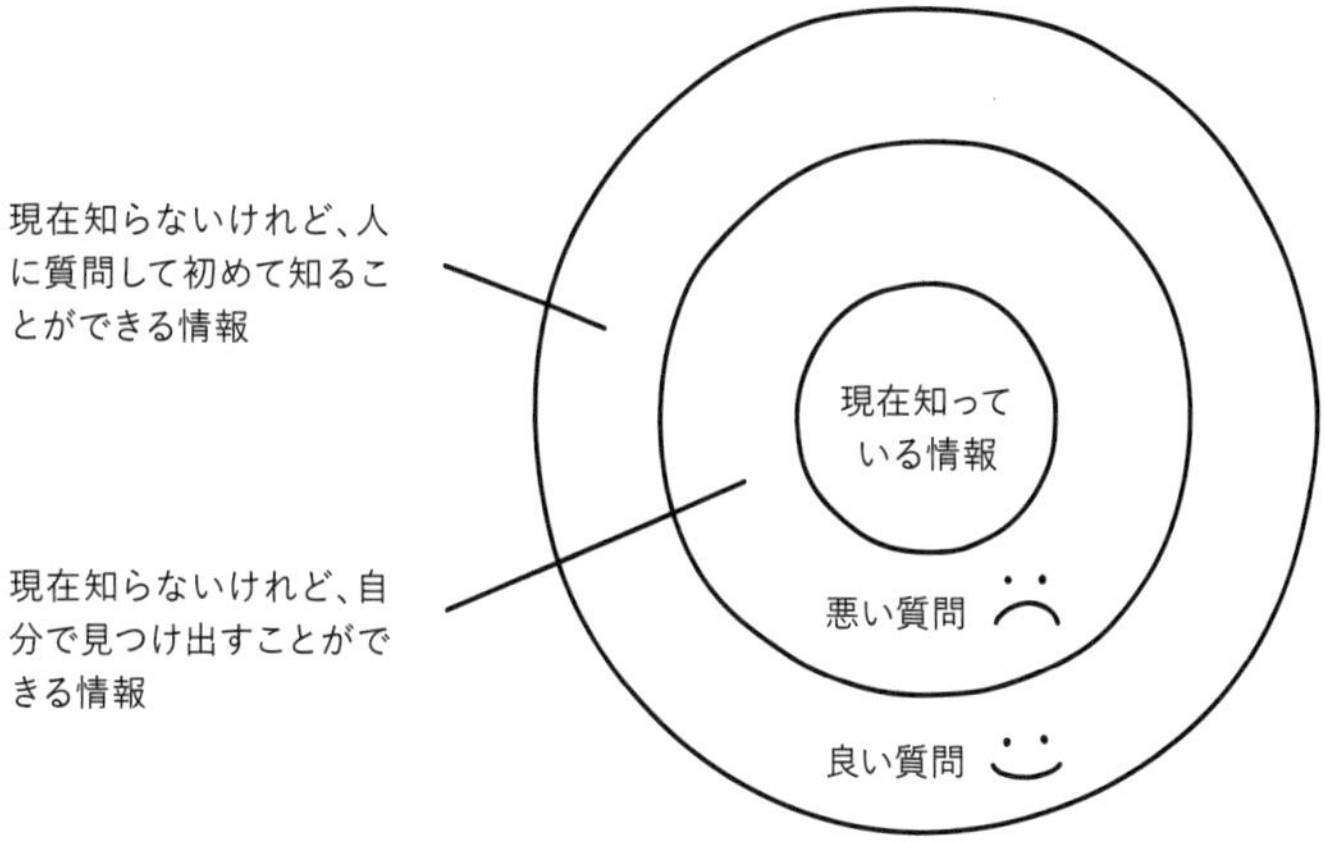

業の製品運用マネジャーを務める人物が、次のように話してくれた。「くだらない質問とは、答えが明らかな質問、時間が経つとやがて答えがわかる質問、答えが簡単にわかる質問です。答えが明らかというのは、すでに答えがわかっていることです。時間が経てばやがて答えがわかるとは、『もうすぐ着きますか？』『今日は雨が降りますか？』といった質問のように、短時間で答えがはっきりする質問です。答えが簡単にわかるとは、検索エンジンなどのツールを使えば答えが見つかる質問です」

図表3－2に示すとおり、まずは小さな円を描いてみよう。円のなかのスペースは、あなたが現在知っている情報を表している。次に、小さな円の外側に、少し大きい円を描く。この大きい円は、あなたが現在知らないけれど自分で見つけ出すことができる情報を表している。私がインタビューした製品運用マネジャーが指摘

したように、この円のなかに入る質問は、悪い質問だ。こういう質問をされると、人は思うだろう。「おいおい、いい加減にしてくれ……ネットで調べれば10秒で答えが見つかるはずだ（君に同報送信した過去のメールを探してもわかるのに……）。この答えを自分で見つけられないとしたら、もう何もしてあげられることはないよ」

最後に、ふたつの円の外側に3つめの円を描こう。この円は、あなたが知らない情報のうち、自分では見つけ出すことができないため、人に質問して初めて知ることができるものを表している。3つめの円の内側にあって、ふたつめの円の外側にある質問が、良い質問なのだ。こういう質問を聞かれたら、人は思うだろう。「疑問に感じるのも当然だ。君のような新人が知っている範囲では、どこを探しても答えは見つからない」

もちろん、ここでも他者の受け取り方が重要になる。あなたの質問がどれくらい「良い」かは、「自分では解決できない質問」であることを、聞き手にいかに納得させられるかにかかっている。コツは、「下調べと準備をし、その努力を周りに示す」という暗黙のルールを実践すること。質問する前に、なぜその質問をするのかを説明することが重要だ。ただ質問するのではなく、「これが私の質問です。この質問をする理由はこうです」「ここまではわかっています。ここからがわかりません」という構成で質問してみよう。具体例を図表3－3に示す。

もっとも、あなたがいきなり質問だけをすると言うのであれば、それを止めることはできない。だがそれでは、「現状を理解するために、こんなに下調べをしました！」とさりげなくほのめかす

図表 3-3　質問する理由を説明する

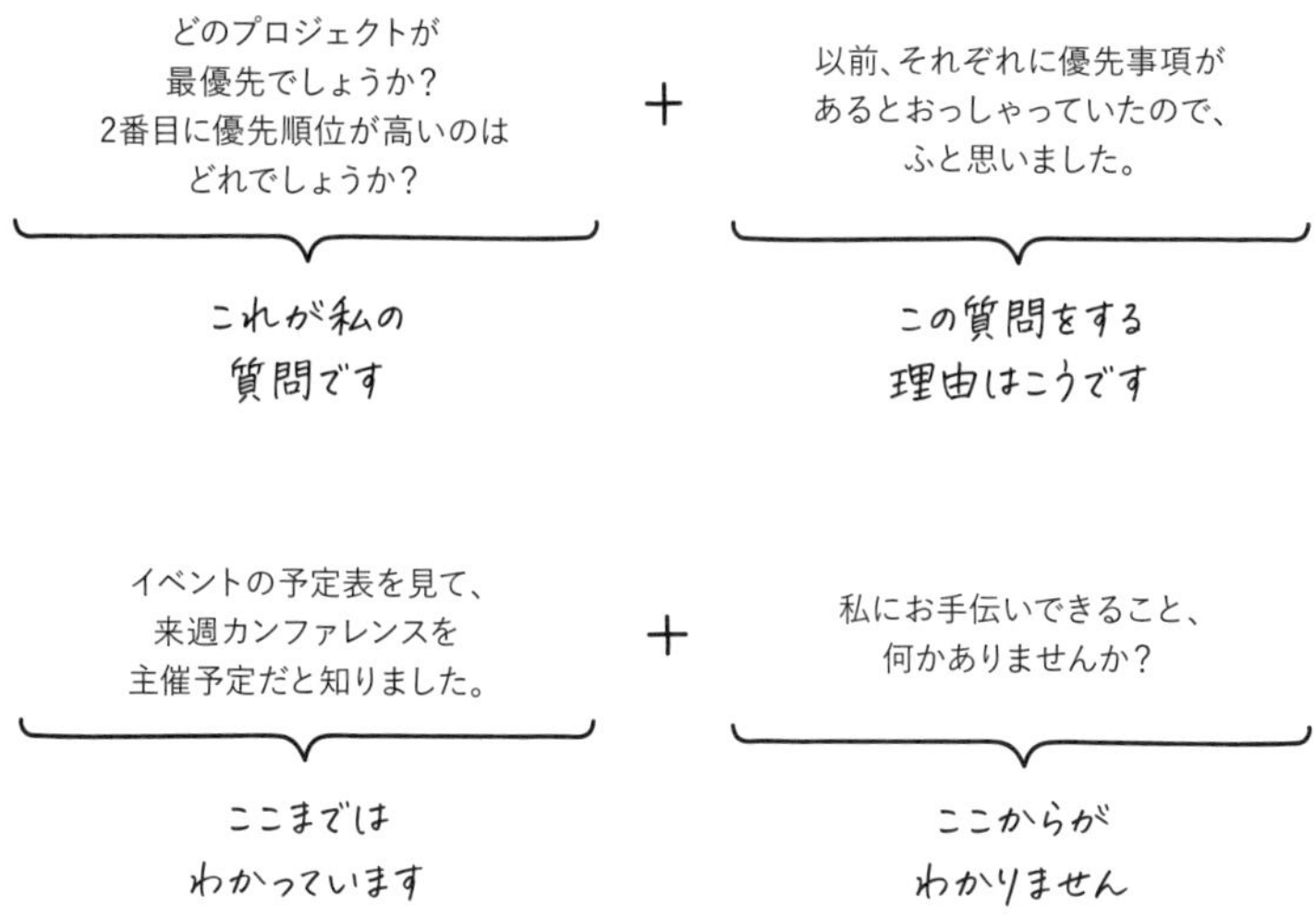
どのプロジェクトが
最優先でしょうか？
2番目に優先順位が高いのは
どれでしょうか？
＋
以前、それぞれに優先事項が
あるとおっしゃっていたので、
ふと思いました。
これが私の
質問です
この質問をする
理由はこうです
イベントの予定表を見て、
来週カンファレンスを
主催予定だと知りました。
＋
私にお手伝いできること、
何かありませんか？
ここまでは
わかっています
ここからが
わかりません

チャンスを逃してしまう。人はあなたの頭のなかを読み取ることはできないということを思い出してほしい。要するに、学校と同じだ。部分点をもらいたければ、自分が問題を解いた過程をしっかり見せる必要がある。本章で示した空欄を埋めるために時間をかけたのなら、その努力を見せて、能力や熱意について当然得られるはずの高評価を得たほうがいい。「そうすれば思いがけないおまけもついてくる」と、金融テクノロジーのスタートアップ企業の人事担当役員は言う。早い段階で良い質問をすれば、あとで悪い質問をしても、ある程度許されるのだ。

　本章で説明した方法に不安を覚え、途方に暮れる人もいるかもしれない。だが、指示どおりに行動することが目的ではないと頭に入れておいてほしい。大切なのは、一連の習慣を確立することだ。身につけるために時間はかかるものの、あなたのキャリア全体を通じて役立つ習慣である。組織や個人をオンラインで調べるのは、はじめは時間がかかるかもしれない。最新ニュースを常に把握するのは、はじめは面倒で気が滅入るかもしれない。質問し、知っていることを得意げに話すのは、はじめは気が進まないかもしれない。しかし、あらゆる習慣と同様、こうした行動はそのうち自然と身につくものだ。私自身、仕事で日々、ためらうことなく会社の最新ニュースを検索し、オンラインで会社について調べている。あなたにもぜひ、この習慣を身につけてほしい。

Point

□入社初日を迎える前に、組織のウェブサイトの「会社情報」「事業活動」「ニュース」「部門」のページに目を通し、オンライン検索やソーシャルメディアで組織について調べよう。そうすれば、組織の活動、最近の動き、幹部の情報などが把握できる。

□出社初日に何を着るべきか、どこに何時に行くべきか、何を持参するべきかを確認しよう。

□新人の頃は、とにかく質問しよう。特に、自分では解決できない質問をするよう意識する。「質問とそれを尋ねる理由」、あるいは「自分が知っていることと知らないこと」を明確にして質問する。

第4章 積極的に行動する

新しい仕事やプロジェクトをスタートするときの状況はさまざまだ。学校での初日のように、互いに自己紹介をして必要な指示が与えられる場合もあれば、外国での初日のように、誰もあなたのことを知らない場合もある。あるいはその両方を足して2で割ったような場合もあるだろう。だが、どんな状況に置かれても、大切なことは同じだ。それは、あなたの成功を最も気にかけているのはあなたであり、あなたに必要なことを最も知っているのはあなただということだ。ただじっと座って、チャンスが到来するのを待っていてはいけない。主体的に考えなければならない。

仕事を知る

酒造会社でのローテーション研修プログラムの初日、ジャブリルは、名札、リュックサック、ノートパソコン、ブランド名の入った水のペットボトル、研修スケジュールを受け取った。パソコンにログインした途端、上司から届いた歓迎のメールが目に入った。また、社内全体に彼や仲間の研修生を紹介した一斉メールも大量に届いている。

一方、油田に配属になったヴァレリアは、初日に予想もしていなかった質問で迎えられた。「君は誰？」。現場監督は、彼女の到着を伝えられていなかったか、あるいは忘れていたようだ。

ジャブリルは仕事を始めるにあたって「学校での初日」のような経験をした。一方、ヴァレリアの経験は、「外国での初日」のようだった。たぶん、あなたの初日はこのふたつの中間のどこかに落ち着くだろう。とはいえ、同僚があれこれ世話を焼いてくれるか、自分ですべてを理解しろと放っておかれるかにかかわらず、あなたが最初に目指すべきは、次ページからの12の質問をクリアすることだ。少し時間はかかるものの、書かれたとおり行動すれば、確実にうまく進めることができるだろう。それぞれの質問の内容と、誰の助けもない場合にどう行動すべきかを説明する。

✓ 知っておくべきこと

- 新しいプロジェクトや仕事に配属された場合、完璧な上司もいれば、そうでない上司もいる。
- 何をすべきか指示されない場合は、自分から状況把握に努めること。
- あなたの熱意を同僚に納得させるためには、手伝いたい、学びたいという気持ちを示すことが有効だ。

書類を提出したか？

退職年金制度に申し込むか、給与の口座振込を利用するか、就労ビザの書類を適切に処理したかといった、基本的な事務手続きを確実に行なおう。何かわからないことがあれば、人事部や同僚に確認すること。大企業に良い点があるとすれば、それは事務手続きがしっかりしていることだ。会社に大いに期待できる。一方、スタートアップ企業で働いている場合は、手続きに混乱が予想される。あなたのために誰かがすべてを手配してくれるとは期待できないため、自分で行なう必要があるかもしれない。

上司と会ったか？

上司が誰かわからない場合は、「私の直属の上司はどなたでしょうか？」と聞いて回ろう。上司に会ったら、「毎日、報告を上げなければならない方はほかにいますか？」と尋ねてみよう。上司からミーティングの提案がなければ、「2、3日以内に、30分から1時間ほどお話しできませんか？　理解を深めたいですし、私の役割についても知りたいのです」と伝えてみよう。

指揮命令系統を確認したか？

複数の上司が存在し、彼らのもとで同時に複数のプロジェクトに携わる場合は、「各プロジェクト間で、どのように時間配分すればよろしいでしょうか？　半々でしょうか？　それとも6対4くらいでしょうか？」と尋ねたほうがいい。また、事務作業がある場合は、「どうやって情報共有するべきでしょうか？　課長をメールのCCに入れたほうがよろしいですか？　それとも別途、定期的にご報告したほうがよろしいですか？」と確認しよう。このように尋ねれば、複数の上司から「あの新人は私のために100パーセントの時間と力を注いでいるはずだ」と誤解されずに済むし、過度に働かされることもなくなるはずだ。

自分の役割への期待を確認したか？

もしあなたが新しい役割を担う場合（チームに初めて採用担当者を置く場合など）、その役職が新設された理由、自分の任務（仕事の量、質、速さ、コストについて何が期待されているか）、これまでの一般的な仕事の進め方を理解しなければならない。

既存の役割を担う場合は、前任者の仕事の内容とやり方を理解しなければならない。そのとおりに仕事をしてもよいし、改善してもよいだろう。任期の決まったプロジェクト固有の役割を果たす場合（インターン、コンサルタント、臨時社員、請負業者の場合など）は、自分がどんな貢献を、どれくらいの頻度と質で期待されているかを理解しなければならない。考えられる質問の例を以下に5つ紹介する。

・「私の役割のなかで優先順位が最も高いのは、どの仕事と成果物でしょうか？　2番目はどれでしょうか？」
・「最初の3カ月で、何ができるようになるべきでしょうか？　6カ月後はどうでしょうか？」
・「私の仕事の成功イメージを教えてください。頭に入れておくべき指標はございますか？」
・「ほかに、自己紹介しておくべき方はいらっしゃいますか？」
・「毎日あるいは毎週、どのように情報共有するべきでしょうか？　私のほうからお願いするべきでしょうか？　ご連絡を待つべきでしょうか？」

上司との定期的な連絡スケジュールを確認したか？

上司が1対1のミーティングについて言い出さない場合、「定期的にミーティングなどをしていただけませんか？」と尋ね、「週に1回、2週間に1回、月に1回など、どれくらいの頻度がよろしいでしょうか？」と続けてみよう。上司が1対1のミーティングに前向きではない場合は、コーヒーを飲みながら話す、会議の終了後や職場で気軽に会話するなど、日常のなかでやり取りする方法を見つける必要があるかもしれない。

特定のプロジェクトで臨時社員や請負業者として働いている場合は、「中間ミーティングなどをしていただけませんか？」と上司に尋ねてみよう。さらに、正社員への移行を希望しているのなら、長期的に働きたいという熱意を上司に知ってもらうことが重要だ。

同僚に自己紹介をしたか?

(リモートワークではなく)職場で働いている場合、職場を歩き回り、「(　　)です。はじめまして。新しく(　　)に配属になりました」と席が近くの人や同じチームの人、一緒に働く別のチームの人に話しかけてみよう。

リモートワークの場合、(チームの組織文化に応じて)同僚に自己紹介を兼ねて、簡単なメールやショートメッセージを送ってみよう。誰かの仕事を引き継ぐ場合は、その人がまだ組織内に在籍していて快く協力してくれるのなら、上司に紹介を頼んでみよう。ビルに受付係や警備員がいる場合は、彼らにも自己紹介しておくとよい。職場から閉め出された場合やシステム操作の助けが必要な場合に、頼りになる人たちだ。

チームの優先業務を把握したか?

チームの同僚に会ったら、「いまどんなお仕事をされているんですか?」「○○さんやチームの最近の優先業務は何ですか?」と尋ねてみよう。同僚たちがどんな仕事をしていて、何に忙しいかを把握できれば、手助けするために何をすべきか見つかりやすくなるだろう。

日々の業務スケジュールを確認したか？

（リモートワークではなく）職場で働いている場合、「みなさんはだいたい何時に出社されて、何時に退社されているんですか？」と同僚に尋ねてみよう。また、メールを送る時間帯も把握するよう努めたい。たとえば、メールは業務時間内に送るべきとされている職場もある（リモートワークの場合も、この確認は役に立つ）。

自分のワークスペースやツールを整え、各種アクセスの設定をしたか？

仕事に必要な備品（ＩＤカード、電子機器、制服、安全装置、社用車、ツールなど）が揃っているか？　インストールする必要のあるソフトウエア（インスタントメッセンジャー、電子メール、ビデオチャット、ファイル共有、プリンタドライバ、プロジェクト管理ソフトなど）が揃っているか？　あとで実際に必要になったときに慌てることがないように、すべてを整えてしまおう。大企業の場合は、ＩＴ部や人事部が助けてくれるはずだが、中小企業の場合は、社員に任されているかもしれない。

必要なファイルやスケジュールの招待状にアクセスしたか？

誰かの仕事を引き継ぐ場合に、まだその人のファイルにアクセスしていなければ、「前任者が残されたファイルで、目を通したほうがいいものはございますか？」と上司に尋ねてみよう。チームが共有ドライブを利用していて、招待状が送られてこない場合は、「アクセス権を許可していただけますか？」「じっくり目を通しておくべきフォルダはございますか？」「みなさんが使われている定型の書式で、私も手元に置いておくべきものはございますか？」と同僚に確認してみよう。そうした作業をしながら、「近いうちに私が参加するべきミーティングはございませんか？」と必ず確認する。

職場内を歩いて確認したか？

（リモートワークではなく）職場で働いている場合、誰も職場を案内してくれなければ、自分で歩き回ってみよう。主要な上司のオフィス、関係する同僚のワークスペース、会議室、トイレ、休憩室、階段、エレベーターの場所を頭に入れるとよい。そうすれば、職場の動きに常に目を配り、同僚や上司と出会う機会を意図的に作ることもでき、またミーティングに向かう途中で迷子になるのも防げる。リモートワークの場合は、専用のワークスペースを設けよう。気が散る原因を最小限に抑えられ、正しい姿勢を保つことができ、十分な明るさ（理想を言えば自然光）が得られ、ビデオ通話の際に仕事に適した背景が映るような環境が望ましい。

日常のルーティンを確認したか？

（リモートワークではなく）職場で働いている場合、通勤手段を確認する必要あるか？　子どもの保育サービスを確保する必要があるか？　駐車許可証が必要か？　リモートワークの場合は、運動の習慣をどう確保するか？　食事の用意をいつするか？　これらは上司や同僚の助けを借りずに対応できる問題だが、あなたの生産性と幸福感に大きな影響を与えるため、最初に考えておくべきだろう。

新しい仕事を始めたばかりの時期は、すべてが整然と進むこともあれば、想定外の出来事が起こり、混乱が生じることもある。可能であれば、気持ちを落ち着ける時間を取ろう。そういう時間が取れないときは、折に触れてこのリストを見直してほしい。指示が与えられた場合は、指示どおりに行動しよう。指示が与えられない場合は、自分で主体的に考えよう。忙しい同僚を煩わせるのは気がひけるかもしれないが、こう考えるのだ。「私の成功はチーム全員の利益になる。成功するための準備をしてこそ成功できる。私は同僚を困らせているわけではない。熱意を証明しているのだ」

≫仕事を見つける

ここまでの説明で、仕事を知るための質問をクリアできたはずだ。さて次は、いよいよ職場で役立つ人間にならなければならない。どんなチームも、あなたにできるだけ早く成果をあげる人材になってほしいと期待しているものだが、ではどうしたらよいか、やり方を知っているチームばかりではない。同僚が手を差し伸べてくれる場合もあれば、誰も気にしてくれない場合もある。いろいろ説明してくれても、すべてを説明してくれるわけではない。仕事を与えてくれても、責任を委ねてくれないかもしれない。

特にリモートワークの場合は、「何をしたらよいかわからない」という悩みをよく耳にする。あなたの組織がリモートワークを導入してから日が浅い場合、上司はまだ、リモートで働く部下をどう管理したらよいか、手探りの状態にあるだろう。その場合、あなたは自分で仕事を見つけ出す必要がある。同僚が忙しそうだからといって、チーム内での自分の役割を見つける努力を怠ってはならない。仕事を始めるにあたって誰もが利用できる3つの方法を以下に紹介しよう。

他者を観察し、メモを取る

上司や同僚が現在どんな仕事を手がけているのか、注意を払おう。まだ仕事を与えられていなければ、「そのミーティングに参加してもよろしいでしょうか?」「やり方を見ていてもよろしいでしょうか?」と尋ねてみよう。そして、必ずメモを取ること（周りの人が電子機器を取り出していなければ、手書きでメモを取ること）。

リモートワークの場合は、チーム内のやり取りのなかで、次のミーティングやプロジェクトに関する発言にしっかり耳を傾けよう。そして、同僚にメールやメッセージで「（　　　）についてもっとよく知りたいのですが、私も参加してよろしいでしょうか？」と確認してみることだ。リモートワークでチームミーティングがあまり行なわれていない場合は、上司に「手続きや設定が終わったので、チームの仕事を把握したいです。私が参加したほうがいいミーティングはございませんか？」と相談してみよう。

質問し、答えから学ぶ

同僚を観察し、仕事を学ぶなかで、興味のある分野やよく理解できない話題については質問リストを作成しよう（図表4－1に例を示す）。下調べと準備をし、その努力を周りに示すのだ。

新人の頃は、周りの人に迷惑をかけたくない、無知と思われたくないと思って、つい黙っていたくなるかもしれない。だがじつは、黙っていることこそ、周りの人の期待に反している。すでに述べたとおり、仕事では時期によって、誰でも学習者モードとリーダーモードのいずれかの立場にある。

あなたが学習者モードのとき、周りの人たちは、質問を期待している。あなたがまだ仕事について詳しくないとわかっているからだ。やがて、組織での在籍期間が長くなり、あなたがリーダーモードになる頃には、現状を理解したうえでの的確な質問やコメントが期待されるようになる。チームやプロジェクトに入ったばかりの時期は、誰でも学習者モードにあるため、周りからは「何か質

図表 4-1

質問してみよう

- ＿＿＿＿＿（人物）さんは＿＿＿＿＿（言葉や文章）とおっしゃっていましたけれど、どのような意味でしょうか？

- ＿＿＿＿＿（決定）に決まったそうですが、どういった経緯だったのでしょうか？

- ＿＿＿＿＿（工程・プロセス）はどのように動きますか？

- ＿＿＿＿＿（人物）さんが＿＿＿＿＿（トピック）についてお話しされたことと、＿＿＿＿＿（人物）さんが＿＿＿＿＿（トピック）についてお話しされたことは、どういった関係があるのでしょうか？

- ＿＿＿＿＿（人物）さんは、初めてのお顔／お名前でした。どちら様ですか？

問があるはずだ」と思われている。そのため、常に質問を用意しておきたい。

ただし、注意してほしい。質問は熱意を示すための簡単で効果的な方法ではあるけれど、決して見せかけだけのものではない。質問の目的は、あくまでも学ぶことだ。メモを取り、教えてもらったことをしっかり頭に入れていこう！

機会を捉え、進んで仕事を引き受ける

多くの場合、新しい仕事はミーティングから生まれる。そして、上司はたいてい、それらの仕事をすべて自分で処理する時間はない。上司があなたに仕事を振り分けてくれることもあるだろう。その場合、あなたは言われたと

おりに動くことを期待されている。だが、上司から言われない場合、仕事への参加を自分から求める必要があるだろう。いずれにせよ、新しいプロジェクトはチャンスだ。あなたの能力を証明し、熱意を示すチャンスになる。ミーティングで議論された話題に興味があれば、ミーティングの終了後に、上司に話しかけてみよう。図表４－２に示す質問のいずれかを投げかけてみるとよい。

仕事が生まれるようなミーティングに参加できない場合は、職場の人たちが口にする不満に注意を払ってみよう。ここにも隠れたチャンスがある。あなたが職場で役に立つ人間になるチャンスである。チャンスを見つけたら、「お手伝いしましょうか？」「（――）のようですね。何かお手伝いできることはございませんか？」「何かお役に立てませんか？」と尋ねてみよう。

あるいはリモートワークの場合は、周りの人を観察するのも難しいかもしれない。そういう場合は、上司にメールやメッセージで、「（――）の仕事が終わったので、何かあれば喜んでお手伝いします。人手が必要なプロジェクトはございませんか？」と申し出てみよう。

とはいえ、注意してほしい。進んで仕事を引き受けるのは、時間があるときだけにするべきだ。「私がやります」と言ったことをやり遂げてこそ、熱意と能力の両方を認めてもらえる。引き受けた仕事をやり遂げられなければ、「熱意はあるが能力がない人」とみなされてしまう。さらに、注意してほしいことはもうひとつある。仕事に志願するかどうかはあなたの自由だが、一方で、上司があなたに「この仕事を引き受けるかどうかは君次第だ」と言ってあなたの意志に委ねるように見える場合、たいていあなたに選択権はない。新人が「これできる？」と聞かれたら、イエスかノーか、迷うことはできない。必ず「はい、できます！」と答えなければならない。「できます！　よ

図表 4-2　ミーティング終了後の質問例

- ＿＿＿（人物）さんは＿＿＿（行動）するべきだとおっしゃっていました。よろしければ、私がいたしましょうか？
- ＿＿＿（トピック）に関する議論を踏まえて、＿＿＿（行動）してみようかと思うのですがいかがでしょうか？
- ＿＿＿（人物）さんから＿＿＿（質問）という質問がありました。質問に回答する必要はありますか？
- ＿＿＿（人物）さんは＿＿＿（トピック）に興味をもたれていました。私がお調べしましょうか？
- 次のステップとして、私のほうから＿＿＿（トピック）について＿＿＿（人物）さんに確認してみましょうか？

ろしければ、（＿＿＿）もしておきましょうか？」と答えれば理想的だ。新人にとって、つまらない仕事は単なる作業ではない。能力と熱意が試される小テストのようなものなのだ。

新しい仕事を始めると、それだけでも十分ストレスを感じるだろう。あなたの育成に本来責任を負うべき上司が放任主義だったとしても、決して楽になるわけではない。学校と仕事では、ここに大きな違いがある。学校では「ついて行くこと」が重要なのに対し、仕事では「踏み出すこと」が重要になる。学校では、指示に従うこと、つまり授業に出席し、話に耳を傾け、教科書を読み、宿題を期限までに提出すれば評価され、成績優秀者になれる。一方、職場には、時間割も教科書もなければ、きっちりと番号が振られて完成させるべき宿題もない。職場の人たちはときに、自分の仕事の締め切りに追われて、新しいメンバーが来たことさえ気づかないかもしれない。あるいは、新人の育成に誠心誠意取り組んでくれる最高の上司でも、あなたが職場に現れる数分前に自分の上司から突然ミーティングに招集されたとしたら、あなたのことはすっかり忘れて、気にかけてくれないかもしれない。では、いったいどうすればよいのだろう？　とにかく積極的に行動すること、それが重要なのだ。職場はそういう人物を求めている。誰も手を差し伸べてくれないのなら、チャンスをつかむために自分から一歩を踏み出してほしい。

Point

- □誰も自己紹介をしてくれなければ、自分から自己紹介しよう。
- □誰も情報を教えてくれなければ、自分から情報を求めよう。
- □誰も仕事を見つけてくれなければ、自分から仕事を見つけよう。

自分を
知ってもらう

Shaping Others' Perceptions

第5章

自分の物語《ストーリー》の伝え方

バイオテクノロジー企業で就業体験プログラムに参加したメーガンは、初日に上司からこう聞かれた。「さて、君はここでどんな仕事をしたいですか？」

メーガンは絶句した。「えっ？　どういうこと？　私のためにすでにプロジェクトが用意されていると思っていたのに！」。何と答えるべきかわからず、彼女は言った。「お任せします！　言われたことは何でもやりますから」。ところが、6カ月間のプログラムの最後に履歴書を更新しようとしたメーガンは、画面上で点滅するカーソルを眺めながら、ふと気づいた。何を書けばよいのかわからないのだ。

就業体験プログラムで、自分はいったい何をしたのだろう？　確かにメーガンは、いくつもの集計表を処理し、膨大な数のメールを送り、たくさんの研究論文の要約を作成した。だがそれは、彼女が想像していたような、履歴書に書けるような経験ではなかった。6カ月を振り返り、彼女は私に語った。「会社の活動について事前にもっと調べて、何をやりたいかをよく考えていれば、自分の考えを話せていたんだと思います。そうすれば、希望するような経験を積めたのでしょう。それなのに、どんな仕事を私に与えるかを会社任せにしてしまいました。だから、期待したような仕事ができなかったのです。そして、会社側はそんなことは気にもしていません」

チームの新メンバーとして同僚たちとやり取りするのは、有名人がレポーターとやり取りするのと似ている。人々はあなたを質問攻めにし、あなたのひとつひとつの返事を吟味する。そうした質問を真剣に受け止めるべきだ。自分が希望する経験を得られるか、それとも他者が望む経験しか得られないかは、あなたの返事次第で決まってしまうからだ。では、メーガンのような状況に陥らないためには、どうしたらよいのだろうか？ そのためには、自分を語る術を学ばなければならない。次ページからその方法を紹介しよう。

✓知っておくべきこと

- 新しい仕事から何を得たいか。それを明確に示すことができれば、充実した経験を得られる可能性が高くなる。
- 仕事に関する過去、現在、将来の自分の姿をうまく説明できればできるほど、あなたは能力と熱意があると評価される。

≫内向きの物語と外向きの物語

話を先に進める前に、まずは「内向きの物語」と「外向きの物語」との違いを理解することが重要だ。なぜ自分はこの仕事をするのか――内向きの物語とは、この問いをめぐってあなたが心のなかで考えるストーリーである。現在の仕事を引き受けたのも、朝ベッドから起き上がって張り切って仕事をするのも、この物語によるところが大きい。たとえば、「奨学金を返済するために稼ぎたい。仕事の経験を積みたいし、研究所の仕事に向いているかどうかも見極めたい」「内定したのがここだけだったから入社した」といった本音が、内向きの物語と言えるだろう。

それに対して、外向きの物語とは、あなたが聞き手を意識し、「自分には能力や熱意や協調性がある」ことを他者に納得させるために語るストーリーである。たとえば、こんなふうに言える。「御社のアルツハイマー病に関する研究に、特に興味があります。大学では神経科学が得意科目でした。高齢者介護施設でボランティアを経験しましたし、祖父がアルツハイマー病に苦しむ様子も目にしてきました。個人的にもこの病気と縁があると思っています」

両者の違いに注目してほしい。内向きの物語は、言い換えれば、ひたすら「私が」「私が」と連呼しているにすぎない。一方、外向きの物語は、「こういう仕事を私はやりたいです……こういう理由で、私には能力がありますし、この仕事に熱意を抱いています」と言い換えることができる。

内向きの物語を人に語るのはお勧めしない。なぜなら、「私は自分のためだけにここにいます」

という言葉を耳にしたら、人は当然、あなたの熱意と協調性に疑問を抱くからだ。それに、あなたが「どんな仕事をしたいのか自分でもわかりません」と言ったら、（メーガンの上司のように）周りの人たちは「えーっと、ちょっと考えてみますね」と躊躇し……そのままあなたに対するフォローアップを忘れてしまうかもしれない。あなたが就職活動をしているとき、電話や面接のあとで採用担当者からの連絡が途絶えたことがあるとしたら、それは、あなたが内向きの物語ばかりを話し、外向きの物語を十分に説明しなかったからかもしれない。ただし、内向きの物語と外向きの物語はまったく別物というわけではない。両者は重なる場合があり、実際多くの場合、重なっている。どれくらい重なるかは、あなたの現在の仕事が理想の仕事にどれだけ近いかによって異なる。現在の仕事が目標を達成するための手段にすぎない場合は、内向きの物語を強調すると、自己中心的に聞こえてしまう恐れがある。熱意がない、協調性がないと思われないためには、外向きの物語を中心に伝える必要がある。

新しい仕事やチームやプロジェクトに参加する場合に、人からよく聞かれるであろう質問を次ページの図表5－1にまとめた。それぞれの質問は、文字どおりの意味を超えた意味をもつ。じつは、各質問の裏には、あなたが3つのCを証明し、やりたいことを実現するための隠れたチャンスが存在するのだ。

最初のうちは、こうした質問に答えるのは大変だ、手に負えない、と思うかもしれないが、そのうち自然と身につくものだ。うまく答える秘訣は、答えを暗記しないこと。それよりも、自分のパーソナルストーリーを自分自身が十分に理解し、どんな質問を尋ねられても語るべき話題を用意し

図表 5-1

新人のときに聞かれがちなこと

	質問を文字どおり解釈した場合	聞き手に合わせてメッセージを調節する場合
あなた自身のことを聞かせてください。または、あなたの経歴を教えてください。	生まれ育った場所や学歴	過去の経験が、新しい仕事での自分の能力や熱意にどうつながっているか
なぜ弊社に入社したのですか？	仕事に関して実際どんな話を聞いたか	過去の経験が、この会社への入社にどうつながっているか
なぜこの仕事に興味をもったのですか？	この経験から何を得たいか	仕事とチームや組織のミッションにどんな魅力を感じたか
どんな種類の仕事に興味がありますか？または、ここでどんな仕事をしたいですか？	どの仕事に興味があり、どの仕事に興味がないか	チームや組織のどの分野の仕事に興味があり、自分の強みと関心に基づきどのように貢献できるか
この経験から何を得たいと思いますか？	この仕事に就いた正直な理由	学びと貢献にどのように関心があるか
これまでどんな経験をしてきましたか？	これまでどこで働いてきたか（または「就業経験がない」か）	過去の経験がこの仕事への関心にどう結びついたか、自分が得た知識やスキルを新しい仕事にどう活かせるか
あなたの将来像について教えてください。	この仕事を足掛かりとしてどう利用するつもりか	会社でどのように成長し、より多くの責任を担うつもりか

図表 5-2　内向きの物語を洗い出そう

- 私がこの仕事に就いているのは、＿＿＿＿＿＿だからだ。
  理由
  例：私がこの仕事に就いているのは、就業経験が欲しいのと給料が高いからだ。
- 私は＿＿＿＿＿＿を試してみたい。
  仮説
  例：私はバイオテクノロジー研究の仕事を楽しめるかどうかを試してみたい。
- 私は＿＿＿＿＿＿に出会いたい。
  あるタイプの人々
  例：私はメンターに出会いたいし、大学院の推薦状を書いてくれる人に出会いたい。
- 私は＿＿＿＿＿＿を身につけたい。
  スキル
  例：私は実験室での研究スキルを身につけたい。
- 私は＿＿＿＿＿＿について学びたい。
  テーマ
  例：私は研究室での仕事の手順と科学研究の成果が商品化される過程を学びたい。
- 私は＿＿＿＿＿＿と履歴書に書けるようになりたい。
  物事
  例：私は研究室での実験の企画と実施に貢献したと履歴書に書けるようになりたい。

ておくことだ。そうした話題を作り上げるために、以下の5つのステップを実践してみよう。

STEP1 内向きの物語を洗い出す

最終目標からさかのぼって考えてほしい。キャリアの最終日に、あなたは自分の仕事人生をどのように振り返るか、想像してほしいのだ。何をしたかったと思うだろうか？　そうした振り返りを踏まえて、図表5－2の空欄を埋める作業をしてみよう。埋まらない空欄があっても、気にする必要はない。内向きの物語は、常に変化していく。自分のことがわかってくるにつれて、時間とともに変わってゆく。大切なのは、見直すことができるように、とにかく紙に書き出すことだ。先ほど紹介したメーガンは、就業体験プログラムで何を学びたいかをあらかじめ自問自答していれば、同僚とうまくコミュニケーションを取ることができ、その結果、充実した経験が得られていたかもしれない。これはショッピングと似ている。つまり、きちんと買い物リストを作成して出かければ、本当に欲しいものが手に入る可能性が高くなるというわけだ。

STEP2 外向きの物語を構築する

内向きの物語の洗い出しが終わったら、次のステップは、それを、聞き手を意識した外向きの物語として語れる内容に変えていくことだ。自分自身についてわかったことをもとに、図表5－3の空欄を埋めてみよう。能力と熱意を示そうとしていることを忘れずに、仕事について詳しく書き込んでみてほしい。たとえば、データ処理の仕事の場合、データ分析の経験や関心について語ることができるだろう。あまり経験がない場合（あるいは未経験の場合）でも、何を学びたいかを中心に話せばよい。つい自分の弱みを言いたくなるかもしれないが、そういう衝動は抑えるべきだ。「これまで数字を扱ったことがない」と話せば、相手は当然、あなたの能力に疑問を抱くことになる。わざわざ人に言う必要はない。あくまで強みを中心に話すようにしよう。

能力と熱意を示すためには、あなたが過去にしてきたことと、新たな仕事でやろうとしていることとの共通点を浮き彫りにするのが効果的だ。そして、さまざまな分野に応用の利くスキルを強調することも重要だ。これまで仕事でどんな経験をしてきたかにかかわらず、あなたにもそういうス

図表5-3

外向きの物語を構築しよう

- ＿＿＿＿です。＿＿＿＿で＿＿＿＿をしています。＿＿＿＿をしています。
  名前　部署　役職　仕事内容

  例：ティアナです。DNAシークエンシング部門で研究職の就業体験プログラムに参加しています。実験と研究発表のお手伝いをしています。

- ＿＿＿＿したことから、こうした機会に興味をもつようになりました。
  経験／観察

  例：大学で生物情報学の授業を取り、この研究所に関するニュースを読んだことから、こうした機会に興味をもつようになりました。

- 以前は、＿＿＿＿で、＿＿＿＿をしていました。
  過去の経験　関連事項

  例：以前は、大学の研究室で、ネイチャー誌に掲載する教授の学術論文執筆のお手伝いをしていました。

- ＿＿＿＿の分野での貴社の仕事には特に興味があります。
  分野

  なぜなら＿＿＿＿からです。
  理由

  例：がん治療学の分野での貴研究所の研究には特に興味があります。なぜなら、私はこの分野でのキャリアを模索しており、この研究室は治療介入の最前線にいるからです。

- 私は＿＿＿＿に興味があり、＿＿＿＿を経験したいと強く希望しています。
  トピック　特定の種類の仕事

  例：私は研究の発表方法に興味があり、研究成果が発表記事になる過程に関わる仕事を経験したいと強く希望しています。

- もし＿＿＿＿や＿＿＿＿を行なう機会があれば、
  行動　行動

  私のことを思い出していただけると嬉しいです。

  例：もし実験計画や記事の執筆のお手伝いをする機会があれば、私のことを思い出していただけると嬉しいです。

将来について

- 私は＿＿＿＿をしたいと強く希望しています。
  行動／将来像

  例：私はいつか教授になりたいと強く希望しています。

- まだ検討中ですが、いまのところは＿＿＿＿と＿＿＿＿に興味を感じています。
  分野　分野

  例：まだ検討中ですが、いまのところは学問の世界と製薬業界に興味を感じています。

キルは必ずあるはずだ。たとえば、ベビーシッターの仕事なら、責任感について語ってみよう。家庭教師の仕事なら、複雑な概念を簡単な言葉で説明するスキルについて語ってみよう。レジ係や小売店の店員、バーテンダーや接客係の仕事なら、人と一緒に働くことやプレッシャーのなかでマルチタスクをこなすために必要なことについて語ってみよう。

内向きの物語と外向きの物語が完成したら、新しい環境で人からどんな質問を投げかけられても、答えるために必要な素材がすべて揃ったことになる。こうした素材の洗い出しは、いろいろな話題が詰まった「冷蔵庫」を作る作業に似ている。誰かが質問をしてきたら、ただ頭のなかの冷蔵庫を開けて、状況に最も適した「素材」(話題)を取り出しさえすればよいのだ。

冷蔵庫の中身を整理したい場合は、中身をすべて取り出して、それらがあなたの能力、熱意、協調性の証明とどう関係するか、結びつけてみるとよい。以下の空欄に中身を当てはめ、3つの文章を完成させてみよう。

能力：私にはここで成功するために必要な資質があります。なぜなら（　　　）だからです。

熱意：私はこの仕事に夢中になっています。なぜなら（　　　）だからです。

協調性：私はこの仕事とチームに愛着を感じています。なぜなら（　　　）だからです。

STEP3 情報を追加し、話の骨組みを構築する

「どんな仕事に興味がありますか？」といった今後に関する質問を聞かれたら、どう答えるべきか？　その場合は、下調べと準備をし、その努力を周りに示すとよい。あなたの「冷蔵庫」の中身をただ取り出すだけでなく、第3章で説明したようにオンラインで調べたうえで、そこから得られた情報を盛り込んで答えるのである。わずかな違いのように聞こえるかもしれないが、「臨床試験を経験したいです」と答えるのと、「臨床試験を経験したいです。確か、御社の医薬品にはちょうど臨床試験に入ったばかりのものがあると思います」と答えるのとでは、大きな違いがある。前者はただ質問に答えているだけなのに対し、後者は質問に答えながら、同時にあなたの熱意を強調している。

では、「なぜ弊社に入社したのですか？」といった過去に関する質問を聞かれた場合は、どう答えるべきだろう？　その場合は、過去、現在、将来という流れで話を組み立てるべきだ。こうしたストーリー構成は、いわゆる「英雄の旅（ヒーローズ・ジャーニー、またはヒロインズ・ジャーニー）」にヒントを得られるだろう。多くの有名な物語の骨組みは、このような構成をとっている。『指輪物語』で、フロド・バギンズはひとつの指輪を破壊するためにホビット庄を出発する。『アナと雪の女王』で、アナは姉のエルサを見つけて夏を取り戻すためにアレンデール王国を出発する。ハリー・ポッターはヴォルデモートを倒すために、ホグワーツで訓練を受ける。これらの物語をざっと眺めると、

図表 5-4　あなたの「英雄の旅」の組み立て方

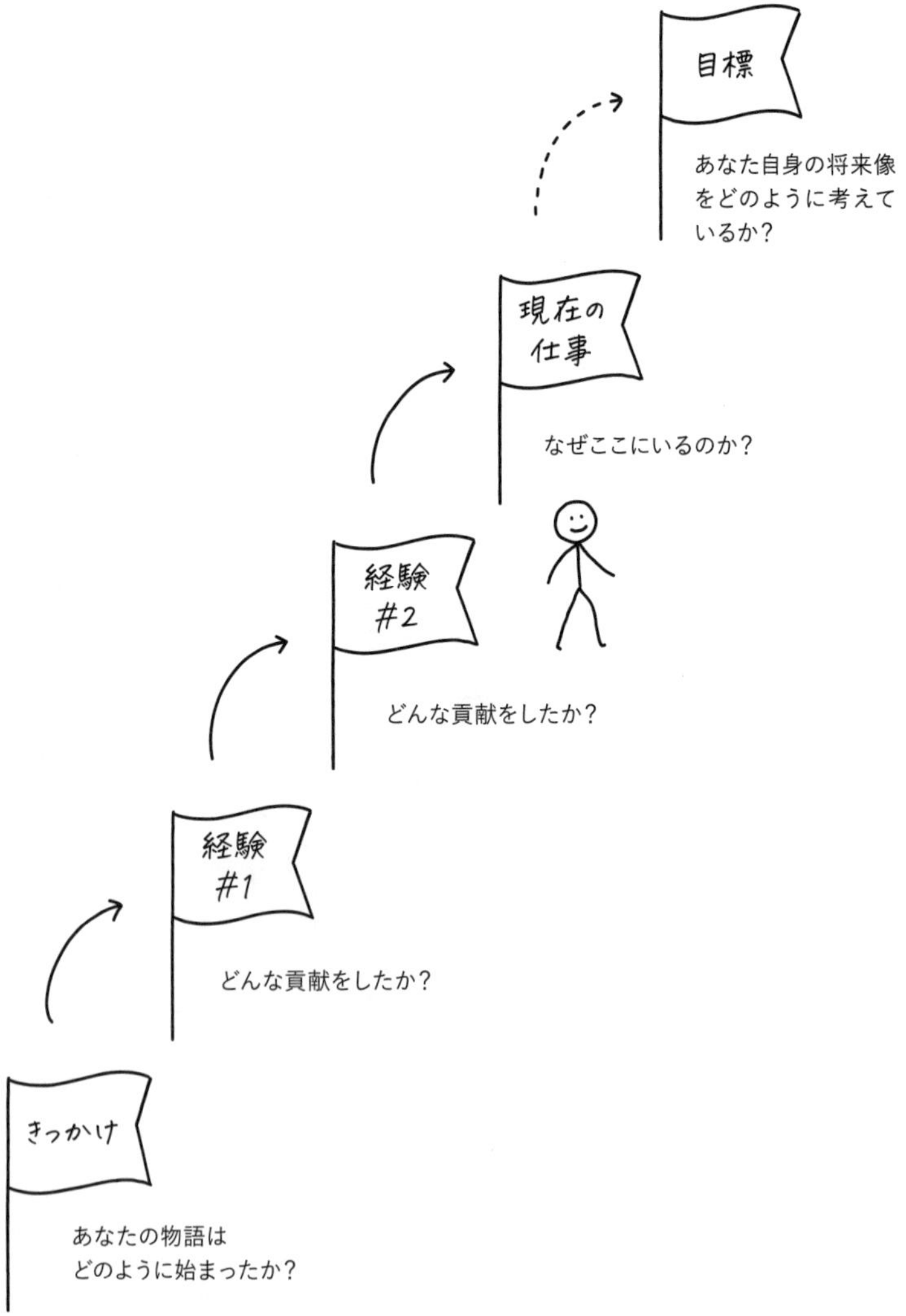
目標
あなた自身の将来像
をどのように考えて
いるか？
現在の
仕事
なぜここにいるのか？
経験
#2
どんな貢献をしたか？
経験
#1
どんな貢献をしたか？
きっかけ
あなたの物語は
どのように始まったか？

どれも同じような要素からできていることがわかるだろう。つまり、主人公がどこからやって来たか（過去）、いま何をしようとしているか（現在）、どんな目標を達成しようとしているか（将来）という要素である。では、あなた自身はどんな冒険をしているのか？　それがあなたの「英雄の旅」なのだ。図表5－4は、あなたの冒険の要素を考えるための枠組みを示したものである。

「英雄の旅」のスタートはどこに置くべきですか、とよく聞かれる。特に決まりはないので、最も重要と思われる時点を見つけてほしい。たとえば、あなたがスタートアップ企業に関心を抱いたきっかけは、子供の頃に犬の散歩のアルバイトをしたことかもしれない。だったら、そこから始めよう。ただし、物語を語る時間はわずか2分――20分ではない。だから、細かいことは省略し、どんどん先に話を進める必要がある。ある授業を受けたこと、あるインターンシップに参加したこと、あるニュース記事を目にしたことがきっかけで、関心を抱いた人もいるはずだ。それなら、そこから始めよう。また、あなたの部署の組織文化をよく理解し、人々が自分の物語を語る際にどれくらいプライベートの話題を盛り込んでいるかを把握することも大切だ。家族のようなプライベートの話題を歓迎するのか、それとも仕事の話題だけに限定した物語を好むのか。それは組織によってさまざまだ。

STEP4 他者の反応をもとに、話す内容を精査する

語るべき内容と話の骨組みが完成したら、次は何のために、どの話を、どのように話すかをよく

考えよう。自分自身を語るときにはいつも言えることだが、最も重要なコツは、能力、熱意、協調性の適切な範囲を超えてやり過ぎないこと、あるいは不十分にならないようにすることである。

能力を主張する

自分には能力があり重要な仕事をしていることを、はっきり主張しよう。すべてをわかっているかのように受け取られてはいけないし、状況をまったく理解していないと思われてもいけない。たとえば、「これについては何でも知っています」「全然わかりません」と言うのではなく、「（　　）の経験を活かして、（　　）の仕事をしたいと思います」「（　　）の仕事をするつもりです」と話したほうがいい。話す内容によって、無能と思われたり、能力があると思われたり、傲慢と思われたりするわけだ。そのことを示したのが図表5－5である。

だが、つい気づかずに、やり過ぎてしまったり、不十分になったりすることは多い。スタートアップ企業にマネジャーとして転職した男性は、何か発言するたびにいつも、「前の職場では……」と口癖のように言っていた。この言葉を何度か耳にするにつれて、同僚たちのあいだでは、「彼は上から目線だ」とショートメッセージで不満が飛び交うようになった。傲慢と思われてしまったのだ。「そんなに前の職場が気に入っていたのなら、なぜ転職したのか？」と同僚たちが思っていることに気づいてもいなかった。

もうひとつ例を挙げよう。アメリカ政府のインターンシップに参加した学生は、上司のそばで緊

図表5-5 自分自身を語るとき、能力を主張する方法

	無能	能力がある	傲慢
あなたが考えていること	私には貢献できる能力がない。	私には貴重な能力がある。	みんな私のやり方を見習うべきだ。
あなたが話すこと	「わかりません」	「＿＿＿＿の経験を活かして、＿＿＿＿の仕事をしたいと思います」	「何でも知っています」

急事態に忙しく対応していた。そこに、室長が現れた。

「調子はどうだい？」と室長は言った。

「まずまずです」とインターンは応じた。

すると、「『まずまず』とはどういうことだ？」と上司がぴしゃりと言った。「私たちは危機に対応しているんだ！」。このインターンは、無能と思われてしまった。「調子はどうだい？」という言葉は、実際は「どうしたんだ？」という意味であり、友人に挨拶がわりに声をかける場合の意味合いとは異なることを、彼女はその瞬間忘れていた。

熱意を主張する

学びたい、力になりたい、成長したいという気持ちをはっきり示そう。だが、権力に執着している、人の仕事を横取りしようとしている、

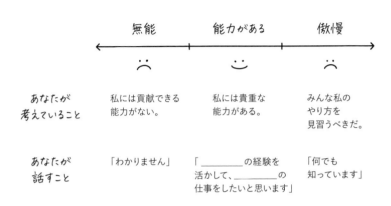

誰かのメンツを潰そうとしていると思われてはいけない。たとえば、「CEOになるつもりです」「昇進を期待しています」と言うのではなく、「この分野でキャリアを磨きたいと思います」「(――)に興味があります」と話したほうがいい。話す内容によって、無気力と思われたり、熱意があると思われたり、威嚇《いかく》的と思われたりするわけだ。そのことを示したのが図表5-6である。

能力の場合と同様、やり過ぎてしまったり、不十分になったりすることは多い。たとえば、地域医療センターの臨時ソーシャルワーカーは、「キャリアプランについてどう考えているんだい?」と上司に聞かれた。

「コーディネーターになりたいです」とソーシャルワーカーは答えた。

上司は眉をひそめて言った。「そうか……わかった……」

このソーシャルワーカーは、重要な事実を見落としていた。その施設にはコーディネーターのポストはひとつしかなく、上司がすでにそのポストに就いており、当分退職する予定はない。上司は「わかった」とは言ったものの、それは「了解」という意味ではなかった。「じゃあ君は、僕のポストが欲しいということか? どうやって? 私を首にするのかな?」と心のなかで思っていた。幸いにも、多くの上司は部下の意欲を高く評価し、不安を感じる上司は少ないようだが、あなたの上司がどんなタイプかはわからない。注意しないと、威嚇的と思われてしまう可能性がある。

ある経済調査会社のジュニアアナリストは、初めての業務についてシニアアナリストと話し合っていた。シニアアナリストは、データセットのクリーニングとマージングのプロセスを説明し始めた。ところが、ジュニアアナリストはメモも取らずに黙って座っている。それを見たシニアアナリ

図表 5-6 自分自身を語るとき、熱意を主張する方法

	無気力	熱意がある	威嚇的
	:(	:)	:(
あなたが考えていること	長期的にここにいたいとは思わない。	私は学び、貢献するためにここにいる。	トップに上り詰めるためにここにいる。
あなたが話すこと	「この仕事には興味がありません」	「この分野でキャリアを磨きたいと思います」	「CEOになるつもりです」

ストは、「何か質問は？」と尋ねた。

「正直に言いますと……」とジュニアアナリストは言った。「私はこういう種類のプロジェクトはやりたくないんです。ですから、教えてもらっても時間の無駄ではないかと思います」

このジュニアアナリストは、早くも無気力と思われてしまった。シニアアナリストは私にこう話してくれた。「自分の目標と一致しないプロジェクトでも、断っていいわけではありません。わが社は小さな会社です。これは自分には関係ない、という態度を取ることはできません。すべての仕事に全員が関係しているのですから」

協調性を主張する

チームの一員であることにワクワクしている気持ちをはっきり示そう。何もかもやろうとし

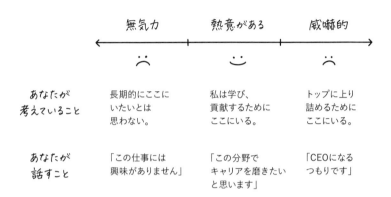

ているとか、無理をしていると思われてはいけない。たとえば、「いまおっしゃったことはすべて大好きです！」「はい、それは私がやります！　それもやります！　それもやります！」と言うのではなく、「チームに参加できて嬉しいです！」「みなさんのことを知るのが楽しみです！」と話したほうがいい。話す内容によって、消極的と思われたり、協調性があると思われたり、目立ちたがり屋と思われたりするわけだ。そのことを示したのが図表5－7である。

多くの場合、嘘っぽく聞こえるほどに熱心すぎると、やり過ぎと思われてしまう。たとえば、品質保証部門で働く男性は、周りの人から熱心すぎると思われたために、媚《こび》を売る奴として知られるようになってしまった。会社の幹部が話すときだけ、熱心だったからだ。ほかの人たちが時々うなずいたり、相槌を打ったりするのに対し、彼は過剰にうなずき、相手がほとんど一文話すごとに相槌を打つ。最初にそれを目にした同僚たちは、奇妙に思った。2回目に目にしたときは、不愉快に思った。3回目になると、彼は目立ちたがり屋と呼ばれるようになった。

反対に、笑顔が足りない人や自分のことをあまり語らない人は、協調性が足りないと思われてしまう。たとえば、研究所のスタッフミーティングで、新米の研究助手が順番に自己紹介をしていたときのことだ。全員が1分以上は、自分の好きな講座や研究テーマを熱く語っていた。ところが、ある助手は「イーサンです。よろしくお願いします」と言っただけで、それっきり黙ってしまった。イーサンは最終的には有能だとして職場で受け入れられたが、同僚が自分のことをどう思っているのか、まったく考えもしていなかった。彼は人見知りなのか、自分たちのことが嫌いなのか、それとも人付き合いが苦手なのか、同僚たちはずっと気になっていた。イーサンが非常に消極的に見え

図表5-7 自分自身を語るとき、協調性を主張する方法

	消極的	協調性がある	目立ちたがり屋
あなたが考えていること	ここにいるのは単に給料が欲しいからだ。	このチームのメンバーになるためにここにいる。	すべてをやってみたいからここにいる。
あなたが話すこと	「どうも」	「チームに参加できて、みなさんと知り合えて嬉しいです！」	「それは私がやります！それもやります！それもやります！」

たからである。人に対してこのような評価を下すのは不当かもしれないが、実際にはよくあることだ。

3つのCについて、人から高い評価を得るのには時間がかかる。練習したうえで、パターンを把握し、さらに練習を積む必要があるだろう。最初はやり過ぎたり不十分だったりする気がしても、心配はいらない。聞き手の身振り手振りをよく観察しよう。聞き手が眉をひそめ、腕を組み、椅子の背にもたれ、視線をそらし、首をかしげる瞬間に、注意を払ってほしい。こうした些細なしぐさは、次回に自分の話を見直すための貴重な手掛かりになる。笑顔やうなずきにも注意しよう。あなたの話を好意的に受け取っているサインと言えるからだ。このように、あなたは人々の反応をもとに、話す内容を微調整していくことができる。自己紹介を電話で行な

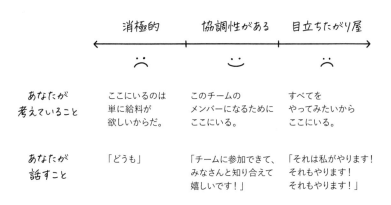

うために相手の表情を観察できない場合には、ゆっくり話し、相手が相槌を打ったり質問したりできるように、時々少し間《ま》を置くようにするとよいだろう。何度も自己紹介を重ねるにつれて、だんだん上達していくはずだ。

STEP5 練習あるのみ！

何を話すかは重要ではあるけれど、どのように話すかも同じくらい重要だ。本書は弁論術の手引書ではないため、あまり詳しく述べるつもりはないが、うまく話すコツは、自信あり気に、ただし偉そうにならず、きちんと、ただし機械的にならず、明るく、ただし未熟に聞こえないように話すことである。[1]

自信あり気に……

自信あり気に話すとはどういうことか？　それは、語る内容を心から信じているように話すことだ（話の要旨を理解していれば、自然とそうなるだろう）。また、相手の目を見て、自然な身振り手振りを交え、穏やかなペースで、一言一句はっきりと、相手に聞こえるように大きな声で話すことでもある。「語尾を上げる話し方」はやめたほうがいい（つまり、質問のように文章を終えるのではなく、語尾のイントネーションを下げたほうがいいということだ）。メディア企業のあるインターンはこう話してくれた。「緊張するのは当たり前です。でも、自分はこの場に馴染んでいると思って話せば、人はあなたの話を信じてくれるでしょう」

ただし、偉そうになってはいけない

偉そうに話すとは、自分がほかの人より優れていると思っているかのように話すことだ。人の話はさえぎらず、人が話し終えるまで待ってから発言しなければならない。さらに、目を泳がせたり顎《あご》を突き出したりしないように注意し、聞き手の目線の高さに合わせて立ったり座ったりを調節しよう。「そうですね……」といった、どことなく傲慢に聞こえる表現を使う場合には注意し、他者が何を言っても「いや、しかし……」と否定するのはやめたほうがよい。

きちんと……

きちんと話すとは、同僚たちと同じように、落ち着いて礼儀正しく話すことだ。何をもって落ち着いている、礼儀正しいと言うかは、勤務先が銀行かテック系スタートアップ企業かによっても違ってくるため、同僚の話し方に合わせるべきだ。つまり、同僚が「なんか」「まあ」「いけてる」「すっごく」「おまえ」「うん」といったカジュアルな表現を使わないのなら、あなたも使わないほうがよい。同僚が俗語を使わない場合は、あなたも使わないほうがよい。同僚が悪態をつかないのであれば、あなたもやめたほうがよい。自分の職場で何が礼儀正しいとされるかがわからない場合、最初は安全策を取っていつも以上に礼儀正しく振る舞い、あとから緩めていこう。ビジネスパーソンとしての意識に欠けるという印象よりも、真面目すぎるという印象のほうが、あとから払拭しやすいものだ。

ただし、機械的になってはいけない

機械的に話すとは、スピーチを暗記しているように話すことだ。外向きの物語のどれを「冷蔵庫」から取り出すかはわかっているべきだが、オレンジジュースのパックの裏まで暗唱する必要はない。思い出せないことがあっても、劇のセリフを忘れたかのように黙ってしまうのではなく、話を先に進めよう。特に、「シナジー」「イノベーション」「破壊」のような決まり文句や、「御社とその価値観に共感しています」といった漠然とした言葉を使うのは慎重にすべきだ（具体的に説明できるのなら話は別だ）。

明るく……

明るく話すとは、エネルギッシュに話すことだ。声に抑揚をつけ（単調にならないようにし）、他者について語るときは肯定的あるいは少なくとも中立的な立場を取り（批判をせず）、誠実で愛想のいい表情を保つことだ（無表情はいけない）。

ただし、未熟に聞こえてはいけない

未熟に聞こえるとは、子どもっぽく聞こえることだ。同僚たちが話すときの声の高さ、興奮レベル、あるいはどれくらい笑いを織り交ぜるかなど、彼らのパターンを観察しよう。

これらすべての点において、練習は役に立つ。ぜひ鏡の前で、自分自身の目を見て、話したい物語のリハーサルをしてみよう。あるいは、友人と一緒に練習するのもよい。重要なのは、このステップ5の内容を、守らなければならない厳格なルールとしてではなく、自己評価の際に心のなかで確認するおおまかなチェックリストとして捉えることだ。だが、注意してほしい。本書で紹介する多くの暗黙の期待と同様、これらはあまり公平なものではない。ビジネスパーソンとして適切な振る舞いと周囲との調和のどちらが重要なのかは、状況によって違う。「ビジネスパーソンとして適切な振る舞い」といっても、どこまでが行動で、どこまでが生まれつきの性質なのかもわかりにくい（たとえば、生まれつき声が高い人はどうするべきか）。また、ダブルスタンダードも珍しくはない。自己紹介をする場合、感動的な外向きの物語を語るべきときもあれば、本当のあなたを見せるべきではないときもある。単に自分の物語を語ればいいというわけではないのだ。上司が本当のあなた――上司が期待するあなたではない――を受け入れてくれる日が来るまでは、聞き手を理解し、そのうえで自分自身をどう語るべきかを慎重に検討しなければならない。

本章では、新しい仕事に就いた当初によく聞かれる質問に、どう答えるべきかを示してきた。だが、聞き手を理解したうえで自分の物語を語るスキルは、キャリア全体を通じて役立つものだ。営業職の人間ではなくても、私たちは人と話をする場合はいつも、自分自身を「売り込んで」いる。まずはあなたの物語に磨きをかけよう。その努力は、新しい仕事で役立つだけでなく、次のチャンス、次の仕事、次のプロジェクトにあなたを導いてくれるはずだ。

Point

- □あなたの内向きの物語を書き出してみよう。この経験から何を得たいのか？
- □あなたの外向きの物語を人に伝える準備をしよう。自分はどんな人間で、これまで何を経験してきたか？　それらが新しい仕事での能力、熱意、協調性にどのように役立つか？
- □相手が何に関心をもっているかを理解し、相手が求めるものを提供しよう。
- □「英雄の旅（ヒーローズ・ジャーニー）」を参考に、あなたの過去、現在、将来について物語を組み立てよう。

□人に話をするときは、自信あり気に、ただし偉そうにならず、きちんと、ただし機械的にならず、明るく、ただし未熟に聞こえないように話そう。

第6章

外見に気を配る

初めてウォールストリートでインターンシップに参加したとき、私は自分の外見についてほとんど何も考えていなかった。「ビジネスフォーマル」という服装規定だけは聞いていたものの、とにかくスーツを着て、ネクタイを締めて、ワイシャツを着て、革のベルトを締めて、靴下と革靴を履けばよい、と解釈していた。

ところが、すぐに現実に直面した。体に合わないワイシャツ、つま先が四角い革靴、靴の色と合っていないベルトがいかにウォールストリートにふさわしくないか、同僚たちがからかうように話しているのが耳に入ったのだ。私は自分の格好を見下ろした。彼らが話していたのは、まさに私の服装だった。

幸い、近年職場のカジュアル化が進み、服装に寛容な職場が増えている。特に、リモートワークへの移行は、こうした傾向に拍車をかけた。とはいえ、依然として学ぶべき教訓はある。こと職場での外見に関するかぎり、「ビジネスカジュアル」や「スマートカジュアル」のような服装規定からわかるのは、現実のほんの一部でしかない。実際には、暗黙の期待によって内輪の人間と部外者とが区別され、この期待は服装だけでなく、髪型やアクセサリーや身だしなみにまで及んでいる。そういう他者からの厳しい評価が今後もついて回ることを考えれば、外見に慎重に気を配っても損はない。結局のところ、あなたのアイデンティティを決めるのはあなた自身であり、他人が決める問題ではないのだ。

では、どうしたらよいのだろう? まずやるべきことは、あなたの職場で適切とされている外見と、あなた自身が自分らしいと感じる外見を理解することである。

✓知っておくべきこと

ビジネスパーソンとしてふさわしく見えるためには、職場で適切とされる外見と自分らしいと感じられる外見との共通部分を見つけることが重要だ。

≫適切とされる外見を理解する

第一歩はパターンを認識することだ。面接で会社の人がどんな服装をしていたかを思い出し、オンラインに投稿された会社の写真を探してみよう。そして、自分と同じような若手社員の多く、大部分、あるいは全員に共通する外見を見つけよう。全員がスーツや襟のあるシャツを着ているとすれば、暗黙の服装規定を見つけたのかもしれない。コロンや香水をつけている社員がいないことがわかれば、香りに関する暗黙の規範を探し当てたのかもしれない。誰のスーツにも皺ひとつないとすれば、身だしなみの基準がある程度わかるだろう。

パターンが認識できたら、それを真似ることだ。見つけたパターンをあなたの服装や身支度に反映させてみよう。ブランドや価格のような細かいことよりも、衣服の形、色、柄、素材、フィット感、手入れが行き届いているかといった、スタイルに関する重要な点に注目する。まずは一式購入してみて、暗黙のルールがわかったら徐々に増やしていくとよい。リモートワークの場合は、ビデオ通話で見える部分に注意を払おう。

迷う場合は、先輩社員や同僚に「(――)の服装でも大丈夫でしょうか?」と尋ねてみることだ。それでも服装の候補がふたつあって決めかねる場合は、はじめはフォーマルなほうを選ぶとよい。ビジネスパーソンとしての自覚に欠けると見られるくらいなら、真面目すぎると見られたほうがマシだ(服装はあとからいくらでも調節できる)。

それでも自信がもてない場合は、上司や同僚、クライアントやパートナーの視点に立って、自分を眺めてみることだ。「私の職業のためのファッションカタログを作るとしたら、この服装を載せるだろうか?」と自問自答してみよう。目標は、社内の人間に「よし、君も一人前だ」と思ってもらうこと。要するに、社員としてふさわしい身なりをしており、無理をしているようには見えず、真剣さが足りないようにも見えないことが大切だ。

もちろん、これは口で言うほど簡単ではない。一般に、サービス業や専門職の仕事では、「黒い

図表6-1

外見で考慮すべき点

衣服	・トップス、ボトムス、ヘッドスカーフ、靴下やストッキング、靴、コート類 ・色合い、柄 ・素材 ・フィット感 ・ブランド ・品質、清潔感、新しさ、アイロンがかかっているか、 シャツの裾をズボンに入れるかどうか
アクセサリー	・宝飾品、バッグ、ベルト、腕時計、スカーフ、ショール
肌	・化粧、タトゥー、ピアス
身だしなみ	・髪、ひげ、ネイル、香り

ズボンと黒い靴以外は禁止」「安全靴を履くこと」「タトゥーは見せないこと」といった明確なルールが決められている。そういう仕事に就いている場合は、何が適切とされるかを理解するのは比較的簡単だ。だが、デスクワークが多いホワイトカラーの仕事では、「スタートアップ企業ではスーツを着用しない」「金融業界ではビジネスカジュアルかビジネスフォーマル」のような型にはまったスタイルに留まらない、暗黙の期待に応えなければならない。外見について慎重に考えるべき項目を図表6－1に挙げたので、参考にしてほしい。

こうした暗黙の期待は、非常に曖昧で、状況に左右されやすいものでもある。ある野外教育の担当教師は次のように話してくれた。「野外教育の現場では、服装については、ブランドと機能性の両方で判断されます。高級な上着を着て現れても、秋なのに着膨れていたり、冬なのに防寒が不十分だったりすれば、目立ちたがり屋と思われてしまいます」

自分らしいと感じられる外見を決める

同僚の外見を知ることは役立つものの、それはあくまで平均値であり、スタート地点にすぎない。つまり、平均的な外見が明らかになっても、どんな服装をしてよいか（あるいはするべきか）はわからない。多数派の人々がどんな服装をしているかはわかっても、あなたがどんな服装をすべきかはわからないのである。これを頭に入れておくことは重要だ。あなたのバックグラウンドが同僚たちと同じではないとしたらなおさらだ。自分の外見が同僚たちと「一致」していないと感じたら、どうすればよいのだろう？　ルールを拒否するのか、受け入れるのか、曲げるのか？　図表6－2に、この問題に対処する際の選択肢を示した。

そこには正解も不正解もない。これはただ、個人の価値観の問題である。これまで大勢の人々がルールを拒否し、受け入れ、曲げてきたわけだが、彼らはみなそれぞれの困難や犠牲と葛藤せざるをえなかった。

たとえば、保険業界で働くエイブリーは、ルールを拒否した。エイブリーは男性として生まれたものの、その後、自分をノンバイナリーと認識するようになった。採用面接にはいつも、長い髪をして、イヤリングをつけ、マニキュアを塗ってのぞんだ。男性にしか見えない身体で女性の格好をするのが難しいことはわかっていても、入社してからの服装に驚いてほしくないと考えたからであ

図表 6-2

外見を決める場合の選択肢

	ルールを拒否する	ルールを曲げる	ルールを受け入れる
気持ち	「私は私だ。受け入てもらえなければ仕方がない」	「周りの人にある程度は合わせるつもりだ」	「カメレオンのようになろう」
対応	人の外見は気にしない。チームが本当の私を受け入れてくれないなら、この職場は私には向いていない。	私のアイデンティティ／価値観を損なわないかぎりは、チームに合わせる。その後、職場での立場を確立するにつれて、本当の私を見せていく。	私のアイデンティティ／価値観を損なうことになっても、チームに合わせる。

自分がどうありたいかを決める

る。不採用になったときは、ノンバイナリーを受け入れたくないという会社の意思の表れと受け止めた。採用通知をもらったときは、入社初日を迎える前に、本当の自分でいることがいかに重要かを人事部と上司に説明した。「人と同じではない人間としての私を認めてもらえました」とエイブリーは言う。だが、この選択にはそれなりの犠牲が伴った。「自分の能力は示してきたので、同僚とはうまくやっています。ただ、それでもクライアント対応の仕事はなかなかさせてもらえません。不愉快に思われるかもしれないと不安があるのでしょう。たとえクライアントが気にしている様子がなくても……」

また、ヒジャーブを着用するムスリ

ム女性のアイシャは、食品加工会社での仕事中は、ルールを受け入れることにした。ヒジャーブを脱ぎ、髪の毛を露わにし、軽く化粧をし、同僚たちと同じようにノースリーブの細身のワンピースを着た。だから、彼女は「どこのご出身ですか?」と聞かれたことは一度もなかった。一方、彼女の妹のハディージャは、パラリーガルとしての仕事中もヒジャーブを着用していたため、ひっきりなしにこの質問を聞かれていた。だが、アイシャの選択にも犠牲がないわけではない。家族や友人のなかでも信仰の厚い人たちは、彼女の決断を疑問視していたからだ。

エイブリーとアイシャの例からわかるように、ルールは拒否することも受け入れることもできる。だが、私がこれまで出会ったビジネスパーソンは、第3のアプローチを取っていることが多い。ルールを曲げるというアプローチである。彼らはある程度は同僚に合わせ、表面的な犠牲だけが求められるルールは受け入れるものの、みずからの価値観が損なわれるようなルールは拒否している。最初は妥協し、やがて自分の能力、熱意、協調性が認められるようになったら、徐々に本当の自分を見せていくやり方もある。

黒人女性のエンジニアであるンゴジは、この方法を取った。新しい職場の同僚をオンラインで調べたところ、全員が白人男性であることを知ったンゴジは、入社初日を前に、ストレートパーマをかけた。彼女が自分の本当の姿を見せたのは、入社後4カ月が過ぎてからだった。彼女はこう話してくれた。「私は生まれつきアフロヘアですが、初日にこの髪の毛で登場するのは、一気にけりをつけるようなものです。当然、痛みも伴います。『あの人はどこの出身なんだろう?』と誰もが思います。でも、十分な信用を築いてからであれば、『君にこんな一面があったなんて知らなかったよ』と言われるだけです。この職場にまったくふさわしくない人だ、と思われることはないでしょう」

だが、ンゴジは外見に関しては最初は進んで妥協したものの、名前に関しては妥協しようとしなかった。自己紹介をすると、いつも同僚から「ニックネームはないの?」と言われた。「ありません」と答えると、ニックネームを考え出して勧めてくる者もいた。「ノラとかニーナとかノージーはどう?」

「ありがとうございます。でも結構です」と彼女はできるかぎり丁寧な言葉遣いで、だがきっぱりと主張した。「呼び名はンゴジだけです。発音はン・ゴ・ジです」

まもなく、同僚たちは慣れてしまった。誰も彼女の名前に疑問をもつ者はいなくなった。

ルールを曲げた例をもうひとつ挙げよう。白人だけのチームで働く黒人男性のジョモは、服装に関する職場のルールを曲げたという。「全員がお金持ちの坊ちゃん風の服装でした。ボタンダウンのシャツを着て、靴下が見えないようにローファーを履き、足首が見える七分丈のチノパンを履いているのです。私にはまったく似合いません。だから決めたんです。チームの同僚に合わせて、スマートカジュアルの服装をしたい気持ちはありました。でも、私なりのスマートカジュアルは、ジーンズとティンバーランドのブーツです。同僚に合わせてワイシャツは着ましたが、なかにチェーンをつけました。目立つのは気になりません。これが自意識を保つための私なりの方法です。職場に溶け込みつつも自己主張するためのね」

そこには正解も不正解もない。個人の価値観の問題でしかないことを思い出してほしい。だとすると、ひとつの問いにたどり着く。自分のどの部分は快く譲歩でき、どの部分は譲歩できないのか、という問いである。これに答えるためには、自分自身をよく理解する必要があるだろう。

理解の助けとするために、3つの同心円を想像してほしい。いちばん内側の円は「尊重すべきゾーン」で、あなたの基本的な価値観やアイデンティティを表している。次の円は「譲歩可能ゾーン」。あなたが大切に思っているけれど、状況によっては犠牲にできるものを表している。いちばん外側の円は「無関心ゾーン」だ。特に大切に思っているわけではないため、何も失うことなく捨てられるものを表している（図表6－3を参照）。

あなたの生活のさまざまな要素をこの3つのカテゴリーに分類してみよう。そして、それをもとに、自分なりの選択をしてほしい。関心のないものは手放す方向で考える。譲歩可能なものについては、手放した場合、手放さなかった場合に何が得られるかを慎重に検討する。最後に、本来尊重すべきものを自分が諦めてしまっていないかを常に確認してほしい。もし何かを諦めているとしたら、それによるプラス効果とマイナス効果は何か、メリットが本当にデメリットを上回るかを自問自答してみるべきだ。

それぞれの円にどんな要素を入れるかは、人によって異なる。エイブリーは、外見の大部分を「尊重すべきゾーン」に入れた。アイシャは外見の多くを「譲歩可能ゾーン」と「無関心ゾーン」に入れたが、妹のハディージャは違った。ンゴジは名前を「尊重すべきゾーン」に入れたが、髪の毛は「譲歩可能ゾーン」だった。ジョモにとって、服装の一部は「尊重すべきゾーン」だが、そのほかは「譲歩可能ゾーン」だった。彼らの選択が正しくて、別の選択をした人たちが間違っている

図表 6-3

ルールを拒否するか、曲げるか、受け入れるかを決める

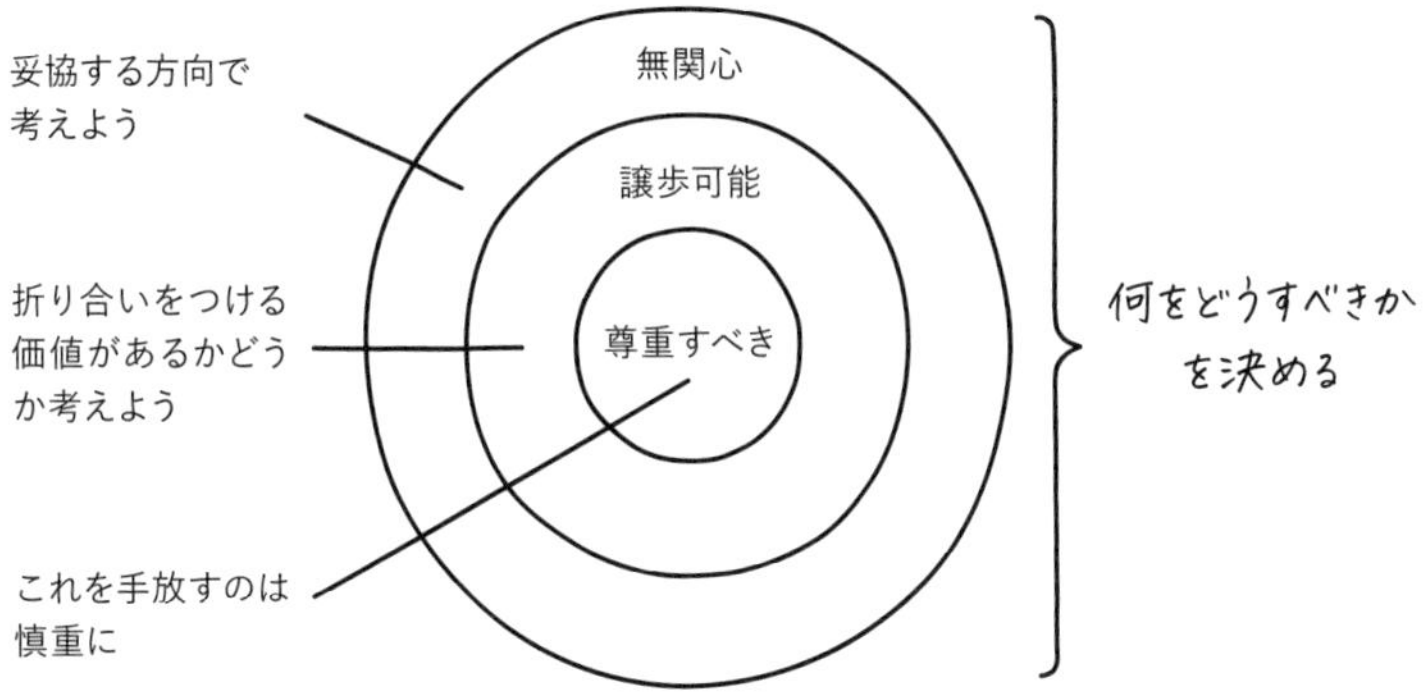

ということではない。彼らは自分の許容範囲をもとに、自分なりの正しい選択をしたわけである。

これは大変な作業だ。自分自身を深く掘り下げる必要があるだけでなく、いくらか推測に頼る必要があるからだ。期待される協調性の範囲に届かないこともあれば、反対にやり過ぎてしまうこともある。外見について考え過ぎて、同僚が全然気にしていないようなことに合わせてしまう場合もある。「（――）するのが大切だとはわかっていますが、私自身は（――）という理由で（――）と思っていました。私は（――）したほうがいいでしょうか？」と上司に尋ねてみるとよい。妥協点を見いだして嬉しい驚きを覚えるかもしれないし、妥協する必要がまったくない可能性もある。

黙って悩んでいてはいけない。迷う場合は、自分と共通の特性をもつ同僚に、「私たちはふ

たりとも（――）ですよね。（――）についてこれまでどう対処してきたか、ぜひアドバイスが欲しいのです。数分お時間をいただけないでしょうか？」と相談してみることだ。部署内にそういう人がいなければ、組織の名簿から他部署の人を探してみよう。可能であれば、組織内の従業員リソースグループ（ERG）［訳注／従業員、LGBTQ、障害者など、社内で共通の特性をもつメンバーの集まり］、従業員ネットワーク、アフィニティグループ［訳注／共通の関心、属性、目的をもつ人々で構成されるグループ］の責任者に相談するのもよいだろう。彼らはさまざまな経歴や特性から、自発的に従業員のサポートを買って出た人たちである。また、組織外にも目を向け、あなたのアイデンティティ（「アジア系」「女性」「LGBTQ+」など）と職種（「コンピューターサイエンス」「法務」「営業」など）に加えて、「ネットワーク」「協会」「協議会」「サークル」「組合」「ギルド」「連盟」などの言葉でオンライン検索をしてもよい。孤立を感じることもあるが、あなたはひとりではないのだ。

社会に出たばかりの頃は、あなた自身やあなたが大事にしていること、大事にしていないことを知るチャンスだ。熱意と協調性には限界がある。3つのCの重なる部分を目指して進むことは重要ではあるが、そもそも自分はそこを目指したいのかを自問することも同じくらい重要なのだ。熱意とは「君はこの仕事に夢中になっているか？」という質問を意味するが、人は夢中になっているふりをすることもできる――ある程度なら。だが、あなたは本当にそれを望んでいるのだろうか？協調性とは「君は私たちと仲良くやっていけるのか？」という質問を意味するが、人はある程度なら調和を装うこともできる。だが、あなたは本当にそれを望んでいるのだろうか？　管理スタッフの仕事を辞めて食品サービス会社に転職したルイザは、次のように言う。「『私は絶対に変わらない』と決めて一生を過ごすのは大変です。人生には柔軟さが重要です。友人と旅行するには妥協が必要だし、結婚もチームワークも同様です。変わるなと言っているのではありません。自分らしくいられなくなったら、環境を変えるべきだと思います」

ルイザ自身もそうだった。

「私は大声で笑い、タトゥーを入れ、化粧は濃いし、眉毛は太いです。そんな私を見て、前の職場の人たちは嫌な顔をしていました」と言う。「君は育ちが悪い、と上司から面と向かってひどくからかわれました。でも、私は彼らみたいに気取っているのは嫌なんです。個性がないと思います」

繰り返しになるが、正解も不正解もない。個人の価値観の問題でしかない。人からの期待ではなく、あなたが自分に対して抱く期待に沿って生きるべきなのだ。

もし本章の内容が自分に関係あると感じるのなら、会社で信用を得て、あとに続く者たちのために公平な職場を作り上げてほしい。自然とチームに溶け込んでいて、本章の内容が自分には関係ないと感じるのなら、溶け込めない者たちに協力の手を差し伸べる責任があることを理解してほしい。個性があってこそ人間なのだ。その事実を受け止め、歓迎しよう。

Point

□自分の外見が上司、同僚、クライアント、パートナーにどんな印象を与えるかを考えよう。

□服装、アクセサリー、身だしなみを慎重に選択しよう。

□周りの人たちの外見にパターンを見つけ、それを自分の外見を決める際のスタート地点として利用しよう。

□どんなときにルールを拒否するべきか、受け入れるべきか、曲げるべきかを理解しよう。

□外見に関して、何を尊重すべきと考え、譲歩可能と考え、無関心と考えるか。あなた自身で決定しよう。

第7章 適切なシグナルを送る

経営コンサルタントのニールは、クライアントとの会議のためにプレゼンテーションの準備をしていた。会議の開始時刻は午後2時半、残り時間はあと15分だ。会議には、ニールの上司の取締役とクライアントのCEOが出席することになっていた。

ニールは、上司が土壇場で出した指示を反映してからスライドを急いで確認し、再び時計を見た。2時29分。プレゼンテーションのファイルを保存し、ミーティングの招待リンクを探した。だが見つからない。そこで、同僚にメッセージを送った。

「招待リンク、送られて来てる?」

返事を待つニールの頭のなかでは、時計の針がチクタクと音を立てていた。2時30分、31分と時間は刻々とすぎていく。別の同僚にメッセージを送ると、すぐに招待リンクを送ってくれた。リンクをクリックした。すると、「アップデートが必要です。アップデートを続けてください」という警告がポップアップされたのだ。アップデートを完了し、パソコンを再起動して、ニールがやっとミーティングに参加できたのは、午後2時42分のことだった。

間《ま》を持たせるためにクライアントと雑談していた取締役が言った。「さて、始めましょうか。ニール、お願いします」。ニールがデスクトップ共有アプリをクリックすると、スライドがクラッシュした。「うわっ！　何だよこれ！」。ニールは口汚く文句を言い、乱暴にキーボードを叩いた。

「大丈夫ですか？」と取締役がきつい声で言った。

「あっ……はい……」とニールは口ごもった。ミュートにするのを忘れていたのだ。1分後、ニールはスライドショーを無事に再起動することができた。

最終的に、クライアントはニールの分析に好印象をもったようだった。だが、それから6カ月後、ニールのプロジェクト終了時評価には次のように書かれていた。「ニールは些細な問題に、目に見えるほどにイライラしがちです。クライアントが同席している場では、こうした態度は自覚の欠如と見られてしまいます。さらに負荷のかかる状況に置かれた場合に、どんな態度を示すかも懸念されます」

いったいどういうことだろうか？　ニールは完璧なプレゼンテーションを行ないたかった。ところが、はたから見れば、ニールは時間通りに現れず（その結果、熱意を疑われることになった）、一見すると些細な問題に対して冷静さを失い（その結果、能力を疑われることになった）、クライアントの前でプロフェッショナルとしてふさわしくない態度を見せてしまった（その結果、協調性を疑われることになった）。

ニールには前向きな意図があったのに、ネガティブな効果が生じてしまった。「意図」とは、あなたが人にどう伝えるつもりかということ、「効果」とは、実際に人にどう伝わるかということである。あなたの意図はあなたにはわかっても、他人にはわからない。だから、誤解が生じるのだ。

もちろん、ニールの悪戦苦闘のすべてが彼の責任というわけではない。彼を最初に慌てさせたのは、上司からの土壇場での変更指示だった。だが、ほかの人にはそんなことはわからない。あなたにも同じようなことが起こるかもしれないのだ。

リモートワークの場合、「効果」を上手にコントロールすることは、はるかに困難になる。人はメールであなたの文章を読み、電話やボイスメールであなたの声を聞き、ビデオチャットであなたの声を聞いて姿を見ることで、あなたの意図を察することしかできない。あなたが同僚に直接会ったことがないとしたら、デジタル世界のなかの映像は、単なるあなたの第一印象ではなく、唯一の印象になってしまうわけだ。

人からどのように認識されるか――この厳しい視線はこれからもずっとあなたに注がれる。だから、適切なシグナルを送ることが重要なのだ。自分は有能なビジネスパーソンで、組織に熱心に貢献し、チームともうまくやっていけるというシグナルを送らなければならない。私たちは職場で、さまざまな場面でさまざまなシグナルを送っている。本章では、そのなかでもよく見られる場面を取り上げ、疑いの種を植えつけないためにはどうするべきか、見ていくとしよう。

✓知っておくべきこと

・あなたが何をして、何をしないか。そのすべてが、あなたの能力、熱意、協調性に対する他者の認識に影響を与える。
・誤解を防ぐためには、自分の意図をよく自覚し、効果をコントロールすることが大切だ。
・その場にふさわしい切迫感や真剣さを示す必要がある。

メールとインスタントメッセージ

メールは常に3つのCを証明する新たなチャンスである。だが、メールに関する基準は人それぞれであるため、メールの読み手を知り、相手に合わせて、送るシグナルを調節することが重要だ。まずは、メールとインスタントメッセージに関するチームの組織文化を理解することから始めよう。

職場はたいてい、次のふたつに分類される。

メール優先主義　メール優先主義の職場の人たちは、仕事でメールを書き慣れている。そのため、基本的にはきちんとしたメールを書き、急ぎの要件やちょっとした連絡をする場合にのみ、テキストメッセージやインスタントメッセージを利用する。これは典型的なホワイトカラーの職場に多く、社員はビジネスカジュアルかビジネスフォーマルの服装で、デスクワークをしていることが多い。

インスタントメッセージ優先主義　インスタントメッセージ優先主義の職場の人たちは、同僚宛に気軽にインスタントメッセージを送り慣れている。そのため、基本的にはインスタントメッセージを利用し、社外の人間に連絡する場合や何か正式な内容を送る場合にのみ、ビジネスメールを使う。これはスタートアップ企業のほか、サービス業や販売業のようなパソコンを使わない職場に多く、社員はスマートカジュアルやカジュアルな服装、あるいは制服を着ていることが多い。

要するに、仕事におけるメールやインスタントメッセージの位置づけは、職場での服装と似ている。メール優先主義の人たちは、普段はビジネスフォーマルやビジネスカジュアルの服装をして、時々カジュアルダウンする。基本的にはメールを使い、時々カジュアルダウンしてインスタントメッセージを利用するのと同じだ。一方、インスタントメッセージ優先主義の人々は、普段はスマートカジュアルやカジュアルの服装をして、時々ドレスアップする。基本的にはインスタントメッセージを使い、時々メールにグレードアップするのと同じだ。服装と同様、適切なフォーマルレベルを選べるかが、内輪の人間に見えるか、部外者に見えるかの分かれ目になる。

この場合、共通するテーマは「フォーマルレベル」だ。そこで、まず「ビジネスフォーマル」とは何かを説明し、そこから少しずつカジュアルダウンし、フォーマルレベル全体を明らかにしていこう。

最初に、以下の「ビジネスフォーマル」なメールをご覧いただきたい。メール優先主義の組織で非常によく見られるメールである。

件名：作業計画案の確認依頼（8／16まで）
宛先：○○様
CC：△△様
添付資料：ABC作業計画第3版_2020_08_10.docx; ABC作業計画第3版_2020_08_10.pdf

○○様

いつもお世話になっております。

プロジェクト作業計画の最新版を添付しましたので、ご確認をお願いいたします（更新履歴を記録されたい場合はワード版で、携帯電話で確認される場合はPDF版をご利用ください）。

8月17日（火）に□□課長に報告するつもりです。そのため、8月16日（月）正午までにフィードバックをいただけるとありがたいです。

ご質問がある場合やチャットをご希望の場合はご連絡ください。私の都合の良い日時は以下のとおりです。

・8月11日（火）午前10時までと午前11時以降
・8月12日（水）いつでも
・8月13日（木）午後2時以降
・8月14日（金）正午までと午後3時以降

よろしくお願いいたします。

×××

このサンプルに見られるように、ほとんどのビジネスメールには、以下のようにいくつか共通の要素が含まれている。

・冒頭に、相手の名前と役職や敬称（様、部長、博士、教授、さんなど）を書く（これらは国によっても異なるため、わからない場合はオンラインで、国＋「職場文化」や「敬称」で検索するとよい。アメリカでは普通、敬称を使う場合以外は、相手の名字ではなく名前を記載する）。
・続いて、「いつもお世話になっております」「お元気のことと思います」といった挨拶で始める。
・末尾は、「よろしくお願いいたします」「よろしくお願い申し上げます」のような挨拶で締める。

・メールを送る主要な相手を宛先の欄に、情報共有のために送る相手をCCの欄に入れる。必要に応じて、メールを送るべきではあるが、ほかの受信者にアドレスが見えないように送りたい場合は、BCCの欄に入れる。
・件名とメールの本文は、明確かつ丁寧に、率直な文章で書く。
・読み手に必要な関連事項をすべて盛り込む。
・誤字脱字、文法ミス、文字間隔や書式のミスがないようにする。
・感嘆符、絵文字、画像などの使用は避ける。

こうした書き方は、ビジネスフォーマルからビジネスカジュアルへ、そしてスマートカジュアルへと「カジュアルダウン」させることができる。まず、ビジネスカジュアルへと変えるためには、冒頭の挨拶を「こんにちは」「おはようございます」などとするか、ただ「○○様」と相手の名前だけを書けばよい。末尾の締めの言葉も、「では、よろしく」「良い週末を」「またメールします」「ご返事待ってます」などにすることができる。メールのやり取りが何度か続くと、冒頭の挨拶や末尾の締めの言葉を省くこともあるだろう。

さらに、スマートカジュアルへと変えるためには、冒頭の挨拶を「元気?」とすればよい。「じゃあね」や「ではまた!」のような締めを好む人もいる。スマートカジュアルのメールでは、感嘆符や絵文字（通常は笑顔マーク）が使われることもある。感嘆符や「笑」という表現、絵文字や画像などを多用すれば、もっとカジュアルにすることもできる。

インスタントメッセージのフォーマルレベルも、メールと同様だ。ビジネスフォーマルを好む人たちは、インスタントメッセージでもメールと同様に「○○様」「よろしくお願いいたします」などの表現を使う。これは従来型組織で非常によく見られるもので、そうした組織の社員はインスタントメッセージの迅速性は評価しているものの、そのカジュアルさは好まない。これがビジネスカジュアルに変わると、すべての挨拶が省かれる。さらにカジュアルになると、感嘆符や「笑」という表現、絵文字や画像が多用される。

適切なシグナルを送るためには、自分が書いたメールを声に出して読み返し、受信者の視点でどう聞こえるかを考えてみよう。送信ボタンをクリックする前に、次の5つの点を確認してほしい。

メールに誤字や書式の不統一はないか?

あまり文章を書く必要がない仕事の場合(またはあなたが組織の上層部にいて、ルールを破る影響力を手にしている場合)、職場の人たちは、誤字、数字の間違い、書体や文字間隔の不統一に比較的寛容かもしれない。だが、新人のパラリーガルや金融アナリストが文章に否定の言葉を入れ忘れたとしたら、信用を得るのは難しい。こうした仕事で重要なのは、細部への気配りであり、そのため誤字のあるメールは能力不足とみなされる。特に、人の名前には注意すること。送信ボタンをクリックする前に、名前を二重、三重にチェックしよう。

最新の状況を盛り込んでいるか？

メールの受信箱を見て、自分が返信しようとしているのが最新のメールであることを確認したか？　メールのやり取りの最初に戻って、自分が議論を深めるコメントをしているかを確認したか？　相手のために「私がやります」と言った仕事を、前回のやり取り以降に行なったか？　細かいことではあるが、こうした行動によって、あなたは不注意で忘れっぽい人間ではなく、几帳面で状況に敏感な人間だというシグナルを送ることができる。

メールを送るのに適切な時間か？

夜遅くまで残業しているため、あるいは仕事をうまく回せていないために、深夜にメールを送ろうとしていないか？　忙しかったり気づかなかったりして、メールの返信をせずに1週間放置していなかったか？　相手に不安をもたれないようにするためには、メールの返信はできるだけ早く行ない、周りの人たちの切迫感を見習い、返信が遅れた場合は筋の通った説明をしよう。メールを書いている途中に間違って送信ボタンを押してしまわないように、宛先、CC、BCC欄への記入は、送信準備が整ってからにするべきだ。また、重要な人物にインスタントメッセージを送る場合は、別ウィンドウで下書きをしてから、チャットに貼りつけるとよい。

メールやインスタントメッセージの口調は意図に合っているか？

仕事が忙しくなると、怒り、不満、受け身の攻撃性が文章に滲み出てしまう。こうした感情を相手に伝えたい場合もあるかもしれないが、一般的には、忍耐強く、誠意がある人と思われたほうがよいだろう。文章を書きながらイライラする場合は、送信せずに保存し、散歩をし、翌日まで待ってから送ろう。メールやインスタントメッセージの文章がさまざまな意味に誤解される恐れがある場合は、修正したり意図を明確にしたり、あるいは代わりに電話で連絡してみよう。

このメールやインスタントメッセージをチーム全体に転送されても問題ないか？

メールやインスタントメッセージは便利ではあるが、永久に残るものでもある。転送やスクリーンショットの撮影も容易に可能だ。送信先の相手以外には知られたくない情報がある場合は、証拠を残さないように、電話で連絡したほうがいいだろう。

≫電話

人と電話で話すのは、パートナーとダンスを踊るのと似ている。うまくいっている場合は、優雅な動作で無理なく踊れるのに、うまくいかない場合は、互いにステップを失敗し、強引に引っ張り合うだけになってしまう。優雅なダンスを踊るように電話をするために役立つ方法を、以下に5つ紹介しよう。

・**周囲の雑音を抑える。**電波状況の良い静かな場所で、すべての通知音をオフにし、（特にグループ通話の場合は）自分が話していないときはミュートにする。そうすれば、相手の気が逸れることがなく、雑音のせいで「この人はこの電話を重視していない」と誤解されずに済む。

・**時間を守る。**相手が電話をかけてくる場合は、1回で出られるように電話のそばで待つ。自分からかける場合は、必ずあらかじめ決めた時間にかけるようにし、難しい場合は事前に知らせておく。そうすれば、他人の時間を大切にしない人、あるいは時間管理が下手な人と思われずに済む。

・**丁寧に話す。**相手が電話をかけてきた場合は「もしもし、（自分の名前）です」と応答し、自分からかけた場合は「いまお時間よろしいでしょうか？」と尋ねる。最後は「では失礼します」と言って、1秒置いてから切る。そうすれば、対応が雑だ、失礼な人だと思われずに済む。

・**テンポの良い会話を心がける。**相手の話をさえぎることが多い人は、相手が話し終えてから0・5秒ほど置いてから話し始めるとよい。何を話せばよいかわからず沈黙に陥りがちな人は、相手の話を聞きながら、次に自分が話す内容を考える。そうすれば、話を聞いていない、あるいは会話に関心がないと思われずに済む。

・**間《ま》を置く。**長い話をする場合は、相手が口を挟めるように何回か間を置き、一方的に話さないようにする。そうすれば、興奮してしゃべり過ぎる、あるいは自分の言葉に酔いしれていると思われずに済む。

もちろん、現実には、これらすべてを常に実践することはできない。時間に遅れた場合や騒がしい場所で電話に出ざるをえない場合は、「すみません、前の会議が長引いてしまいました」「家の外で工事をしていて、ほかに電話をかけられる場所がないものですから……」と、相手が納得できる説明をしよう。暗黙のルールを破っていることを自覚していると認めてもよい。そうすれば、好ましい行動とそうでない行動の区別がついている人だと思ってもらえるだろう。誤解される可能性があることは、常にはっきりさせたほうがよい。他人がどう思うかは、あなたには決してわからないからだ。

言うまでもないが、完璧な人などいない。「お風呂場で電話に出たことは一度もない」と言い切る人は、嘘をついているはずだ。すべては状況次第であり、自分の思いどおりにルールを曲げる権限をどの程度もっているかによる。デジタルマーケティング企業のシニアマネジャーがこう話してくれた。「わが社では、クライアントとの電話会議では、全員がルールを守っています。聞き手を非常に大事にしているからです。でも、それほど気にしない会議になると何でもありです。私の上司は、電話会議の最中に昼食と夕食を作っていたことさえあります」

要するに、誰でも手抜きをしているし、ルールに従うことにもうんざりしている。だが、ルールを意図的に破れる立場を得るためにも、ルールを知り、守らなければならないことがある。

≫ビデオ通話

ビデオ通話で、あなたは相手にふたつのシグナルを送っている。ひとつは、相手が耳にする音声のシグナル、もうひとつは、相手がビデオチャットウィンドウで目にする映像のシグナルである。先ほど「電話」の部分で説明した音声に関する秘訣は、ここでも当てはまるため、あらためて繰り返すまでもないだろう。ここでは、映像を通じて正しいシグナルを送る方法を説明する。

背景に気を配る

ビデオチャットウィンドウに映り込むあらゆる物について、「相手にどんなシグナルが送られるだろうか？」と考えてみよう。ベッドで仕事をしているあなたの姿を見れば、同僚は、あなたが仕事と昼寝を繰り返していると思うかもしれない。あなたの背後に人が映れば、同僚は、あなたが友人と過ごしているか、ほかのことに気を取られていると思うかもしれない。映っている画像や物について何か話をしたい場合以外は、背景にはシンプルな壁、本棚あるいは間仕切りが映るようにし、ほかの人が背景に映り込まないようにする。

上半身の外見に気を配る

上半身の服装や身だしなみについて、「自分と似た属性や年齢の同僚と同じような服装をしているだろうか？」と考えてみよう。普段はビジネスカジュアルでも、リモートワークのときはカジュアルな服装をする人もいれば、服装が変わらない人もいる。社内の人だけの場合はカジュアルだが、社外の人が一緒の場合はきちんとした服装をする人もいる。迷う場合は、きちんとした服装をしよう。ビデオ通話の最中に立ち上がることが予想される場合は、下半身も恥ずかしくない格好をするか、立ち上がる前に映像をオフにする。

動作に気を配る

カメラがオンになっているあいだの動作について、「ほかのことに気が散っているように見えないだろうか？」と考えてみよう。ビデオ通話以外の仕事を同時にしている場合は、自分の目の動きや眼鏡に映り込むものに注意する。ビデオ通話の最中に飲み物（水かコーヒーのみ！）を飲んでも構わないが、食べ物は許されないことが多いので、同世代の同僚を見習うとよい。メモを取る動作がよそ見と誤解される恐れがある場合は、「メモを取らせてください」といった言葉で誤解を防ごう。席を外す必要がある場合は、少しのあいだ、映像をオフにする。

画面上で共有するものに気を配る

画面を共有する場合に見える可能性があるものについて、「注意散漫でプロ意識が欠如していると見られないだろうか？」と考えてみよう。デスクトップフォルダ、ブラウザタブ、ブラウザのお気に入り、最小化したウィンドウ、タスクバーのアイコンに注意する。画面を共有する前に、通知やポップアップウィンドウはすべてオフにする。言行一致が大切だ。他人の目に入るものとあなたの言葉に矛盾がないようにしたい。真面目なプレゼンテーションの最中に、「20％オフ！」という宣伝メールが画面に表示されたら台無しだ。

ミーティング中にやるべきことに気を配る

ビデオ通話に参加する前に、「発言したり、画面を共有したり、メールを送信したり、何かを手配したりする必要があるだろうか？」と考えてみよう。必要に応じて、すべてのファイルを開き、メールの下書きを用意し、通話の開始前にテストを実行する。そうすれば、どこをクリックすべきかが正確にわかり、問題が生じても参加者全員の前で慌てなくて済む。

≫ボイスメール

メールやインスタントメッセージが普及するにつれて、ボイスメールの人気は急速に陰りを見せている。とはいえ、ボイスメールを正しく理解することは依然として重要だ。なぜなら、あなたがボイスメールを残す必要がある相手はおそらく、ビジネスパーソンとしてのプロ意識を大事にし、伝統を重んじる人たちだからだ。幸い、ボイスメールは比較的単純だ。以下のスクリプトを利用してメッセージを残せばよい。

〔ランス様〕、お世話になっております。〔アクメ社〕の〔ゴリック・ウン〕です。現在、〔8月17日月曜日の午前10時〕です。〔最新の契約〕の件でご相談したいことがあり、ご連絡いたしました。ご都合がよろしいときに、折り返しご連絡をいただけないでしょうか。私の予定は〔太平洋標準時の午後1時〕までは空いています。連絡先は〔617－123－4567〕です。復唱します。〔617－123－4567〕です。お手数ですが、よろしくお願いいたします。失礼します。

応答メッセージを設定する場合は、ビジネス用としては以下のようなものが一般的と言えるだろう。

お電話ありがとうございます。〔ゴリック・ウン〕でございます。ただいま電話に出ることができません。あらためてご連絡いたしますので、お手数ですが、お名前、お電話番号、ご用件をお話しください。お電話ありがとうございました。

メッセージを残す場合も応答メッセージを設定する場合も、大切なのは言いたいことを簡潔に伝えることだ。そのため、通常は凝った表現は要らない。ただし、非常に短いメッセージであるため、そのなかで「自分は礼儀正しいプロフェッショナルである」という正しいシグナルを送ることが重要だ。そのためには、要点をはっきり述べ、一言一句を明瞭に発音し、背景に雑音が入らないようにする。

≫オンライン活動

あなたがオンライン上で行なう活動は、あなたの延長線上にある。人は見ているし、気づいているし、判断している。だからこそ、デジタル世界で送るシグナルと現実の世界で送るシグナルとを一致させることが重要だ。注意するべきデジタルシグナルを以下でいくつか紹介しよう。

・ソーシャルメディアの投稿、いいね、シェア　人はあなたがいま何を考えているか、これから何をしようとしているかを判断できる。
- **会社支給の端末での活動**　ＩＴ部はあなたが勤務時間中に何をしているかを判断できる。
- **インスタントメッセンジャーでのステイタス**　同僚はあなたがいつオンラインで、いつオフラインで、いつ忙しいかを判断できる。
- **公開スケジュールの予定**　チームの同僚はあなたが日々どんな仕事をしているかを判断できる。
- **ファイルのバージョン番号、タイムスタンプ、変更履歴、作成者**　人はあなたがいつ、どれくらい熱心かつ迅速に働いているか、誰が作業を行なったかを判断できる。
- **メールやメッセンジャーの開封確認**　人はあなたが仕事中かどうか（メールやメッセージを確認しているかどうか）を判断できる。
- **長いメールを転送する場合のメールのスレッド**　人はあなたのコミュニケーションの取り方を判断できる。

さまざまなものがデジタルシグナルとなり、さまざまな意味に誤解される可能性がある。しかしだからといって、被害妄想に陥り、おとなしくしていろと言いたいわけではない。ただ、注意してほしいのだ。最近では、採用担当者が応募者をオンラインで検索し、社員が同僚を検索し、クライアントがプロバイダーを検索するのは常識となっている。また社内では、あなたに関する情報をわざわざ探すまでもなく、同僚たちはあなたのデジタルシグナルを大量に受け取っている。だから、送信ボタンや投稿ボタンをクリックする前に考えてほしいのだ。人はこれをどう受け取るだろうか、このシグナルを発信したことを数日後、数週間後、数年後に後悔しないだろうか、と。

対面時の行動

リモートワークの場合は、パソコンや電話の陰に隠れることができるかもしれないが、職場で働いている場合は、身を隠す場所はほとんどない。ある高校の校長は、「あなたは常に見られていると思わなければいけません」と語った。ほんの小さなしぐさでも、大きな印象を与える可能性があるのだ。

あなたの仕事が学生の相手であっても集計表の処理であっても、仕事の報告先が親であっても取締役であっても、仕事場が自宅であっても建設現場であっても、関係ない。どんな場合も、自分の行動をよく確認することが重要だ。たとえば、以下の点を考えてみてほしい。

- 何時に、どのように出社し、退社しているか？　そこから、あなたの時間管理能力や熱意に関して何がわかるか？
- 机の上やゴミ箱やプリンターに何を残しているか？　そこから、あなたがおもに取り組んでいる仕事に関して何がわかるか？
- 人と一緒に食事をするときのテーブルマナーはどうか？　そこから、あなたの礼儀正しさに関して何がわかるか？

・職場でどのように見えるか？　そこから、あなたの仕事に対する真剣さに関して何がわかるか？

・秘密情報をどれくらい大声で話しているか？　そこから、あなたの秘密を守る能力に関して何がわかるか？

このリストに終わりはない。要するに、あなたが対面で何を行なうか、何を行なわないか、それらすべてがシグナルを送ることになるのだ。だからこそ、他者にどんなふうに記憶してもらいたいかを考え、それに合ったシグナルを送る必要がある。

結局のところ、「適切なシグナルを送る」とは、切迫感や真剣さを過不足なく示すことと考えていいだろう。しかし、ここで問題になるのは、人は何らかの客観的な基準をもとにあなたを評価するのではなく、各自が考える「切迫感」や「真剣さ」の定義をもとに評価していることである。そして、この定義は、人それぞれの文化、教育、仕事のやり方、性格によって、何年もかけて形成されたものである。

だとすれば、あなたはどんなシグナルを送ればよいのだろう？　それを決めるひとつの方法は、あなたの会社の職場文化が「モノクロニック」か「ポリクロニック」かを見極めることだ。[1]同僚やクライアントが、ある特定の活動に一定の時間を割り当ててスケジュールを守ろうとするのなら、その職場はどちらかと言うと「モノクロニック」である。そういう文化では、時間はブロックに分けて管理できるものと考えられている。一方で、同僚やクライアントが一度に複数のことに取り組み（マルチタスク）、計画を変更し、流れに身を任せることが多いのなら、その職場はどちらかと言うと「ポリクロニック」である。そういう文化では、時間は流れていくもので、形あるものではないと考えられている。両者の違いを図表7－1にいくつか挙げた。

この違いは重要だ。というのは、モノクロニックな人々はポリクロニックな人々のことを、集中していない、計画性がない、怠惰だとみなす傾向があるからだ。ポリクロニックな人々はただ、マルチタスクを好み、仕事の締め切りや約束を緩く考えることに慣れているだけかもしれないのに……。反対に、ポリクロニックな人々はモノクロニックな人々のことを、神経質、口うるさい、失礼だとみなす可能性がある。だが、モノクロニックな人々はただ、仕事を迅速かつ効率的に進めることで、他者の時間を尊重しようとしているだけかもしれないのだ。例を挙げよう。アグリビジネス企業に勤めるシシは、ニューヨークからザンビアに転勤したとき、このことを身をもって学んだ。シシの上司は次のように話す。

シシは、自分が身につけた方法を実践していただけでした。でも、上司に対して容赦なく指示を要求し続けたために、「しつこくて失礼な奴」と思われてしまったのです。経営幹部から何度もこう言われました。「落ち着けって、彼女に言ってくれないか？　ここはニューヨークではなくて、ルサカなんだ！」。ザンビアには「問題は自然に解決するさ」とのんびり構える文化がありますが、それはペースの速いニューヨークの仕事のやり方とは異質なものでした。ザ

図表 7-1

モノクロニックとポリクロニック

モノクロニックな人	ポリクロニックな人
一度にひとつのことに集中して取り組む	一度に多くのことに取り組む
中断を悪いことと考える	中断を普通のことと考える
締め切りを命令とみなす	締め切りを提案とみなす
仕事の完了を優先する	人間関係の構築を優先する
めったに計画を変更しない	頻繁に計画を変更する
たとえ何があろうと迅速に進める	人間関係に応じて迅速に進める
短期的な関係を築く	長期的な関係を築く

出典：Giancarlo Duranti and Olvers Di Prata, “Everything Is About Time: Does It Have the Same Meaning All Over the World?”（2009年にオランダのアムステルダムで開催されたPMIグローバル・コングレスでの発表資料）から抜粋

ンビアの文化には、受動的な攻撃性があり、曖昧さを大切にします。シグナルをあまり送らないので、手遅れになってしまうことがあるのです。

要するに、適切なシグナルとは何かについて、普遍的な基準は存在しない。もっぱら相手次第なのだ。自分と同じ時間感覚の人たちのなかにいる場合、あなたは何も気にせずに、自分のありのままの仕事スタイルを維持することができる。だが、ポリクロニックなあなたがモノクロニックな人たちに囲まれている場合、彼らの前では、時間を厳守し、迅速に対応し、ひとつのことに集中して取り組めるというシグナルを送ったほうがよいだろう。反対に、

モノクロニックなあなたがポリクロニックな職場で働いている場合は、自分が送るシグナルが真剣すぎる、厳しすぎると見られていないか、よく注意したほうがよい。すぐに対応するのではなく、周りの人たちの切迫感を見習おう。「Y時までにXをしてください」と厳密な締め切りを定めるのではなく、やんわりとお願いし、相手が予定をずらしたり「近いうちに」と言っても、気持ちよく受け入れよう。ポリクロニックであるかモノクロニックであるかは別にして、あなたに対する暗黙の期待を理解するためには、相手の背景事情を想像することが大切だ。上司がワーカホリックだとしたら、あなたに対して、生産性の高さを示す強いシグナルを送るよう求めてくるだろう。上司が家族持ちか、あるいは仕事以外に熱中していることがあれば、あなたがワーク・ライフ・バランスを大事にするシグナルを送っても、寛容な態度を示すだろう。上司がビジネスパーソンとしてのプロ意識に無頓着だとしたら、本章の期待の一部や大部分をまったく気にしないかもしれない。自分自身に寛容になろう。誰にでも間違いはあるものだ。シグナルに関して言えば、あなたの「間違い」は、本質的な間違いではなく、単に同僚と同じように振る舞わなかっただけかもしれないのだ。パターンを把握すれば、次は切迫感と真剣さに関してもっとよく考えて行動できるだろう。「効果」をコントロールする必要はあるけれど、少なくともあなたの「意図」が適切であることはわかっている。もう道半ばまで来ているのだ。

Point

□メール、インスタントメッセージ、電話、ボイスメール、ビデオ通話、オンライン活動、対面時の行動を通じて作られる印象に気を配ろう。

□意気込みを抑え（ポリクロニックな職場に勤めている場合）、あるいは迅速性と計画性を高めて（モノクロニックな職場に勤めている場合）、その場にふさわしい切迫感と真剣さを示そう。

□「自分はどんなシグナルを送っているか？」と常に自問しよう。

仕事を
やり遂げる

Getting the Job Done

第8章　主体的に取り組む

職場での業務は学校の宿題とは異なる。学校の宿題には、明確な指示と採点基準がある。だが職場では、上司がミーティングでとりとめなく話し、長いメールのスレッドを転送してきて「フォローアップしてくれるか？」と言い、それがあなたへの指示になるかもしれない。学校では、書面でも口頭でも締め切りが伝えられる。だが職場では、多くの場合、締め切りは書面にも口頭にも表れない。注意していないと、手に負えない状況に陥ってしまうことも多い。平常心を保ち、できるかぎり有能なプロフェッショナルになるためには、よく考えて仕事に取り組むことが重要だ。

≫ 業務を理解する

上司からタスクを命じられたとしよう。その場合、あなたができる最も重要なことは、「何かわからないことはないだろうか？」と考えてみることだ。上司は悪気はなくても、あなたが知るべきことのほんの一部しか伝えてくれないことが多い。単に伝え忘れている場合もあれば、あなたがすでに知っていると思い込んでいる場合もある。伝えるべき重要な情報だと思っていない場合もあるだろう。

こうした不明点が明らかにならないと、あなたは間違いを犯してしまうし、能力がないと思われてしまうことさえある。であれば、説明を求めるタイミングはいましかない。あと5分もすれば、上司はほかの仕事に移ってしまうかもしれないのだ。何事も曖昧なままにしないために、次の対策を講じよう。

✓知っておくべきこと

- 良い仕事をする秘訣は、自分が何を期待されているかを理解し、上司の一歩先を行くことである。
- 他者があなたに手を貸しやすいようにすれば、助けてもらえる可能性が高くなる。
- 上司を管理することを恐れてはいけない。

全体像を見る

あらゆるタスクの背後には、目的がある。「ケーキを買ってきて」と頼まれた場合、「タスク」はケーキを買うことだが、「目的」はもっと大きい。ケーキは、同僚の誕生日を祝うためのものかもしれないし、誰かの退職祝いのためかもしれない。あるいは、写真撮影のための小道具なのかもしれない。何のためのタスクなのかを最初に理解しなければ、バースデーケーキのキャンドルや退職祝いのメッセージカードをつけ忘れることになるし、写真撮影に適したタイプのケーキを選び損なってしまうかもしれない。

大きな目的を理解するためには、「これは何のためのものか？」「大きな目的は何なのか？」「何をもって成功と言うのか？」「対象となる相手は誰なのか？」と心のなかで問いかけてみよう。そして、動き始めてからも、大きな目的を常に忘れないようにする。自分が行なっていることが目的達成や問題解決に役立たないのであれば、上司に、「目的が（　　）となりますと、（　　）をするよりも（　　）をしたほうがよいのではないかと思うのですが、いかがでしょうか？」と言ったほうがよい。これは、あなたの有能さを思い出してもらい、無駄な作業に時間を費やさないようにするための、些細ではあるが有効な方法だ。

何を、どのように、いつまでに行なうべきかを理解する

タスクを与えられたときはいつも、上司に次の3つを確認する必要がある。何をするべきか、どのように行なうべきか、いつまでにやり終えるべきかの3つである。これらのうち答えられないものがある場合は、速やかに確認しなければならない。さもないと、間違ったことを、間違った方法で行ない、期限までに終わらなかったということになりかねない。そうなれば、あなたの能力に対

するイメージが損なわれてしまうだろう。上司は何かを伝え忘れているのかもしれない。あるいは、細かいことに考えが及ばず、あなたなら段取りを立てられると信頼しているのかもしれない。確認した結果、もしも上司の答えが要領を得ないのなら、上司は曖昧な状況のなかで何とかしてほしいと思っているのかもしれない。そういうときは、以下のように対処しよう。

何を、どのように行なうべきかを上司がはっきり言わない場合は、上司に再確認するか、同じような仕事をしたことのある同僚に尋ねてみよう。あるいは、社内ファイルやインターネットを調べて、テンプレートや事例を探してみるのもよい。いくつか選択肢を比較し、いちばん良いと思うものを選び、上司に見せてこう尋ねてみよう。「（　　）、（　　）、（　　）などの方法があると思います。私としては（　　）にしようと思います。ただ、（　　）なので（　　）に変更するつもりです。いかがでしょうか？」（「どのように行なうべきか」については少し注意してほしい。初めて何かを行なうときは、「決まったプロセスや方法やテンプレートに従うべきですか？」と確認したほうがよい。標準的な手順に従うことを期待されているかもしれないからだ。各自にきっちり仕事が割り振られ、すべてに決まったやり方がある官僚組織に勤めている場合はなおさらだ）

いつまでに行なうべきかを上司がはっきり言わない場合は、同僚たちの時間感覚がポリクロニックかモノクロニックかを見極めて（第7章を参照）それを見習うか、あるいはこれまで任されたタスクと比べて、今回のタスクがどれくらい急を要し、重要であるかを判断しよう。あなたの成果を同僚たちがいつ必要とするかを確かめたり、「いつ確認してもらえばよいですか？」と上司に尋ねたりしてもよい。

「一緒に解決策を探してみよう」と上司に言われても、だまされてはいけない。おそらくそれは「一緒に探そう」という意味ではなく、曖昧な状況をはっきりさせるために頑張ってほしい、とあなたを頼りにしているのである。

RACIを把握する

どんな業務にも、RACIと呼ばれる存在が隠れている。RACIとは、ビジネスの世界で使われる頭字語（発音は「レイシー」）で、それぞれの文字はプロジェクトに関係する4つの役割の頭文字を取ったものだ。実行責任者（Responsible）、説明責任者（Accountable）、相談先（Consulted）、報告先（Informed）の4つである。

職場では、「説明責任」という言葉をよく耳にするはずだ。「説明責任」とは単に、「何かトラブルが生じた場合に責任を負う」ことを聞こえよく言った言葉である。したがって、プロジェクトを実行する責任者はあなただが、プロジェクトの成功に責任を負っているのは上司である。つまり、あなたがミスを犯した場合、あなたの仕事をもっとチェックすべきであったという意味で、上司も責任を問われるわけだ。だが、上司が説明責任を負うからといって、あなたに責任がないわけではない。優秀な社員は、上司ではなく自分が全責任を負うつもりで、すべての仕事に取り組むものだ。こうした姿勢こそが、本章のテーマである「主体的に取り組む」ことだと言えるだろう。

RACIに関して重要なのは、プロジェクトの開始前に、そのプロジェクトで各文字が誰を表しているのかを明確にすることである。実行責任者を明らかにするためには、「誰と協力するべきか？」「誰が何に責任を負っているか？」を考えてみよう。説明責任者を明らかにするためには、「この仕事について誰に承認を求めるべきか？」を考えてみよう。相談先を明らかにするためには、「誰に意見をもらうべきか？」を考えてみよう。報告先を明らかにするためには、「常に誰に状況を報告するべきか？」を考えてみよう。

あなたの能力と協調性を示すためには、ＲＡＣＩで表される人たちからの期待に応えることが重要だ。また、相談先と報告先の人たちは、あなたが意見を求めに行かなければ、(相談や報告の必要性をあなたが知らなかったとしても) あなたのことを傲慢だ、威嚇的だと考えるかもしれない。これはリモートワークの場合は、特に重要だ。リモートワークの場合、あなたは上司が同僚の机に立ち寄るのを目にすることがないため、何かの判断に誰を巻き込むべきか、巻き込む必要がないかを判断しにくいからである。

先回りして考える

与えられた業務の開始から終了まで、ひとつずつ段階を踏んでいく自分の姿を想像してみてほしい。最初に何をするべきか？　誰に相談する必要があるか？　どんな分析をする必要があるか？

そして、次の点を考えてほしい。

・自分はそれぞれの段階のやり方を理解しているか？
・始めるために必要なすべての準備ができているか？
・すでに命じられている仕事と、矛盾し対立する仕事を頼まれていないか？

基本的すぎて、あるいは当たり前すぎて確認しにくいなどと思ってはいけない。周りの人たちは、あなたが本当は知らないことを当然知っているはずだと思っているかもしれないし、すぐにできる簡単な仕事だと思い込んでいるかもしれない。反対にあなたは、実際以上に時間がかかる複雑な仕事だと思い込んでいる可能性もある。少しでも疑問に思うことがあれば、積極的に質問しよう。最初に何かを確認するのに30秒を費やすことで、あとから30時間を節約できるかもしれない。

締め切りから逆算して取り組む

職場では、タスクに締め切りがある場合、通常ふたつ以上の締め切りがある。最終締切と少なくとも1回の中間締切である。上司からは最終締切を伝えられることが多く、中間締切は通常、伝えられない。最終締切とは、何らかの成果物を提出、発表、発送する時点のことを言う。中間締切では、順調に進んでいるか（さらにはRACIの関係者が満足しているか）を確認するために社内チェックが行なわれる。ほとんどの場合、最初のミーティングからあまり時間が経たないうちに、1回目の中間締切を設けてもらったほうがよい。次のように頼んでみよう。

・「最新の状況をお見せしたいのですが、いつがよろしいでしょうか？」
・「概要がまとまり次第、一緒に確認していただきたいのですがいかがでしょうか？」
・「順調に進んでいるかを確かめたいので、明日確認のお時間をいただいてもよいでしょうか？」
・「この仕事は初めてなんです。試しにやってみてから、今日中に状況を確認していただいてもよろしいでしょうか？」

デジタルの作業の場合は、締め切りの前日までに成果物を送付し、上司が確認する時間を取れるようにする。そしてミーティングでは、「こんな感じでよろしいでしょうか？」と確認しよう。現状について話し合う必要がない場合は、資料案、概要、模型、スケッチ、試作品などを上司にメールで送り、確認してもらうだけでもよいかもしれない。上司が「いいじゃないか！」と言えば、方向性は間違っていないと自信をもって進められるだろう。上司の気が変わらないかぎり、時間を無駄にすることはなくなるはずだ。

さらに、最初の確認を終えたあとも、先を見据えて考えることが重要だ。10月1日の水曜日にタスクを命じられ、10月10日の金曜日が締め切りの場合、平日7日間のうちに仕上げればよいと思えるかもしれない。だが、ほかの要因を考慮に入れると、それほど余裕はない。もしあなたの上司（仕事を確認するべき人）が翌週の月曜日に不在の予定で、上司の上司（仕事を承認するべき人）が翌週の水曜日に不在の予定なら、最初の資料案を作成する期間は平日7日間ではなく、わずか2日間しか

図表8-1　締め切りから逆算して取り組もう

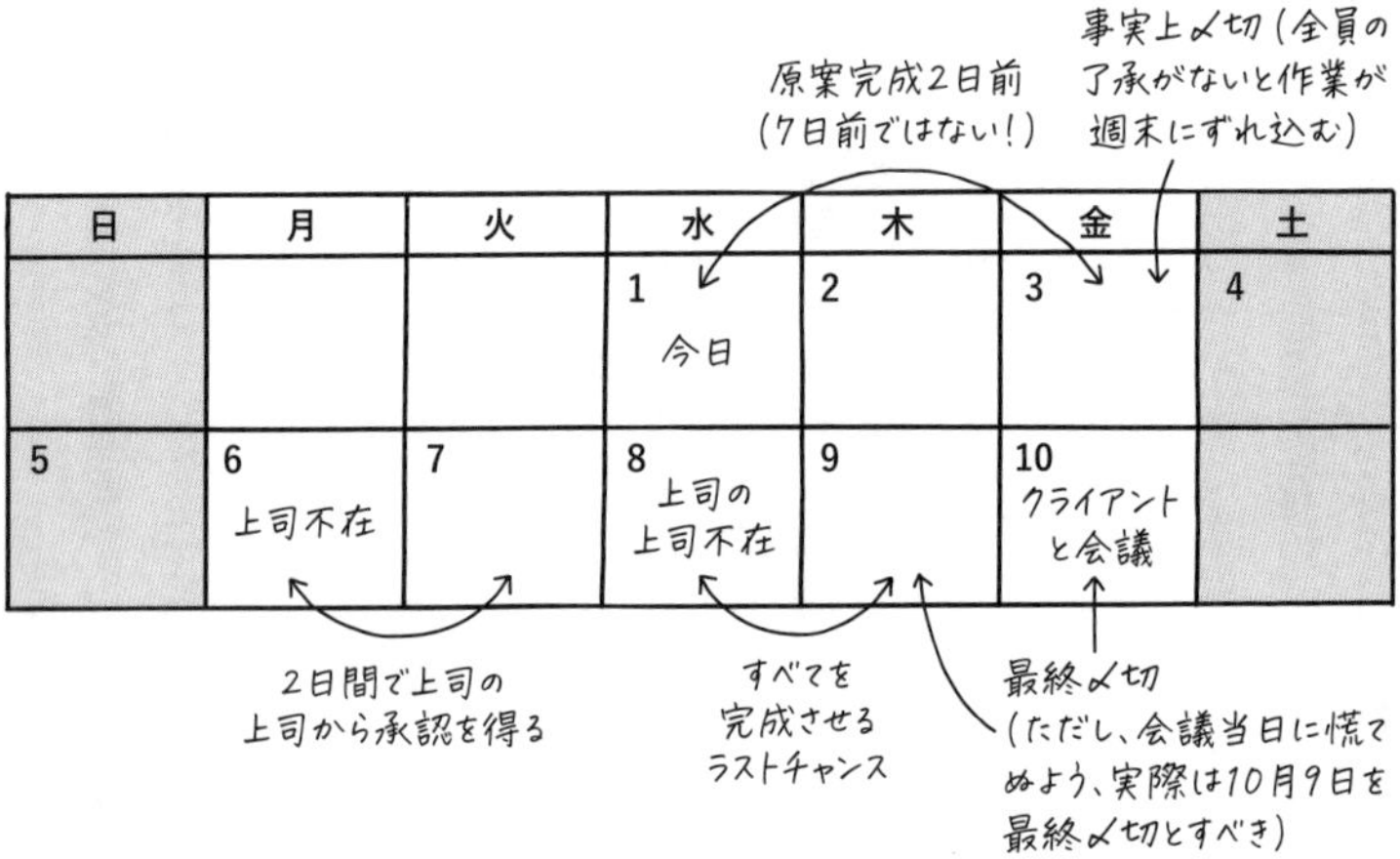

ないことになる。最終締切から逆算し、中間締切をどう計画するかを示したものが図表8－1である。

そういう状況に気づいたら、「月曜日は不在ですよね。今週金曜日にミーティングをお願いできませんか？」と上司に注意喚起をしてみよう。そうすれば、「ご心配なく。きちんと進めています」というメッセージをさりげなく、効果的に送ることができる。

全員がスケジュールを自由に閲覧できる職場では、スケジュールをよく見てミーティングの予定を入れてほしいと期待する上司もいる。それなら、いち早く時間を見つけられるように、常に上司のスケジュールで最新の予定を確認しよう。上司が「しまった！　スケジュールに予定を入れていなかったら、ほかの予定を入れられてしまった」と慌てるぐらいでいい。平凡な成果しか出せない人は、上司に管理されるのを待っているが、仕事ができる人は、上司を管理しているのだ。

言われたことを復唱する

自分が聞いたと思うことは、相手が言ったことや言おうとしたことと一致するとはかぎらない。誤解が生じる可能性をできるだけ減らすためには、自分が聞いたと思うことを復唱し、相手に訂正するチャンスを与えることだ。たとえば、次のような言い方ができる。

- 「いま言われたことを確認しますと、（　　）ということになります。間違いございませんか？」
- 「次の段階については、（　　）をするということですね？」
- 「（　　）までに（　　）の方法で（　　）をするつもりです。いかがでしょうか？」
- 「承知しました。（　　）をして、それから（　　）をします。間違っていればおっしゃってください」
- 「（　　）をしようと思っています。よろしいでしょうか？」

言われたことをただ復唱するだけで十分なことが多いが、上司が忘れっぽい人だったり、チームで仕事をしていたり、細かい部分を間違って記憶している人がいると混乱したりする場合は、念のため、ただ復唱するだけでなく、メールで関係者全員に送るとよいだろう。

問題を潰す

いざ仕事に取りかかると、質問が浮かび、問題にぶつかり、対立に直面し、突然の計画変更を経験することがあるかもしれない。そんなとき、思い悩み、自分の責任だと感じてしまうのも無理はない。だが、たいていはあなたの責任ではない。そういう事態は怖がって回避するべきではなく、あなたがさまざまな期待、対人関係、曖昧な状況にいかにうまく対処できるかを証明できるチャンスなのだ。問題や質問や計画変更に対処するための戦略を、以下でいくつか紹介しよう。

質問がある場合は、自分で調べた努力を示しつつ、まとめて適切な相手に相談する

緊急性のない質問がある場合は、「下調べと準備をし、その努力を周りに示す」というルールを思い出してほしい。まずは過去のメールを調べ、共有フォルダに目を通し、オンラインで調べよう。それでも答えが見つからないときは、質問をまとめて、人に相談する。最初は、同世代の同僚が忙しくなさそうなときを見計らって尋ねるか、質問に答えてくれるはずの担当部署（人事部やＩＴ部など）の人に尋ねてみよう。解決しない場合は、次に答えを知っていそうな関係者に、その次は上司、さらには上司の上司へと、梯子をのぼるように一段ずつ相談先を上げていく。そのイメージを図表8－2に示したので参照してほしい。

図表8-2

職場で誰に質問するか？

人に質問する場合は、状況を説明し、答えを知るためにあなたが何をしたか、その努力を伝えよう。「会社の資源計画システムにはどうやってログインできますか？」と言うのではなく、「会社の資源計画システムにはどうやってログインできますか？　分析のためにデータを取り出したいのです。新人研修のチェックリストを調べてみましたが、見つかりません。同僚のケンもアクセスできないようです」と話してみよう。「これが私の質問です。この質問をする理由はこうです」「ここまではわかっています。ここからがわかりません」という構成で質問するということだ。次ページの図表8－3に、質問の仕方をさらに5つ紹介する。

協調性を示すために、「なぜ質問相手としてあなたを選んだのか」を説明すると、相手に時間の無駄と思われずに済む。「サプライチェーンにとても詳しいと伺いました」「ファイルで

図表8-3　質問するときは自分の努力も伝える

- ＿＿＿＿についてよくわかりません。
  質問
  ＿＿＿＿と考えると、＿＿＿＿ではないかと思っています。方向性は合っていますか？
  仮説　　　　　　仮説
- ＿＿＿＿＿を調べたのですが、＿＿＿＿＿が見つかりませんでした。
  場所　　　　　　　物事／答え
  どちらにあるのでしょうか？
- ＿＿＿＿＿に悩んでいて、＿＿＿＿＿をやってみたのですが、＿＿＿＿＿でした。
  障害　　　　　　選択肢　　　　　　直面した問題
  何が足りないのでしょうか？
- ＿＿＿＿を解決しようとしているのですが、＿＿＿＿が見つかりません。
  問題　　　　　　　　物事
  どなたに相談すべきでしょうか？
- 以前も同じ質問をしましたが、＿＿＿＿についてよくわかりません。
  物事
  だから、＿＿＿＿＿＿＿＿＿＿＿＿＿＿と思いました。
  あなたに助けてもらいたい／もう一度お話を伺いたい

お名前を見つけたので、最初に伺ってみようと思いました」とシンプルに伝えればよい。また、能力を示すためには、自分の行動パターンをよく見て、同じことを繰り返さないように注意すべきだ。誰かに何かを教わったら、内容を復唱し、心のなかで繰り返し、メモを取ること。教わった内容を忘れないために必要なことは何でもするべきだ。相手に同じことを二度言わせてはいけない。そして、同じ質問を二度してはいけない。同じ質問をもう一度する必要がある場合（または、同じ人にばかり頼っている場合）は、質問相手を変えてみよう。「すみません、以前も伺ったのはわかっていますが、メモが見つからないのです」「たくさん質問して恐縮ですが、よろしければもう少し聞かせてください」と相手に断ったうえで質問することもできる。

要するに、質問をまとめて一度で済ませるようにし、助けを求める前に自己解決するために最大限の手を尽くしたことを示し、忙しい同僚に共感を示すことを意識すればよいわけだ。同僚はあなたに手を貸したいと思っても、それぞれに業務を抱えている。それなのに、あなたのためにオンラインで検索し、本来若手の同僚に尋ねるべき質問に答え、同じことを何度も話さなければならないとしたら、うんざりしてしまう。

人はあなたの頭のなかを読み取ることはできないため、あなたが自分で問題を解決しようとどれほど手を尽くしたかはわからない。そのため、あなたの能力と熱意を無条件に評価することはできない。だが、あなたができることをすべてしたうえで質問していることに納得すれば、「自分で解決できるのでは？」と思うことなく、「当然の質問だ」と思ってくれるはずだ。

次に何をすべきかわからない場合は、自分なりの解決策を提案する

「次に何をしたらよいのだろう？」と思っても、緊急の場合以外は、すぐに人に助けを求めたいという衝動は抑えるべきだ。繰り返しになるが、あなたは適切なシグナルを送らなければならない。曖昧な状況を前にしても、自分で解決できる、取り組んでいる仕事を中断させないというシグナルである。誰にも助けを求められず、この状況に「全責任」を負わなければならないとしたら、次に何をすべきかを考えてほしい。そして、以下を順番に行なってみよう。

1. 同じような問題や質問に人がどう対処したかの前例を探す。
2. 前例をスタート地点として利用し、いくつか解決策を考え出す。
3. それぞれの解決策のメリットとデメリットを比較する。
4. ふたつの解決策のどちらか一方に決められない場合は、（簡単にできるのであれば）両方を試してみる。
5. ほかに質問があればまとめる。
6. 同僚や上司に助けを求める（あるいは、メールやインスタントメッセージで依頼する）。
7. 「次に何をしたらよいかわからないのですが、（　　）と（　　）という案を考えてみました。私としては、（　　）だから（　　）のほうがよいと思っています。いかがでしょう？」と質問を組み立て、自分で調べた努力を示す。
8. 「どう思いますか？」といった自由な答えを促す質問は、答えるのに時間がかかるため、できるだけ避けたほうがよい。それより、選択を促す質問（「A、B、Cのうち、どれがよいと思いますか？」など）、イエスかノーで答えられる質問（「この計画を進めてもよいですか？」「教えてください」など）、デフォルトの答えがある質問（「（　　）をするつもりです。別のやり方がよろしければ教えてください」など）、混合型の質問（「A、B、Cのうち、どれがよいと思いますか？　特にご意見がなければ、Cにするつもりです」など）、あるいは期限を設けた混合型の質問（「A、B、Cのうち、どれがよいと思いますか？　Cにするつもりですが、ご意見があれば8／23（月）正午までにお知らせください」など）をしてみよう。

図表8-4 曖昧な言葉ではなく、明確な言葉で書こう

	曖昧な言葉	明確な言葉
メールの件名	ランチ	(火曜12:00までに)ランチの発注
ファイル名	資料案.xlsx	2021マーケティング予算_2020-10-25.xlsx
スケジュール予約依頼	本日午後はいかがでしょうか?	本日14時以降はお手すきでしょうか? ご都合が悪ければ、ご都合の良い別の日時を教えてください。
メールでの依頼	予算の数字をいくつか修正しました。	○○さんからの依頼で、マーケティングの行を5%増額しました。何か問題がありましたらお知らせください。本日16時(東部標準時)までに提出予定です。
スケジュールの表題	確認	△△さんに電話。新たなリーダー養成プログラムについて
スケジュールの内容	電話	△△さんに電話(617-123-4567)

メールやインスタントメッセージを書く場合は、明確な依頼内容、つまりあなたが必要とする対応を具体的に記した言葉を盛り込むようにする。「契約書の用意ができました」ではなく、「正午(東部標準時)にチームに送付できるように、添付した契約書に署名をお願いします。すべての修正点は変更履歴に記録しました」「契約書についてご相談したいので、打ち合わせをお願いします。ご都合はいかがですか?」「最新の契約書について打ち合わせさせてください。私の都合の良い日時は以下のとおりです。ご都合を教えてください」と書こう。質問や(冒頭に)「ご連絡ください」のような文章が書かれていないメールは、無視されやすい。メールの件名、依頼内容、スケジュール予約のお願い、ファイル名のいずれも、曖昧な部分を残してはいけない。曖昧な言葉を明確に書き換えるとどうなるか、具体例を図表8-4に紹介する。

余計な手間がかかるように見えるかもしれないが、このわずかな工夫で、必要なものが得られるか、得られないかが変わってくる。あるシンクタンクの研究員は、「何を望んでいるか、自分でもわかっていない上司が多いのです。何が気に入らないかだけはわかっているんですけどね」と言う。自分なりの解決策を提案しなければ、「うーん、そうだな……君はどう思う？」と逆に聞かれて、困った状況に自分を追い込むことになってしまう。

人の助けが必要な場合は、相手になるべく負荷をかけない

誰かがあなたに手を貸そうと思っても、そのためにやるべき作業が多ければ、途中で挫折する可能性が高く、あなたが必要な助けを得られる可能性は低くなる。反対に、やるべき作業がシンプルになれば、人があなたに手を貸してくれる可能性は高くなり、あなたは助けを得られるだろう。だから、人に助けを求める前に、「どんな作業が必要だろう？　前もって私が代わりにできることがあるだろうか？」と先回りして考えてほしい。何かファイルを探す必要があるだろうか？　それなら、メールにそのファイルを添付するべきだ。スケジュールを見て、打ち合わせできる時間を見つける必要があるだろうか？　それなら、相手のスケジュールの空き時間であなたの都合の良い時間を提案するべきだ。ウェブサイトを調べる必要があるだろうか？　それなら、メールにリンク先を書いておくべきだ。気軽に助けてもらえるようにすることが重要だ。

判断を下すときは、全体像を見て、影響を見極める

大きなプロジェクトの一員として仕事をしている場合や、あなたの成果物を当てにしている人がいる場合、あるいは他者に影響を与える変更をしようとしている場合は、行動を起こす前に、頭のなかでシナリオを組み立てよう。

たとえば、休暇を申請する場合は、最初にチームのスケジュールを見て、自分が必要とされているときに不在にならないようにする（あるいは、自分の不在の影響を最小限にするための計画を考える）。ほかの人の仕事に関係するプログラムコードの行数を変更する場合は、その人たちに相談してから変更する。あるいは、誰かを驚かせるようなプレゼンテーションをする場合は、味方になってもらえるように、事前に資料を見てもらう。要するに、予測可能な状態にするということだ。同僚たちを驚かせないようにすれば、彼らが対応に追われることもなくなるだろう。対応に追われることがなくなれば、あなたはもっと「扱いやすい」同僚になるだろう。そして、「扱いやすい」同僚になれば、あなたは協調性があると思ってもらえるだろう。

問題が生じた場合は、積極的にアラートを上げる（または解決する）

誰かの仕事に間違いを見つけたときは、その人にそっと伝えよう（チームの雰囲気にもよるが、迷う場合は、人前では褒めつつそっと訂正しよう）。「もうお気づきかもしれませんが、（　　）には問題がある

と思います。一応、お知らせまで」のような簡単なインスタントメッセージを送るだけでよい。
あなた自身の仕事に問題が生じたときは、当然、自分で訂正する。重大な問題が生じた場合や、あなたのチームがヒエラルキー型で、仕事の標準的な作業手順がしっかり決まっている場合は、自分だけで判断するのではなく、必ず上司に複数の選択肢を示して相談するべきだ。たとえば、「（——）の問題に気づいたので相談させてください。調べたところ、（——）であることがわかりました。（——）か（——）をやってみたほうがよいでしょうか？（——）のほうがよいと私は思いますが、どう思われますか？」と言う。常日頃、情報を伝えるだけでなく、自分の意見をつけ加えることを意識すれば、上司はあなたの判断と能力に信頼を置くようになるだろう。そうすれば、将来、独力で問題を解決する裁量を与えてもらえるようになる。

やがて、あなたは「（——）か（——）をやってみたほうがよいでしょうか？」ではなく、「（——）をする予定です。ご意見があればお知らせください」と言えるようになるはずだ。そして、最終的に上司があなたの能力を十分に信頼するようになれば、「（——）を実施しました。ご報告まで」と言えばよいだけになる。上司は時間を節約でき、ストレスからも解放され、あなたは問題を持ち込むのではなく解決する部下になることができる。

矛盾する指示を受けた場合は、関係者を集める

仕事の何を、どのように、いつまでに行なうべきかは、人によって意見が異なる。あなたが複数

のマネジャーと一緒に仕事をしていて、彼ら同士がほとんど話をしない場合は注意してほしい。矛盾する指示を受け、対処しないと無用なストレスを抱え込むことになりかねないからだ。

「認識を合わせるために、おもなメールは全員に同報しようと思います」と伝える機会があれば、そういう事態は避けられる。マネジャーAと打ち合わせをしていて、彼が言うことにマネジャーBが賛成するかどうかわからない場合は、「Bさんが同じ意見か確認するために、この議論の内容をメールにしてBさんに送るのはいかがでしょう？　メールはもちろんCCします」とマネジャーAに確認してみよう。あるいは、ふたりともメールよりも直接会話するほうが得意な場合や、多くのメールのやり取りが予想される場合は、「全員の認識を揃えるために、15分ほど3人で集まりませんか？」と提案してみよう。目的は仕事が途中で行き詰らないようにすること。複数のマネジャーのあいだに立って彼らの気持ちを読み取ろうとするのは、時間の無駄でありストレスにもなる。片方の側につけば、もうひとりの気分を害し、無視することになるからだ。意見のすり合わせは、マネジャー同士に任せよう。

人に助けてもらう場合は、相手を立てて、感謝する

褒め言葉を惜しんではいけない。褒め言葉は無料なだけでなく、誰からも喜ばれる。誰でも人に称賛され、人から認められ、感謝されたいと思っている。だから、誰かの意見を信頼して相談する場合は、その人を専門家とみなし、その人の仕事を称賛し、それを相手に伝えることが大切だ。た

とえば、「特に（　　）につきましては、先輩のご意見に従いたいと思っております」「（　　）でお忙しいところ、わざわざお時間を取って考え方をご説明いただきありがとうございます」といった具合だ。またミーティングでは、「（　　）に関して、（　　）さんに深く感謝いたします」「（　　）に関して、（　　）さんにお礼申し上げます」などの言葉を添えてみるとよい。こうしたさりげない感謝の意思表示は、とりわけ具体的なものであれば、大きな効果を生む。口先だけのお世辞を連発するのは気が進まないとしても、気の利いたコメントを散りばめる機会があれば、惜しみなく口にするべきだ。誰かに助けてもらったら、お礼のメールを送ることを習慣にしてほしい。お礼を言われて不愉快になる人はほとんどいないが、わざわざ助けてあげたのにその後連絡がなければ、ほぼ全員が不愉快に思うに違いない。

≫上司の一歩先を行く

職場でタスクやプロジェクトをやり遂げるのは、学校で宿題やテストを終えるのとは違う。学校では、問題に解答してレポートを書き終えたら、提出ボタンをクリックして、あとは待っていればよい。だが職場では、作業を完了しても、最後から2番目の段階に到達したにすぎない。最終段階として、仕事の成果をどう見せるか、周りの人に能力と熱意を最大限評価してもらえる見せ方はどうあるべきかを考えなければならない。成果の確認を上司に頼む前に、以下の質問を心のなかで問いかけてほしい。

与えられたすべての指示に従ったか（あるいは、従わなかった理由を明確にしたか）？

常に期待を超えるためには、与えられたすべての忠告や変更指示をリスト化しておき、仕事の完了を報告する前にリストを再確認してみよう。実施できなかったことや実現不可能だったことがあれば、その理由とともに、率直に伝えなければならない。たとえば、次のように言う。

- 「（　　　）するようにとのことでしたが、（　　　）を考慮して、（　　　）を行ないました。それでよろしいでしょうか？」
- 「（　　　）は終了しましたが、（　　　）についてはまだ作業中です。（　　　）までには終わると見込んでおります」
- 「問題は（　　　）です。（　　　）のために実施できませんでした。何か別の方法がないでしょうか？」

些細なことではあるが、これは期待に応えるうえで効果的だ。自分は上司の指示をしっかり聞いていた、上司の質問を予想している、とそれとなく伝えることができるからだ。上司に代わって指示を覚えておけば、「誰も見ていなくても約束を守る人物」いう評判を築くことができる。何も書かれていないドキュメントかメールの下書きを開いて、上司に言いたいことや質問したいことをリスト化し、常に更新しておくことをお勧めする。そうすれば、土壇場になってあれこれ思い出して慌てなくて済む。作業を終わらせ、メールを編集し、送信ボタンを押すだけでいいのだ。

重要な点に力を注いで取り組んだか？

任されたタスクが「申し分ない」と評価されるかどうかの基準は、職種と状況によって異なる。あなたがエンジニアだとしたら、計算が正確であれば、プレゼンテーション資料のすべてのピクセルが完璧でなくても誰も気にしないだろう。それに対して、あなたがデザイナーだとしたら、デザインのすべてのピクセルが完璧であるかぎり、計算が間違っていても誰も気にしないはずだ。同僚に資料を見せる場合は、見かけが完璧ではない資料でも問題ないだろう。だが、経営幹部やクライアントにプレゼンテーションする場合は、書式の不統一や誤字があればチーム全体の能力が疑われるため、資料の美しさは重視される可能性が高い。また、医療、土木・建設工事、物流のような職に就いている場合は、標準的な作業手順に従わなかったときに、死亡、怪我、訴訟、莫大な支出、解雇といった犠牲が生じるため、「申し分ない」の基準はおそらく相当高くなる。

能力を評価されたいのなら、「何を細かくチェックされるだろうか？」と考えてほしい。そして、同僚たちの行動パターンをよく観察することだ。彼らは何を期待しているか（期待していないか）？どこにエネルギーを注いでいるか（注いでいないか）？それがわかれば、仕事の成果を人に見せる前にそれらの点を確認できる。あるいは、重要な点が抜けていて完璧ではないことは自分でも気づいている、だから指摘されても当然だ、とあらかじめ言ってしまう方法もあるだろう。これまで上司に、もっと細部に注意を払えと言われてきたのなら、上司が言いたいのは、「重要な点が不十分」ということだ。誤字、不一致、計算ミス、書式の不統一、細部の記載漏れなどがないか、よく注意して確認しなければならない。

明確な依頼をしているか?

会社のブログ記事を書いて部署内で共有し、「どう思いますか?」と漠然と聞けば、「長すぎますよ」「トップの画像が好きじゃないなぁ」「2段落目に文法ミスがある」など、同様に漠然とした反応が返ってくる。選んだテーマがブログに適しているかどうかを知りたいだけなら、こうした反応はすべて時間の無駄だ。特定のことだけを確認したい、必要ない反応を返さないでほしい、と思うのなら、「何に注目してほしいのか、何に注目してほしくないのか」をよく考えなければならない。そして、依頼をする場合に、「原案を考えてみました。添付ファイルをご覧ください。テーマと構成はこれでよろしいでしょうか? フォーマットと文章については、大きなテーマを決めてから修正しますので気になさらないでください」と明確に呼びかけるのだ。おそらく、時間とストレスがいくらか軽減されるはずだ。

確認しやすい方法で成果を示したか？

必要なフィードバックを確実に得るためには、相手があなたの仕事をどうやって確認し、編集し、コメントするかを考えなければならない。そして、相手にとって最も便利な方法で、仕事の成果を報告しよう。相手が資料を編集する必要がある場合は、生ファイルを送るほうがいいだろう。相手がどの端末でファイルを見るかわからない場合は、ＰＤＦを送るべきだ。それでも迷う場合は、ＰＤＦと編集可能なファイルの両方を送ろう。ログインが必要な場合は、リンク先とログイン情報を送付する。

上司から聞かれそうな質問の答えを用意したか？

先回りして考えよう。相手の立場になって考え、「私だったらどんな質問をするだろう」と考えてみることが重要だ。そして、メールやインスタントメッセージであらかじめ質問の答えを書いてみるか、頭のなかで答えを用意しよう。よく聞かれる質問としては、以下が挙げられる。

- 「なぜこの方法で行なったのですか？」（あなたの思考プロセスを説明できるように準備する）
- 「なぜ（――――）を含めなかったのですか？」（なぜそれを省略したかを説明できるように準備する）
- 「（――――）に相談しましたか？」（相談内容を伝えられるように準備する）

聞かれたくない質問かもしれないが、上司は、あなたがすべてをしっかり考えたかどうかを確認したがっている。あなたの部署に標準的な作業手順が存在しないのなら、仕事の進め方に正解も不正解もない。だとすれば、「正しい」方法というのは、メリットがデメリットを上回っているにすぎない。したがって、あなたが検討したさまざまな選択肢と、そのなかで特定の方法を選んだ理由を説明できるようにする必要がある。これは、自分に正しい判断を下す能力があることを示すチャンスだ。優秀な社員は、「いい質問ですね。考えてもみませんでした」とは決して言わない。なぜそう行動したのか、その理由を常にもっている。

次に何をすべきかを理解しているか（伝えたか）？

ただ成果物を提出するのではなく、次のステップに関するコメントを添えるようにしよう。たとえば、次のように言う。

- 「これを確認いただいているあいだ、私のほうは（　　　）に取りかかるつもりです」
- 「これをもとに、次に（　　　）を始めるつもりですがいかがでしょうか？」
- 「ほかに何か必要なものはございますか？」

こうしたさりげない言葉によって、「自分は指示に従うためだけでなく、チームの目標達成を助けるためにここにいる」というシグナルを効果的に伝えることができる。あなたの能力と熱意を思い出してもらうために、こうした表現を使ってみよう。

もちろん、この言葉はよく考えて口にしなければならない。単に経営幹部がほかの幹部をなだめるためだけにあなたに仕事を指示した場合、あなたはこれ以上仕事がほしくないかもしれない。自分が本来やるべき仕事に取り組みたいかもしれない。「素晴らしいね。これも、これも、これもやってくれるかい?」とは言われたくないはずだ。そんな苦境に陥らないために、ルールに従うべき場合とルールを曲げるべき場合を理解しよう。

本章のテーマである「主体的に取り組む」ことについて、私が以前インタビューをした、病院のインターンの経験を紹介しよう。彼女の名前はベロニカ。医学部を卒業したばかりで、特定の専門分野で経験豊富な指導医のもとで、インターンシップに参加していた。インターンシップを始めて2週間がすぎても、ベロニカはほかのインターンと同様、間違いを犯すことを恐れて、すべてを指導医に確認していた。患者や看護師から質問されてどう答えたらよいかわからない場合は、「確認します」と言って、指導医に助けを求めていた。一般的なプロセスに必ず従うようにし、それでうまくいっていた。だが、そんな彼女に試練が訪れた。

ベロニカは、手術を受ける予定の患者を担当していた。ところが、患者を手術台に運んでいた最中、対応していた麻酔専門医が「手術に懸念があるので延期したい」と言い出した。別の患者に対応していたベロニカは、無線で通知を受けた。会ったこともない麻酔専門医、外科医、外科研修医、薬剤師、看護師が、担当医に会いたがっているという。胸がドキドキした。指導医のもとに走っていって、状況を説明した。

「外科チームが会いたがっています」とベロニカは言った。

指導医は呆気に取られた表情で見つめ返した。「そうですか……」

「いますぐ会いたがっています」

「では、行ってあげたほうがいいですよ」と指導医は言った。

「私がですか?!」

「そうです、あなたです。あなたの患者ではないんですか?」

ベロニカはゆっくりうなずきながら、言葉の意味を理解した。私の患者だ！　私が担当医なんだ！　そして、手術室に駆けつけて自己紹介をした。

「手術の延期を勧めます」と外科医が言った。「よろしいですか?」。外科医と麻酔専門医がリスクを説明した。

ベロニカは息を飲んだ。私に判断しろと言うのだろうか?　だが、彼女は口を開いた。

「わかりました。それが最善策のようですね。患者にとって最善の策を取りたいと思います」。この言葉が口から出た瞬間、彼女は背筋が伸びたような気がした。それまでは自分のことを詐欺師のように感じていたが、いまは違った。人々は自分のことを対等に扱っていた。仲間のひとりのようだった。

医局に戻ったベロニカは、それまでやったことのない行動に出た。主体的に動いたのである。まず、手術の延期について患者に説明し、患者の家族を呼んで報告した。それらを指導医の助けを借りずに行なった。次に、外科チームにメールを書き、時間を割き助言してくれたことへの感謝とともに、午後に再度フォローアップのミーティングを行ないたいと申し出た。

ベロニカは次のように語ってくれた。

進歩でした。「こうするつもりです。それでよろしいですか?」と確認していた私が、「このように対処しておきました」と言えるようになったのです。依然として監督者はいますが、関係性は変わりました。もはや何をすべきか教えてくれる教官のような存在ではありません。フィードバックを与えてくれて、私の成長を支援してくれるコーチになりました。主体性とは自立することだけではありません。責任を負うことなのです。そして、責任を負うとは、自分がいつ助けを求めるべきかを理解するということなのです。

ベロニカの経験は、ある教訓を教えてくれた。学校から職場に移行するということは、単にお金を稼ぎ、上司ができるという意味ではない。「指示を待とう」という姿勢から「自分で解決しよう」という姿勢に変わることなのだ。この変化のイメージを示したのが図表8－5である。

だが、この移行は旅と似ている。新しいことを身につけるには時間がかかることは、誰でも知っている。時間がどれだけかかるかは、仕事の複雑さに左右され、数日の場合もあれば数カ月の場合

図表8-5 マインドセットを学校モードから職場モードに変える

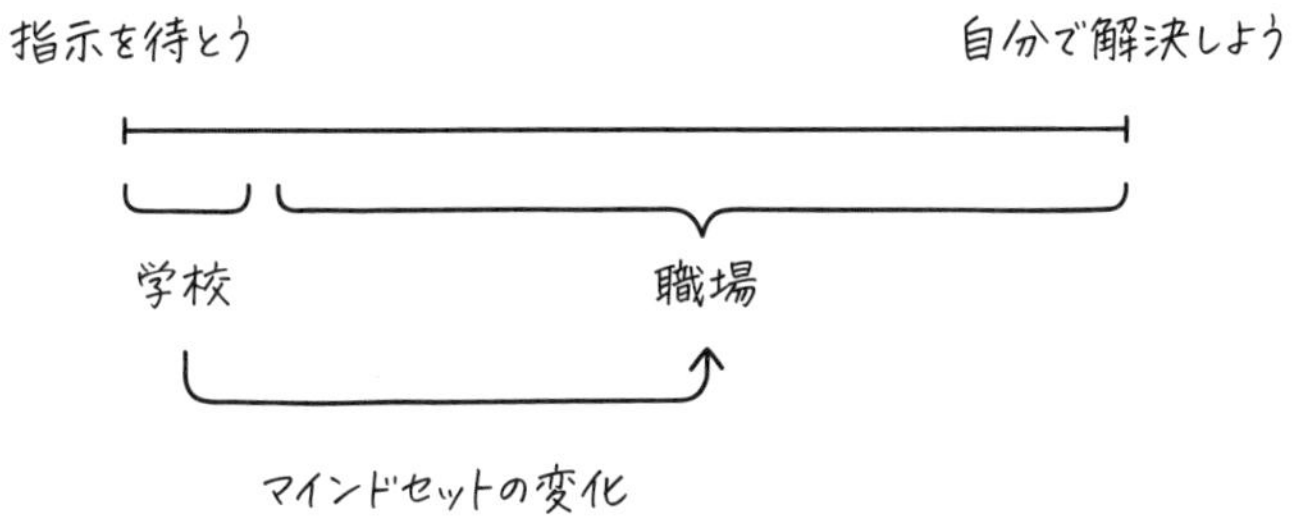

もあるだろう。仕事を始めたとき、あなたに対する期待は極めて低い。だが、やがて、そこから「卒業」するときが来る。それはたいていベロニカの場合のように、前触れもなくやって来る。もちろん、早めに部下を卒業させる上司、部下の積極性を評価する上司、部下の意見を尊重する上司など、仕事のやり方は人それぞれだ。とはいえ、責任を負う日は必ずやって来る。すると、待ち構えていた職場の人たちは、あなたの意見——そして何よりあなたのリーダーシップ——を頼りにするようになる。そうしたマインドセットの移行をスムーズに行なうことができれば、人々はあなたの能力をすぐに認めてくれるだろう。そして、あなたは仕事で優れた成果をあげられるようになるはずだ。

Point

□ 新しい仕事に取りかかる前に、何を、どのように、いつまでに行なうべきかを必ず理解する。
□ 質問をまとめて、一度に1段階ずつ相談先を上げていく。そのたびに、解決するために自分が何をしたか、その努力を伝える。
□ 人に助けを求めるときは、相手になるべく負荷をかけない。
□ 問題やチャンスを発見したときは、積極的にアラートを上げる（または解決する）。
□ 上司に仕事の確認をお願いする場合は、事前に以下を自問してみよう。与えられたすべての指示に従ったか？ 重要な点に力を注いで取り組んだか？ 明確な依頼をしているか？ 上司が確認しやすい方法で成果を示したか？ 上司から聞かれそうな質問答えを用意したか？ 次に何をすべきかを理解しているか（伝えたか）？

第9章

多くの仕事を円滑にこなす

やるべきタスクがエンドレスに襲ってくる――典型的な仕事の一日とはそういうものだ。社会に出たばかりの頃は、ミスをせずに、周りの人たち全員を満足させながら、同時にすべてをやり遂げる方法を身につけるのは大変だ。業務を理解することすら難しい。最初の一歩は、優先順位を正しく見極め、あなたの能力を常に評価してもらうために、緊急性が高く重要なタスクを見定めることである。

✓知っておくべきこと

・すべてをこなすためには、一日の時間が足りない。
・心の健康を保ちつつ能力を発揮するためには、重要かつ緊急性の高いタスクに集中する必要がある。

緊急性の高いタスクの見定め方

緊急性というものを、私たちは学生時代からよく知っている。締め切りが最も早い宿題が最も緊急性が高く、締め切りが最も遅い宿題が最も緊急性が低い。同じことは職場でも当てはまるが、緊急性には単に締め切りだけが関係しているわけではない。職場では、タスクの緊急性は次の4つの要素によって決定される（図表9－1を参照）。

締め切りまでの期間　どれくらい締め切りが迫っているか、あるいは締め切りがない場合は、いつから待ってもらっているか。一般に、締め切りまでの期間が短ければ短いほど、あるいは長く待ってもらっていればいるほど、緊急性は高くなる。

依頼者との関係　プロジェクトや計画に誰が関わっているか。一般に、あなたに対して大きな影響力（権限）をもつ人物からの指示であれば、緊急性は高くなる。指揮命令系統の上位にいる人物は、組織内でのあなたの将来を方向づける力を持っているため、そういう人物からの依頼は、急いで対応したほうがよい。また、後ろ盾になってほしいとあなたが頼りにする人物に対しても、迅速に対応しよう。気が変わって、あなたに目をかけてくれなくなる可能性もあるからだ。

図表9-1

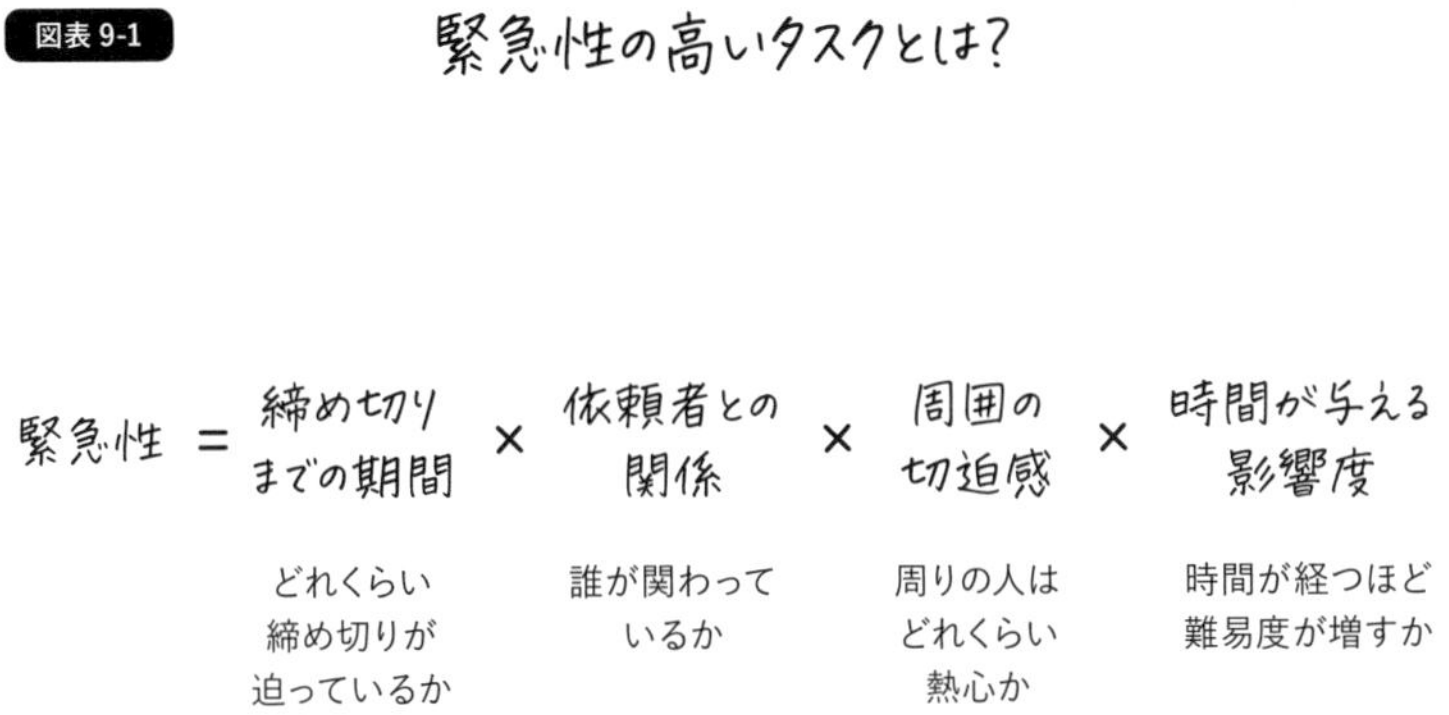
緊急性の高いタスクとは?
緊急性 ＝ 締め切りまでの期間 × 依頼者との関係 × 周囲の切迫感 × 時間が与える影響度
どれくらい締め切りが迫っているか
誰が関わっているか
周りの人はどれくらい熱心か
時間が経つほど難易度が増すか

周囲の切迫感　職場の人たちはどれくらい熱心か。「他者を真似る」という暗黙のルールを思い出してほしい。同僚が強い切迫感をもって事態に対応している場合、彼らはあなたに対しても同様に、急ぎの対応を期待する可能性が高い。

時間が与える影響度　時間が経つほど、難易度が増すか、あるいは選択肢が限られてくるか（誰かのスケジュールを予約する場合など）。時間が経ち、選択肢が残り少なくなればなるほど、緊急性は高くなる。また、ほかの出来事が起きる前にやり切る必要がある場合は、緊急性が高くなる。

重要性の高いタスクの見定め方

重要性についても、私たちは学生時代からよく知っている。最終的な成績に最も影響する宿

図表9-2

重要性の高いタスクとは？

重要性 ＝ 自分の職務のなかでの位置づけ × 周りの人に対する影響 × 組織内での位置づけ

自分の職務のなかでの位置づけ：どれくらいあなたの職務の中心を占めているか

周りの人に対する影響：誰に影響を与えるか、誰の注目を集めるか

組織内での位置づけ：他者にとってどれほど重要か

題が最も重要性が高く、最も影響しない宿題が最も重要性が低い。だが、職場では、ひとつひとつのタスクから得られる「点数」が明らかにされることはなく、だからこそ、重要性を見極めるのは難しい。職場では、重要性は次の3つの要素によって決定される（図表9－2を参照）。

自分の職務のなかでの位置づけ　どれくらいあなたの職務の中心を占めているか。あらゆるタスクは、「しなければいけない仕事」と「できたらやりたい仕事」の中間にある。あなたは「しなければいけない仕事」を行なうために雇われているため、「しなければいけない仕事」に近いタスクを行ない、成功させることは、あなたにとって重要性が高くなる。

周りの人に対する影響　誰に影響を与えるか、誰の注目を集めるか。周りの人々に広く影響を

図表9-3 タスクの優先順位のつけ方

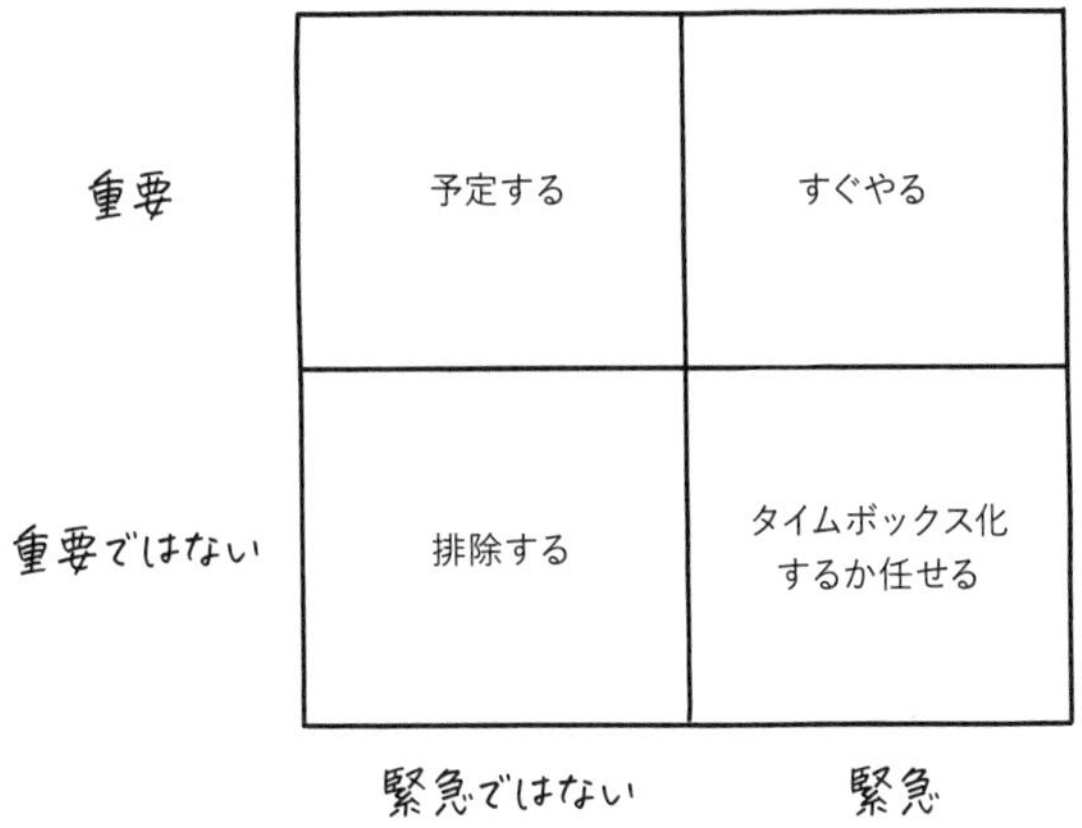

与えるタスクや、あなたに対して大きな影響力を持つ人に影響を与えるタスクは、重要性が高くなる。

組織内での位置づけ 他者にとってどれほど重要か。チームや会社が高い関心を寄せるプロジェクトに欠かせないタスクは、重要とみなされる。プロジェクトの重要性を明らかにするひとつの手掛かりは、組織の上層部からの注目の高さをよく観察することだ。上司が定期的な報告を求めるプロジェクトは、組織内で注目されている可能性があり、重要性が高い。

優先順位のつけ方

緊急性と重要性を併せると、「アイゼンハワー・マトリクス」と呼ばれるタスク管理術を活用できる（図表9－3を参照）[1]。

・重要かつ緊急のものは、すぐやる。
・重要だが緊急ではないものは、いつやるか決める（予定する）。
・緊急だが重要ではないものは、「タイムボックス化」する。つまり、ある仕事にかける時間を前もって決めておき、その時間だけ作業をする。あるいは、部下がいる場合は、部下に任せる。
・緊急でも重要でもないものは、排除する。
・重要かつ緊急と思われる仕事が複数ある場合は、最も重要かつ緊急なものから順に並べてみよう。

もちろん、このフレームワークが考慮しているのは、他者（具体的に言うと、あなたの上司）の視点だけから見た重要性だ。これは、あなたがチームに配属されたばかりの新人で3つのCを証明しようとしている場合は役立つものの、長期的なキャリアのなかで常に有効とは言えず、望ましいとも言えない。なぜなら、あなたが重要と考えるタスクは、上司が重要と考えるタスクとは異なる可能性があるからだ。さらに、上司が重要と考えるタスクは、会社が重要と考えるタスクとは異なる可能性があり、会社が重要と考えるタスクは、あなたが重要と考えるタスクとは異なる可能性がある。これらの関係性を示したものが図表9－4である。

あなたが大事にする仕事と他者が大事にする仕事とは、具体的にどんな場合に対立するのだろう？　よく例として挙がるのが、「昇進につながるタスク」と「昇進につながりにくいタスク」で

図表 9-4

あなたの「重要」と他者の「重要」の関係性

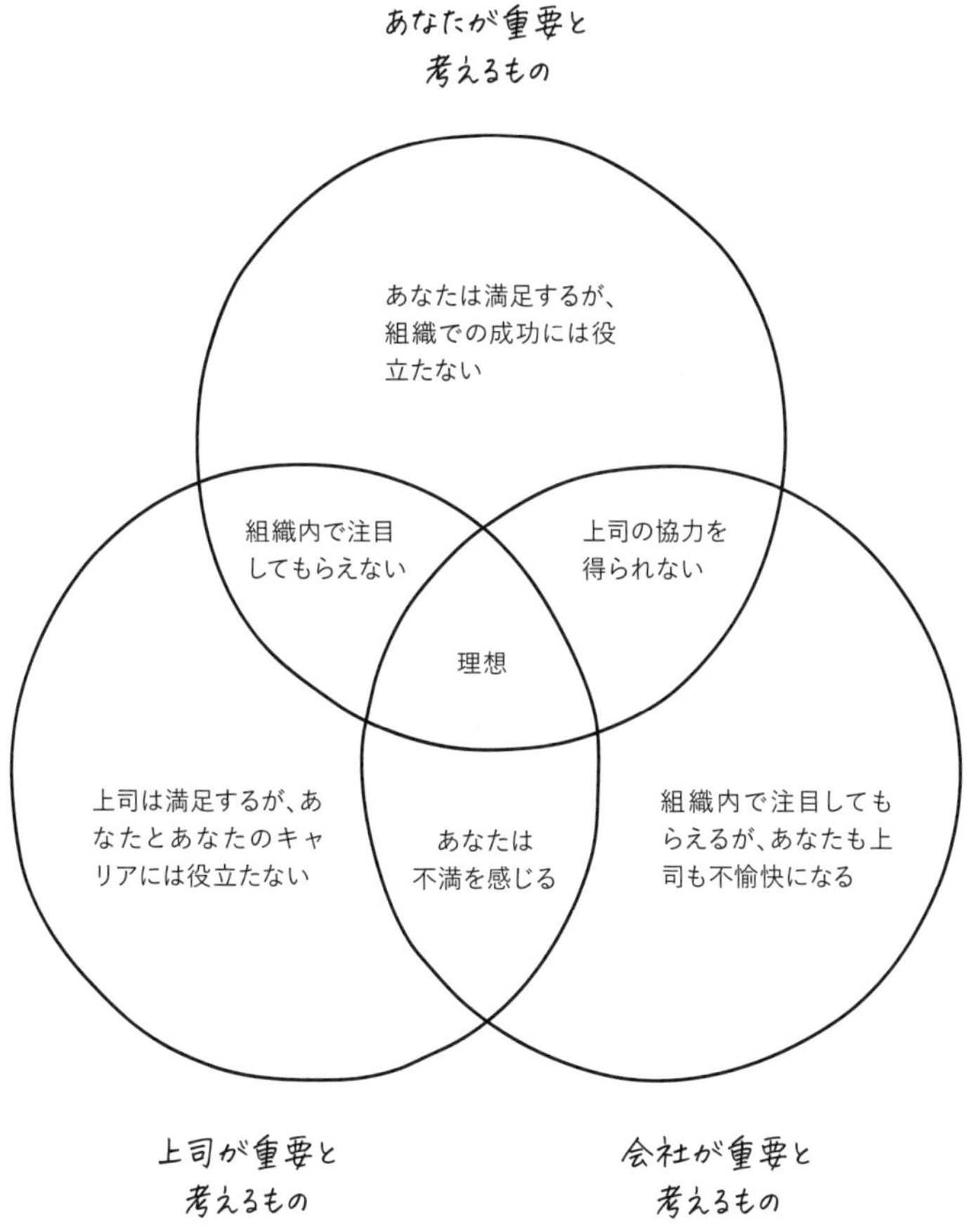
あなたが重要と考えるもの
あなたは満足するが、組織での成功には役立たない
組織内で注目してもらえない
上司の協力を得られない
理想
上司は満足するが、あなたとあなたのキャリアには役立たない
あなたは不満を感じる
組織内で注目してもらえるが、あなたも上司も不愉快になる
上司が重要と考えるもの
会社が重要と考えるもの

ある。[2]「昇進につながるタスク」とは、たとえば製品の新機能の開発や会社に収入をもたらす営業活動など、組織の上層部の関心が高いため、昇進に役立つ業務である。[3] 一方、「昇進につながりにくいタスク」は、「オフィス内の家事」[4]とも言われ、人のためにメモを取ったり、会議のためにランチを注文したり、飲み会の手配をしたりといった雑務である。こうした雑務は、組織全体の利益には貢献するかもしれないが、職務内容に含まれていないかぎり、あなたのキャリアにとって必ずしも役立つとは言えない。

特に、あなたが女性や人種的マイノリティである場合は、「昇進につながるタスク」と「昇進につながりにくいタスク」とを区別する能力は重要になる。さまざまな研究結果によると、人種的マイノリティのエンジニアは職場で魅力的な仕事を与えられない傾向があり、[5] また、女性は男性よりも「オフィス内の家事」を進んで担ったり、頼まれたりすることが多いという。[6] 女性がこうした雑務を拒否した場合、男性よりも否定的な見方をされ、反対に、雑務を引き受けた場合に功績が認められることはあまりない。[7]

もちろん、「オフィス内の家事」をどれくらい気にかけるべきかは、状況次第と言えるだろう。あなたに対して影響力をもつ経営幹部から頼まれた場合と、同僚から頼まれた場合とでは、取るべき対応は違う。チーム内のイベントを企画する際も、あなたが管理スタッフであるかエンジニアであるかによって、対応は変わる。あなたが新人で、まだ3つのCを証明しようとしている段階でメモ取りを頼まれた場合と、すでにチームの最年少ではなくなってから頼まれた場合とでは、対応は変わってくる。

では、どうしたらよいのだろうか？　ひとつの方法は、メリットとデメリットをよく吟味することだ。雑務を進んで引き受けることによるメリットは、デメリットを上回るだろうか？　雑務を引き受けることで、自分の能力を示し、熱意を証明し、新しいことを学び、たくさんの人々に会い、困っている人を助けることができるだろうか？　その時間でほかに何ができるだろうか？　これらの答えに納得がいくのであれば、積極的に雑務を引き受けるとよい。納得がいかないのであれば、誰かほかの人に引き受けてもらおう。そうした機会は、あなたにとっては価値がなくても、ほかの人にとっては貴重なチャンスになるかもしれない。「オフィス内の家事」を繰り返し頼まれて対策が必要な場合は、ダイバーシティとインクルージョン専門のコンサルタントが教えてくれた次の方法を試してみてほしい。

それは、チーム全員が順番に雑務（たとえばミーティングでの議事録作成）を担当する仕組みづくりを上司に提案することだ。チームのメンバーが嫌がっても、ローテーションは必ず守らなければならない。保険会社のある女性役員は次のように話す。「人に頼ってください。他人の順番のときに、雑務を引き受けてはいけません。雑務が終わらないなら、それはそれで構いません。そうしないと、自分がサボったら女性が代わりにやってくれると思っている男性もいます。そうはさせません」。それでも雑務があなたに戻って来る場合は、もっと緊急かつ重要な仕事を見つけよう。そうすれば、「お手伝いしたいのですが、いま重要なクライアントのワークショップについてブライアンのお手伝いをしています。これはカレブとロブにとっても大きなチャンスになるはずです。ふたりとも

（――）に関心がありますから。ふたりに聞いていただけますか？」と言える。「その仕事はしたくありません」と言うのではなく（このように言うと、熱意や協調性がないと思われる可能性がある）、「お手伝いしたいのですが、あいにくいまは都合がつきません」と言うことができるのだ。やんわりと、だがきっぱりと伝えよう。

ここまでの話は、不当な量の「オフィス内の家事」を頼まれがちな場合に、あなたに何ができるかということだ。だが、平等に仕事を割り振る責任は、あなただけが負うべきではないことを理解してほしい。公平な職場を作っていく責任は、全員にある。上司の責任でもあり、同僚全員（特に男性）の責任でもある。女性やマイノリティの人たちが「ノー」と言うことを期待するだけでなく、男性もこうした雑務を積極的に分担する必要がある。

優先順位の高いタスクをやり遂げる方法

最も緊急かつ重要で、優先順位の高いタスクに力を注ぐことで、膨大な仕事量をある程度減らすことはできるものの、それで事足りることはめったにない。確かに、10のタスクを4に減らすことはできるかもしれない。だがそれでも、4つが同じように緊急かつ重要であれば、すべてをこなし、うまくやり遂げる時間は依然として足りない。そういう状況に陥ることは当然だし、十分に予想される。そこで、私をはじめとするさまざまなビジネスパーソンが有効とみなしたいくつかの戦略を、以下で紹介していきたい。

予想外のトラブルを避ける

選挙運動の現場担当者であるクリステルは、ほとんどすべてをひとりで行なっていた。ボランティアの採用と管理、有権者データの準備と分析、ときには政策に関する助言さえも行ない、それらすべてを緊急かつ重要な仕事だと感じていた。

ある晩、彼女がテイクアウトの夕食を受け取っていると、現場責任者の上司から電話がかかってきた。その日は、50名のボランティアが戸別訪問をする予定のため、訪問家庭を記した地図が必要だった。クリステルはその週のあいだずっと地図の準備をしており、紙の地図の代わりに大量のタブレットを発注していた。ところが、そのタブレットが届いていないという。

メールをチェックすると、タブレットの注文に関する最新の発送情報が届いていた。タブレットの到着が翌日の晩に遅れるという。心臓の鼓動が激しくなった。有権者データの整理に忙しすぎて、タブレットの発送状況を確認し忘れていたのだ。

彼女は選挙事務所に走って戻りながら、上司に状況を説明した。事務所に着いた頃には、すでに何人かのボランティアが到着していた。クリステルと同僚たちは、ボランティア全員がタブレットを利用すると思い込んでいたため、地図を印刷していなかった。30分のあいだに、ボランティアが続々と集まってくる。クリステルたちは大急ぎで地図を出力し、クリップボードを探し、地元の印刷屋に飛び込んでリストを印刷し、集まったボランティアのチーム編成をした。最終的に、彼女は事態を収拾した。50名のボランティアをイライラと待たせながら……。

クリステルの失敗は、タブレットの配達が間に合わなかったことではなかった。できるだけ速やかに上司にアラートを上げ、周りの人に影響が及ぶ前に問題の解決策を提案しなかったことだった。もし上司に次のように話していたとしたら、状況は変わっていただろう。

いまタブレットの注文の追跡情報をチェックしたところ、配達が遅れるそうです。木曜日の戸別訪問の翌日になってしまうかもしれません。そこで、対応策は3つあると思います。ひとつめは、配達が間に合う別の店を見つけて注文する案。あとから届いたタブレットは返品することになります。ふたつめは、近所の店で注文して、私が車で取りに行く案。3つめは、木曜日はペンと紙で対応する案です。どの案も可能ですが、近くの電器店を覗いたところ、ふたつめの案は総額300ドル以上かかるかもしれません。時間的に間に合うので、まずはひとつめの案をやってみようと思います。どう思われますか？

クリステルができるだけ早く上司にアラートを上げていたとしたら、上司は対応策を決め、彼らはその案を進めていただろう。ところが、クリステルは予想外のトラブルで上司を驚かせることで、ただの制約を困難な事態に変えてしまった。自分がやると言った仕事は必ずやり遂げることが重要なのだ。

結局のところ、期待を上回るか、期待を下回るかということがカギとなる。実際のパフォーマンスと期待されるパフォーマンスとのギャップは、人があなたをどう認識するかに大きな影響を与え

図表9-5　パフォーマンスへの印象はどう決まる?

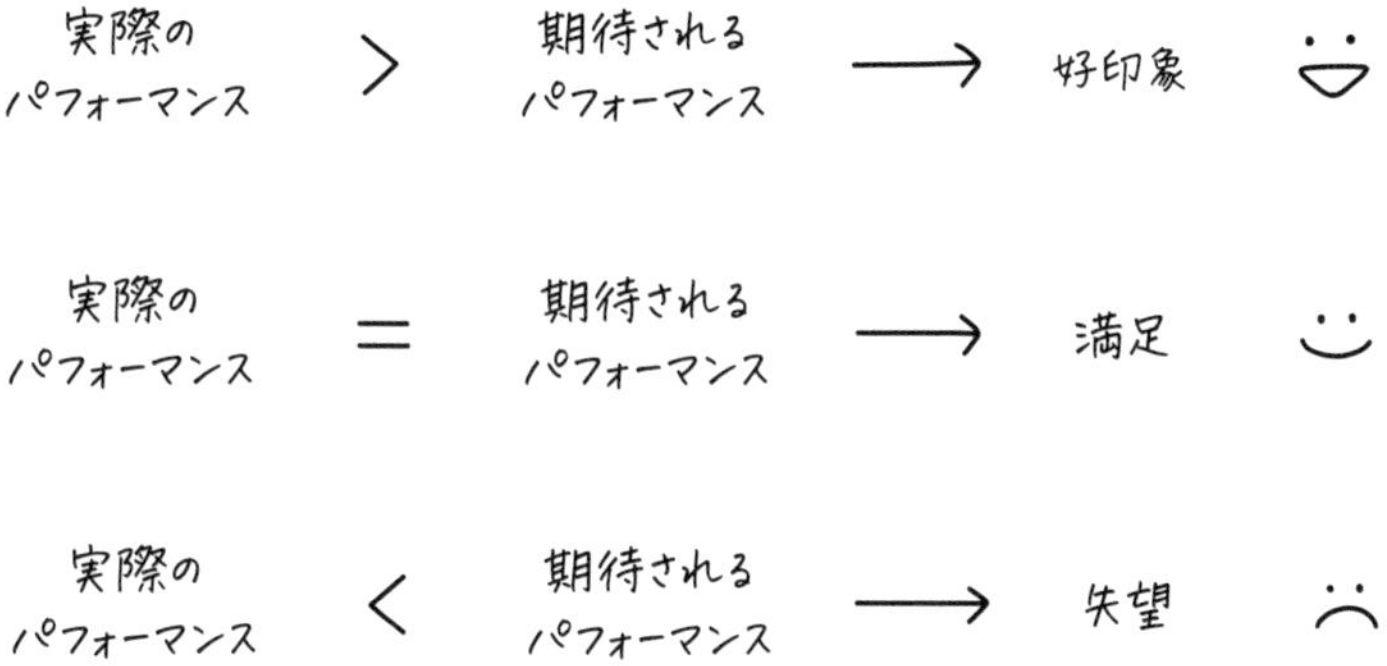

る。それを示したのが図表9－5である。

何でもできるスーパーマンのような人はいない。どんな場合もトレードオフの関係が存在することを誰でも理解している。あなたの上司は、ほかの上司やクライアントに何かを約束する場合は、低価格で、迅速に、高い品質で提供してみせます、と言うかもしれない。ただ、それらのうちのふたつは実現できるかもしれないが、3つすべてが達成されることはほとんどない。あなた自身の仕事も同じだ。1日分の仕事を1時間でやれ、と上司が言えば、あなたは妥協せざるをえない。それでも、あなたが前向きな姿勢を見せ、妥協点をきちんと話し、納得のいく説明をし、「やる気が出ないので無理です」ではなく「やりたいのですが、どうにもなりません。解決策をこう考えました」と状況を説明すれば、上司はたいてい納得するだろう。

控えめに約束をして、期待以上の成果を出そうと考える人もいる。だが、注意してほしいのは、あなたは自分が発するシグナルで相手を納得させる必要があるということだ。第7章で説明したように、あなたが何を行なうか、何を行なわないか、それらすべてがシグナルを送ることになる。そして、あなたの能力、熱意、協調性に対する印象は、こうしたすべてのシグナルによって決まってくる。さらに、あなたの行動は単にシグナルを送っているだけではない。時間がたつにつれて、シグナルは「行動パターン」になる。周りの人たちがあなたの行動について「……するといつも、……」のような表現で説明するようになったら、パターンができたと思ってよいだろう（たとえば、ある病院の青少年カウンセラーは、「患者が助けを求めると、あの人はいつも何か言い訳をしてどこかに行ってしまう」と私に話してくれた。これがその人物の行動パターンである）。予想外のトラブルで同僚を驚かせることがないという行動パターンを確立しよう。誕生日のサプライズは歓迎されるかもしれないが、約束を守らず、締め切りに遅れるというサプライズは、あまり楽しいものではない。

Column

他者の期待への対応方法

近い将来、トラブルが起こりそうな場合、他者の期待に対応するために何と言うべきか？　以下に例を示す。

何かを確約できないと思う場合、こう言ってみよう。「喜んでお手伝いしますが、（　　）のために、（　　）ができそうもありません。（　　）でもよろしいでしょうか？」

何かに遅れる可能性がある場合、こう言ってみよう。「（　　）の直前に（　　）の予定が入っていて、（　　）分ほど遅れてしまうかもしれません。それでもよろしいでしょうか？」

締め切りに間に合わない場合、こう言ってみよう。「あいにく、（　　）があるため、（　　）の仕事が（　　）までかかってしまいそうです。（　　）できますでしょうか？」

期待に応えられるかわからない場合、こう言ってみよう。「（　　）を考えると、（　　）までなら（　　）ができますし、（　　）までなら（　　）ができます。どちらがよろしいでしょうか？」

計画を変更した場合、こう言ってみよう。「（　　）について、お知らせしておきます。おそらく（　　）に影響がありますし、（　　）が必要になると思います。今後も随時状況をご報告します」

パターンの一歩先を行く

小学校で、私たちはパターンというものを学んだ。3つの円が並んでいて、その次に四角形があり、それから円が3つ続けば、次はまた四角形が来るはずだ。これがパターン認識能力である。だが、パターン認識は単に幼稚園や小学校で習うものではない。あなたがより良い仕事をするだけでなく、仕事や人生をしっかり操縦するために役立つライフスキルと言える。

パターン認識に関わる戦略をいくつか見ていこう。

問題の根本原因を突き止める　問題に直面したとき、単にその問題を解決するだけで済ませてはいけない。そうすると、あとでまた同じような問題が起きて、それを解決しなければならなくなる。再びトラブルが起きないように、そもそも問題がなぜ起きたのかを明らかにするべきだ。

ひとつ例を紹介しよう。農場管理者のイザヤは、いつもようにトマト畑の畝《うね》のあいだを歩いていたとき、あることに気づいた。あるトマトの木で、何枚かの葉が黄色に変色していたのだ。生育期だがしばらく雨が降っていなかったからだろうか？　彼は変色が見られた一画に水をまいた。そして、ほかの仕事が忙しくなったせいもあり、そのことは忘れてしまった。数日後、イザヤはさらに何本かの木が黄色く変色していることに気づいた。そこで、再度ホースを取り出し、水をまいた。それから1週間後、イザヤの上司が農場の視察にやってきた。上司はすぐに異変に目を留めた。

「イザヤ、このトマトの葉はなぜ黄色くなっているんですか？」

「わかりません」

「水やりをしましたか？」

「はい」

「ＮＰＫ肥料を使用しましたか？」

「はい」

「栄養状態をチェックしましたか？」

「いいえ」

「pHをチェックしましたか？」

「いいえ」

「害虫を探しましたか？」

「いいえ」

「変色した木を隔離しましたか？」

「いいえ」

「同じような問題が起きていないか、近隣の農場に聞いてみましたか？」

「いいえ」

「この問題に気づいたのはいつですか？」

「１週間前です」

「イザヤ！　なぜ手をこまねいているんですか?!」

イザヤは、トラクターの修理や農場労働者への指示や灌漑会社の手配で忙しかったことを説明した。葉の変色がどのように進んでいくかを見守りたかったことも話した。だが、上司の心は動かなかった。上司は私に次のように語った。

葉の変色は、些細な水やりの問題から深刻な感染症まで、さまざまな問題が原因で起こります。農作物のライフサイクルはわずか6週間ほどなので、1週間ものあいだ何もしないのは致命的です。問題が農場全体に広がる前に、影響を受けた木を急いで隔離しなければなりません。「わかりません」などと言って、手をこまねいていてはいけません。状況をコントロールする必要があるのです。

ほかの多くのマネジャーも、同じことを言う。要するに、エラーメッセージが繰り返し表示される、クライアントから頻繁にクレームを受ける、装置が定期的に故障するなど、好ましくないパターンを見つけたら、ただ問題を観察し、一時しのぎの対応をするのではなく、根底にある原因の修正が重要になるということだ。さもないと、好ましくないパターンが繰り返し発生し、別の兆候を調べるための貴重な時間が無駄になってしまう。問題が2回発生した場合、3回目を起こしてはならない。根本原因を突き止めるために「なぜこれが起きたのか?」と考え、原因にたどり着くまで「なぜ?」と問い続けるのだ。状況について仮説が立てられたら、わかったことを上司に報告する。たとえば、次のようにメールをしてみよう。

○○課長
お疲れさまです。

（　　）について調べてみました。どうやら（　　）が起きているのではないかと思います。

（　　）のため、私のほうで（　　）をしてみようと思いますが、いかがでしょうか？

ご確認よろしくお願いいたします。

×××

そして、根本原因を突き止めるだけでなく、上司に提案できる解決策がいくつか見つかるまで、引き続き問題を調査する。上司に対しては、次のようにメールしよう。

○○課長
おはようございます。

（　　）について現在の状況をご報告いたします。引き続き調べたところ、（　　）とわかりました。考えられる対応策は、（　　）または（　　）です。（　　）を考慮すると、私としては（　　）を提案したいと思いますが、課長のご意見を伺わせください。この案で問題ないでしょうか？

（　　）までに返信をいただけない場合は、この案で進める予定です。〔上司が必ずしもすぐ

にメールを返信しない場合は、期限を書いておいてもよい。そうすれば、実行に移すまでに十分な余裕が見込める〕
よろしくお願いいたします。
×××

新人の頃は、根本原因をひとりで明らかにするための背景知識をもっていないかもしれない。それはそれで構わない。チームで働いている場合は、ひとりで根本原因に対処できない可能性もある。それでもよい。重要なのは、できるかぎり問題をコントロールすること。そのためにはまず、現状の理解から始めなければならない。

パターンを先読みする　一緒に働く上司や同僚の習慣は、単なる習慣ではない。それはパターンである。あなたにとっては、状況に振り回される前に状況をコントロールするための隠れた機会でもある。上司の上司がいつも休日明けに突然、急ぎの仕事（集中して取り組む必要のある、突然かつ緊急かつ重要な依頼）を頼んでくるとしたら、次の休日の翌日は、仕事が立て込むことを見込んで、スケジュールを空けておくほうがよいだろう。上司が毎週金曜日にプロジェクトの進捗を尋ねてくるのであれば、次の金曜日までに最新の状況を報告すべきだろう。同僚がいつも午前7時から8時のあいだにメールに返信しているのなら、次のメールを送るタイミングを、返信してくれそうな時間帯に合わせたほうがよいかもしれない。

一歩先を行くという戦略は、必ずしも上司だけに当てはまるわけではない。あるフリーランスのプロジェクトマネジャーは、多くのクライアントから同じような仕事（設計プロジェクト管理の作業計画など）を依頼されるため、簡単にカスタマイズできるテンプレートを作成していると話してくれた。これはメールについても有効だ。同じような種類のメッセージを繰り返し送っているのなら、コピー&ペーストで簡単に作成できるように工夫するべきだ。そうすれば、毎回一から作成する必要がなくなり、もっと重要で緊急性の高い案件に取り組む時間が生まれるだろう。

言いたいことをわかりやすく伝える

チームで働いている場合は、緊急かつ重要なタスクに対する取り組み方を、必ずしもあなたが自由に決められるわけではない。周りの人たちとコミュニケーションを図り、周りの人たちに頼らざるをえない。だが、ここに問題がある。人とコミュニケーションを図っても、あなたの言いたいことをわかってもらえるとはかぎらない。真意をわかってもらう可能性を最大限に高め、仕事をスムーズに進めるためには、以下の前提を心に留めておくとよい。

- 人はあなたの知っていることを知らない。
- 人はあなたが送った内容を読んでいない。
- 人はあなたの話にあまり注意を払っていない。

・人はあなたが言ったことや自分たちが同意したことを覚えていない。
・人はあなたほど時間の余裕がなく、集中力が続かない。

それでは、あなたにできることは何か？　以下の方法を試してみよう。

・何かを主張する場合は、はじめに背景情報を話す。「背景としては……」「事情をご説明しますと……」「目的は……」といった表現を使って切り出す。
・複雑なことを伝える場合は、重要な点を最初に話し、補足情報は3つまでに留める。
・メールや文書で伝える場合は、できるだけ短い文章で書く。
・多くのことを述べたり長く話したりする場合は、時々間《ま》を置き、相手にコメントや質問をさせてから、話を先に進める。

「何を言うか」はもちろん大切だが「どのように言うか」も同じくらい大切だ。言いたいことをわかってもらうために取るべき対策を図表9－6で紹介しよう。

図表9-6　仕事がスムーズに進むコミュニケーション

以下を伝えるときは……	こうしてみよう
比較するべき多くのデータや情報	図、グラフ、表を作成する
想像しにくいアイデア	写真、スケッチ、模型、見本を共有する
文書の変更版	変更履歴を残し、考え方を説明するコメントを加える
参照したい先行文書からの抜粋情報	スクリーンショットや該当部分を強調した原文ファイルを送付する
相手が参照したいであろう特定の情報源	ウェブページへのハイパーリンクを共有する
端末によって見え方が異なる書式のファイル	ファイルをPDFで保存し、送付する
相手が情報を加工する必要のあるファイル	編集可能な生ファイルで保存し、送付する
誤解を避けるために文書で残したい決定	決定内容を記したメールを送信する
相手に取捨選択、検討またはコメントしてもらうための大量の情報	相手が都合の良いときに確認できるようにファイルを送付する（さらに、必要に応じてフォローアップミーティングを計画する）
複雑で議論の余地のあるテーマ	電話や会議を計画する
会議の予定	日時と会議方法を明確に記したスケジュールの招待状を送信する
複数の人々の承認が必要な決定	個別に相談したあとで、全員に対して考えを示す

Column

大切なものを守る

仕事と生活の調和を図るのは容易ではない。優先順位の高い仕事をいくつも抱えている場合や在宅勤務の場合は、特に難しい。

私がインタビューをした営業担当者のボビーは、在宅勤務を始めてからというもの、副業として携わっていたスタートアップの仕事と両立させるために、日常生活が崩壊してしまったと話す。まず、メールに返信する時間を増やすために、毎朝のジョギングを止めた。次に、やり残した仕事を翌日に持ち越さないよう片づけるために、夜遅くまで働くようになった。さらには、自炊をしなくなり、食事はピザと炭酸飲料とビールに変わった。まもなく、彼は体調不良に陥った。

そんなボビーを見て、マインドフルネスに熱中していたパートナーが、瞑想と呼吸法を始めてみてはどうかと勧めた。そこで数週間後、ボビーはセラピストに相談した。その数週間後には、ピザばかりの食事を野菜中心に変え、水をたくさん飲み、再び運動するようになった。そして、ようやく以前の自分を取り戻した。以前よりも生産的な生活パターンを確立することさえできた。一日のうちで最も元気な時間帯にやるべき仕事を行ない、毎日夕方5時半にはパソコンの電源を切り、一定の睡眠時間を取るようになった。食事と睡眠をおろそかにすると体調が落ち、よく眠り、よく運動すると仕事がはかどることを実感した。どんなパターンが心身に良い影響をもたらし、どんなパターンが悪影響をもたらすのか、それがわかるまでに時間はかからなかった。結局のところ重要なのは、パターンを認識し、大切なものを守ることだった。ボビーの言葉によれば、「感情の免疫」を守ることだった。

別の例を紹介しよう。大学の事務職員であり、幼い子どもを育てる母親でもあるニーシャは、仕事を始める以前からパターンを確立していた。

母親であることは、私にとって重要です。ですから、家庭が最優先だと上司には伝えました。大学が私を採用するのなら、私の家族全体を抱えることになるわけです。だから、毎週金曜日は在宅勤務をし、毎日遅めに出社して早めに退社すること、それができないならこの仕事には就けないことを率直に話しました。初めて職場に行った際には、あとから驚かれないように、このことを同僚たちにも話しました。ほかの人とは違うスケジュールで働くことをはっきりさせたのです。

ニーシャが教えてくれた教訓はもうひとつあった。ひとりで頑張る必要はないということだ。上司や部署や仕事が変わるたびに、ニーシャはすぐに、自分と同じような状況にあり、大切なものを守るという点で協力し合える同僚を探した。たいていは、「たまたま耳にしたんですが、〇〇さんも仕事と（――）を両立させているんですか？　どうしたらうまくいくか、ぜひアドバイスをください」と話しかけたという。やがて、彼女にはともに戦う大勢の同志ができた。

だが、たとえ職場で同志が見つからなくても、働き方に対する期待値を前もって設定できなくても、心配しないでほしい。遅すぎることはない。以前、ダイバーシティ、インクルージョン、帰属意識を専門とするコンサルタントが私に教えてくれた方法を試してみてほしい。それは、上司から完全にポジティブなフィードバックを2回受けるまではじっと我慢し、それから上司に話してみることだ。自分ではどうにもならない要因について説明し、問題解決のために何をしたかを話し、自分のやり方を貫きつつ、周りと同じような熱意をもって仕事に取り組むつもりだと伝えてみよう。

ところで、いま困っている問題についてご相談させてください。じつは、渋滞がこんなに激しいとは知りませんでした。夕方4時半に退社しても1時間は渋滞にはまってしまうのですが、5時に退社すると、それが2時間になってしまいます。ほかのルートや相乗り通勤も試してみました。仕事の責任は引き続きしっかり果たすつもりですが、4時半に退社できないでしょうか？　出社を早めたり、夜に自宅で仕事をすることはできます。

幸い、重要なのは社員のインプット（どれくらいハードに働いているように見えるか）ではなく、アウトプット（何を達成したか）だと考える組織が以前より増えている。あなたの会社が過去のやり方にしがみついている場合、求める働き方を実現するために、やんわりと、だがきっぱりと意思を伝える必要があるかもしれない。

図表 9-7

いろいろな種類の「間違い」

「間違いがない」のは、「間違いがある」よりも良い

「安全な間違い」は、「危険な間違い」よりも良い

「小さな間違い」は、「大きな間違い」よりも良い

「プライベートな場での間違い」は、「公の場での間違い」よりも良い

「初めての間違い」は、「2回目以降の間違い」よりも良い

間違いを犯したら

私たちは誰でも間違いを犯す。間違いを通じて、学び、成長する。間違いを犯していないとしたら、あなたは自分の能力を限界まで発揮していないのかもしれない。職場であなたが心配しなければならないのは、間違いそのものを犯すことではない。どんな間違いを犯すか、その種類である。図表９－７に、間違いの種類とそれぞれの比較を示したので参照してほしい。

もちろん、間違いには良い間違いと悪い間違いがある。だが、ＣＥＯの投資家向けプレゼンテーションの最中に間違ってネコの動画を投影してしまわないかぎり、心配しすぎる必要はない。同僚たちはもっとひどい状況を目にしたことがあるかもしれない。また、実際には、取り返しのつかない間違いというものがある。そう

いう間違いに対しては、どんなに悲惨な状況になってもあなたにできることはない。ただ謝罪し、何が起きたかを説明し、再び間違いを犯さないための方法を伝えるしかない。能力と熱意を示すためには、間違いを起こさないことが重要なのではない。むしろ、間違いを素直に認め、気を取り直して、二度と同じ間違いを犯さないことが重要なのだ。いろいろな種類の間違いに対してどう対応すべきかを示したのが図表9－8である。

本章では、多くの仕事を円滑にこなすために、個人としてもつべきマインドセットと戦略を見てきた。だが、すべてを自分でコントロールできるわけではないと覚えておくことも重要だ。自分の心の健康に責任をもつことは、あなた自身がやるべき仕事ではあるが、そうした健康を保てる職場環境を作り出すのは、上司（とその上司）の仕事である。

ビジネスでは、「組織文化はトップによって作られる」とよく言われる。それは正しい。企業のトップがいつも急ぎの仕事を指示するとしたら、部下（とその部下）がそれに抵抗するのは難しい。そうした組織文化が徐々に広まり、影響力をもたない一般社員にまで浸透すれば、社員は最終的に「まあ、いつもそうですから」とそれが当たり前と感じるようになってしまう。

これは（特にあなた自身がそういう環境に置かれている場合は）短期的にはうんざりすることかもしれない。だが長期的には、状況を変える勇気をもたらしてくれるのではないかと私は期待している。現在はほかの人が就いている責任者の地位に、いつかあなた自身が就くことになるだろう。そのときが来たら、あなたはチームの心の健康の維持に責任を負わなければならない。本章で紹介した戦略

図表9-8　いろいろな種類の間違いに対する対応方法

	取り返しがつく	取り返しがつかない
目立つ	①謝罪する、②状況を説明する、③同じ間違いを繰り返さない方法を伝える、④間違いを正す計画を提案する、⑤二度と同じ間違いを犯さない	①謝罪する、②状況を説明する、③同じ間違いを繰り返さない方法を伝える、④悪影響を最小限に抑える計画を提案する、⑤二度と同じ間違いを犯さない
目立たない	①悪影響を最小限に抑える、②謝罪と状況説明（求められた場合）を行なう用意をする、③二度と同じ間違いを犯さない	①問題を解決する、②謝罪と状況説明（求められた場合）を行なう用意をする、③二度と同じ間違いを犯さない

のうち、自分には何が役立ち、何が役立たなかったかを覚えておいてほしい。自分にすべてが役立ったとしたら、あまり役立たなかったと話す人たちから話を聞いて、学んでほしい。組織文化を形成するのはあなたなのだ。自分たちが誇れる組織文化を作り出そう！

Point

□緊急かつ重要な仕事に優先的に取り組もう。仕事を始める前に、しなければならないほかのすべての仕事と比べて、それが本当に緊急かつ重要なのかを考えよう。

□予想外のトラブルを避けよう。制約を踏まえて、自分には何ができるのか、できないのかをあらかじめ率直に話すことで、他者の期待に対処しよう。

□言いたいことをわかりやすく伝えよう。あなたの真意を受け取り、理解してもらう可能性を最大限に高めるために、いつ、どのように伝えるかをよく考えよう。

□パターンを先読みしよう。周りの人々や状況に関して繰り返し起きる事象を認識し、そうしたパターンを自分に有利に活かす方法、自分に不利にならないように対処する方法を理解しよう。

人と良い関係を築く

Getting Along with Everyone

第10章 人間関係を観察し、把握する

「何をしているの？　放っておいて！」と部門長のスーがぴしゃりと言った。

アリソンは棒立ちになった。休憩時間に備品保管庫の掃除をしていたら、入口にスーが現れたのだ。「あっ、わかりました……」とアリソンは口ごもった。スーが怒って出て行ってから、アリソンは思った。空の段ボール箱を捨てようとしていただけなのに、なぜこんなに怒られるのだろう？

翌朝、アリソンが上司のマイケルと話していると、スーが再びやって来た。「あんなことをしちゃだめよ」とスーは怒った声で言った。

アリソンは困惑した。「すみません。どういうことでしょうか？」。マイケルに目を向けたが、彼は何も言わなかった。

「やる仕事がなかったの？　なぜ保管庫を掃除していたの？」

「探し物をしていただけなんですが、散らかっていたので、片づけようと思いました」

「それは私の仕事よ。あなたの仕事ではない」

「すみません」とアリソンは言った。「次からは、まずお伺いするようにします」

「そうしてちょうだい」

スーが立ち去ると、マイケルが近くの会議室に手招きし、「ちょっと話そう」とアリソンに囁いた。そして、会議室に入ると、ドアを閉めた。

「いったい何のことだい？」とマイケルが言った。

「わからないんです」とアリソンは言った。「備品保管庫を掃除していたら、部門長が入ってきて、やめろと言われたんです」

「なるほど。保管庫は何年ものあいだ、ひどい状態だからな。でも、部門長はあそこに私物をたくさん置いているんだ。以前、誰かがその大量の私物を部門長に何も言わずに捨ててしまってね。それ以来、部門長は保管庫に神経をとがらせているんだ」


いったい何が起こったのだろう？　要するに、アリソンは、部署内の隠れた人間関係と目に見えない境界線を見落としていた。その結果、彼女は意図せずに、適切な熱意の範囲を超えてやり過ぎてしまい、部門長から見て威嚇的で協調性のない人物になってしまった。組織というものは、外から見ると人の集まりにしか見えないが、それはひとつの側面でしかない。組織において本当に興味深いのは、人と人との隠れた関係であり、人間をとりまく目に見えない境界線である。組織に入ったばかりの新人は、それを解読しなければならない。アリソンのような状況に陥らないためにも、あなたの協調性を最大限に発揮するためにも、じっくり時間をかけて組織内の隠れた人間関係を見極めよう。

✓ 知っておくべきこと

- 最も影響力のある人物は、指揮命令系統のトップとはかぎらない。
- 職場の隠れた人間関係や同僚をとりまく目に見えない境界線を知ると、協調性を発揮しやすくなる（そして、仕事で優れた成果をあげられる）。

指揮命令系統を把握する

組織内の指揮命令系統、つまり上司と部下の関係を知ることは、チームに新たに加わった新人にとって非常に重要だ。これはたいてい組織図（組織の構成員とその上下関係を示した図表）を見れば把握できる。大企業では、組織図はチームの共有フォルダ内やオンラインポータル上で閲覧できる場合が多い。組織図の実線は、直属の上司と部下の関係を表し、点線は、直属の関係にはないが業務のうえでの上司と部下の関係を表している。

すべての人に業務上の上司がいるわけではない。だが、業務上の上司がいる場合、その位置づけは組織によって異なり、おおむね2種類にわけられる。直属の上司と業務上の上司があなたの業績を一緒に評価する場合（その場合、両方の上司を満足させることが重要になる）と、直属の上司がひとりであなたを評価する場合（その場合、直属の上司を満足させることがおもな目標になる）である。例として、アリソンの会社の組織図を図表10－1に示そう。

図表 10-1

指揮命令系統
（目に見えるものと見えないもの）

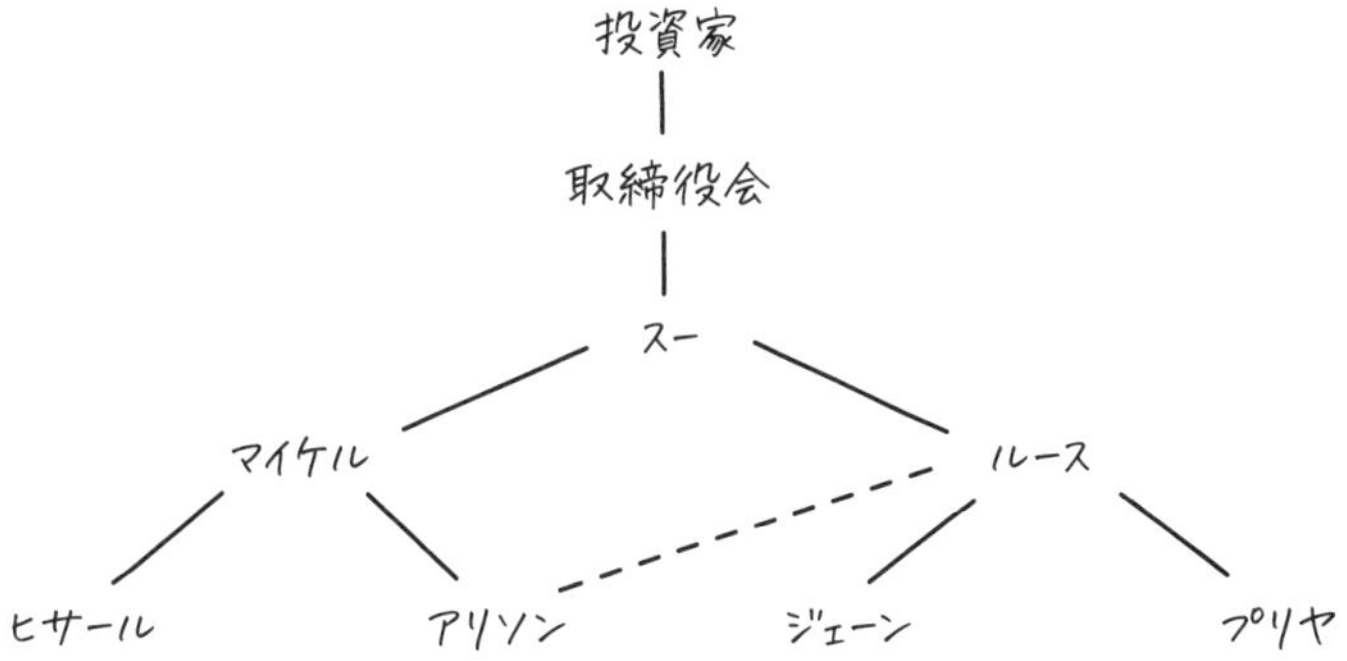

あなたの組織に組織図が存在しない場合、上司と部下の関係を把握するためには、以下の方法が考えられる。

人々の言葉に注意を払う

「アリソンはマイケルの配下だ」「アリソンはマイケルの直属の部下だ」と耳にすれば、アリソンの上司はマイケルということになる。また、「スーはアリソンの上の上だから」と誰かが話していたら、スーはアリソンの上司の上司ということになる。「職場横断型」や「部門横断型」のプロジェクトという言葉が聞こえてきたら、他部門のメンバーとの協力が多いことになるため、そうした他部門の人たちのことも把握するべきかもしれない。

人々の態度に注意を払う

スーが電話会議に参加したり部屋に入って来たりすると、マイケルの態度に変化が見られるのではないか？　会話を止めて、スーに注意を向けるのではないか？　人々のそういう態度に注意を払おう。誰でも上司と同じ部屋にいると、立っていようと座っていようと背筋が伸びているものだ。また、上司と部下がどれくらい親しいかは人それぞれだが、上司と一緒にいるときの部下の態度を見れば、両者の仲の良さがわかるはずだ（誰となら親しくできるか、誰を警戒すべきかもわかるだろう）。会議が始まるときに、上司が現れてからの場の雰囲気にも注意してみるとよい。

誰にでも上司がいる。あなたは会ったことがないかもしれないが、上司にも上司がいる。結局のところ、金を負担している人が決定権を握っているのだ。CEOには取締役会という上司のような存在があるし、起業家にも上司がいる。投資家から資金提供を受けている起業家にとっては、投資家が上司と言える。非営利団体を運営している者から見れば、資金提供者が上司だ。自分の会社に資金を拠出している起業家にも、上司はいる。クライアントや取引先が上司にあたるというわけだ。

指揮命令系統の把握は有益だ。チーム全体のミッションに各個人がどのように貢献しているかだけでなく、誰が誰に対して影響力をもっているかが理解できる。それがわかれば、アリソンのように適切な熱意の範囲を超えてやり過ぎることも、威嚇的と見られることも少なくなるだろう。そもそも「やり過ぎ」という状況は、3つの原因から生じることが多い。まず、誰かと1対1で問題を解決しようとせずにその人の上司に問題を持ち込んでしまった場合、あるいは相手の上司の目の前で相手に恥をかかせた場合、さらには、さまざまな地位の人たちがいる場で目に見えないヒエラルキーを無視してしまった場合である。今度メールを受け取ったら、冒頭に書かれた名前の順番をよく見てほしい。たとえば、常務のミシェルと部長のハシブ、アナリストのエウジェーニオ宛のメールの場合、書き出しの宛名は普通、それぞれの役職に配慮して「ミシェル常務、ハシブ部長、エウジェーニオ様」の順になっているはずだ。序列がわからない場合は、五十音順やアルファベット順にするか、ただ「関係各位」とだけ書くこともある。

≫影響力をもつ人物を把握する

さて、新しいチームの表向きの権力者が把握できたら、次は、隠れた権力者、つまり影響力をもつ人物を把握する番だ。意思決定の権限をもっていないにもかかわらず、意思決定に対する影響力を行使している人物である。影響力をもつ人物には、次の5つのタイプがある（人によっては複数の役割を果たしている）。

・**ゲートキーパー**　経営幹部の近くで働く人物（多くの場合、経営幹部のアシスタント的存在）。あなたが彼らに会う機会があるかどうか、彼らがあなたを認識しているかどうかにかかわらず、影響力を行使することができる。

・**ベテラン**　組織で非常に長く働いてきた人物。これまでの経験に基づき、組織を効果的に動かす方法を教えてくれるかもしれない。
・**専門家**　人々が助言を求める人物、または特定のテーマについてよく知っている人物。あなたの意見を人々に受け入れられるようにする手助けをしてくれるかもしれない。
・**社交家**　組織内でよく知られており、尊敬されている人物。あなたを適切な人に紹介し、あなたが人々に認められるように動いてくれるかもしれない。
・**助言者**　あなたの上司をはじめとする幹部が（理由は定かでないとしても）信頼している人物。あなたの意見に同意してもらえるよう幹部を説得する手助けをしてくれるかもしれない。

もちろん、額《ひたい》にこれらのラベルを貼りつけて歩き回っている人などいない。だとしたら、あなたは同僚の言動を観察し、パターンを認識する必要がある。ミーティングや意思決定が必ず特定の人物を経由しているか？　ならば、その人はゲートキーパーなのかもしれない。いつもミーティングに呼ばれて意見を求められ、相談するべき人とみなされている人物がいるか？　ならば、その人はベテランや専門家や社交家なのかもしれない。上司がいつも特定の同僚の意見を参考にしているか？　ならば、その人は助言者なのかもしれない。影響力をもつ人物が把握できたら、その人に自己紹介をして、知り合いになろう。誰にでも親切にすることは大切ではあるが、影響力をもつ人物に対しては、とりわけ礼儀正しく振る舞うべきだ。

私は、研究所の所長を務めるレベッカという女性からこの教訓を学んだ。レベッカにはクリスチャンという名の秘書がいた。クリスチャンは指揮命令系統のなかで高い地位に就いているわけではなく、表向きには意思決定権限もなかった。だが、クリスチャンはレベッカの信頼を得ていた。レベッカはクリスチャンに絶大な信頼を置き、誰を採用すべきかといったことさえ彼の意見を頻繁に求めていた。あるとき、採用面接に訪れた女性が「おはようございます」とも「よろしくお願いします」とも言わずに部屋に駆け込んで来て、「レベッカ室長と面接予定です」と言い放ったという。彼女に椅子を勧めてから、クリスチャンはレベッカに伝えた。「応募者が面接に来ています。礼儀を知らない方のようです」

たったその一言で、面接は始まってもいないうちに終わってしまった。レベッカのゲートキーパーであるクリスチャンがゲートを閉ざすと決めた――それがすべてだった。

だが、影響力をもつ人物は、ドアを閉める権限だけをもっているわけではない。ドアを開ける役割を果たす場合もある。テクノロジー企業の営業担当者であるアミラの例を紹介しよう。アミラは大手クライアントとの契約を獲得しようとしていたが、クライアントはソフトウェア・ライセンス契約の初年度について、特別に高額の割引を求めていた。「初年度の割引は長期的に見れば価値がある」とアミラは上司を説得しようとしたが、上司は首を縦に振らなかった。上司の返事を受け入れられず、アミラはメンターのジャロンに相談した。ジャロンは、アミラの上司も信頼して意見に耳を傾けるような人物だった。ジャロンはその後、アミラの上司と話をした際に、アミラの状況には一言も触れずに、「売り上げを伸ばすために割引がいかに効果的か」をさりげなく話題にした。

すると、その日の午後、アミラの主張は上司に認められた。

影響力をもつ人物は、大企業の遺物のように見えるかもしれないが、じつはどこにでもいる。スタートアップ企業も例外ではない。実際のところ、全社員が同じ地位にあって管理職がいないと標榜する「フラットな組織」は、ときに非常に階層的だと言える。それは当然だ。なぜなら、そういう組織では、誰がどんな仕事をしているかが役職名からわかりにくいため、全員が責任をもって仕事をしているようにも見えるが、じつは誰も責任を負っていない。すると、物事を進めるためには隠れた権力者に頼らざるをえなくなる。スタートアップ企業の経営陣が単に指揮命令系統だけを廃止しても、影響力の構造は依然として存在する。十分に注意しよう！

個人の役割と責任範囲を把握する

組織内の人間を把握できたら、次は各個人の役割と責任範囲（どんな場合に何に責任を負っているか）を明らかにしよう。誰かが「あいつは出しゃばりだ」と言っていたら、それは「あいつが仕事を横取りしようとした」という意味である。個人の役割や責任範囲と役職を混同してはならない。

役割と責任範囲をどう考えるかについては、チームの組織文化が大きく関係している。一般に、どんな職場も、「事前承認」文化と「事後報告」文化のあいだのどこかに位置している（これら両文化の違いについては図表10－2を参照してほしい）。チームの全員が自分の職務を忠実にこなし、優れたアイデアをもった人よりも地位が高い人の言葉に耳を傾け、「正しい」方法や無難な方法で物事を進

図表 10-2

組織文化を読み解こう

「事前承認」文化	「事後報告」文化
全員がそれぞれ明確な責任を負っている	全員がいろいろな仕事を少しずつ担当している
誰が上司かを重視しているようだ	誰が最高のアイデアをもっているかを重視しているようだ
「正しい」方法や無難な方法で物事を進めることを重視しているようだ	「斬新な」方法や迅速な方法で物事を進めることを重視しているようだ

めることを重視する場合、そのチームはおそらく「事前承認」文化の側に近いと言えるだろう。その場合は、責任範囲を踏み越えないように「この仕事を進める前に誰かに相談するべきですか？」と上司に尋ねる習慣を身につけたほうがいい。

一方、チームの全員がすべての仕事を少しずつ担当し、役職よりもアイデアの良し悪しを優先し、「斬新な」方法や迅速な方法で物事を進めることを重視する場合、そのチームはおそらく「事後報告」文化の側に近いと言える。その場合、あなたの役割や責任範囲は厳密には決められていないため、「（　　）をしましたのでご報告しておきます」と上司にあとから伝えればよいだろう。

どうしたらよいか迷う場合は、事前に承認を求めるべきだ。リモートワークの場合は、事前承認が特に重要になる。誰が何の仕事をしているかがわからないため、責任範囲を踏み越えてしまっても、それに気づきにくいからである。以前聞いた話だが、金融機関のインターンシップに参加した学生が、多くのチームが利用する予定の重要な集計表を更新するよう頼まれた。彼はさっそく集計表を更新し、それをほかのチームに公開した。公開前に、自分の上司に確認してもらう必要があることを知らなかったのだ。その結果、上司はインターンの管理が不十分と非難されることになり、インターンの学生は正式採用の内定を得られなかった。これを反面教師にしてほしい。たとえチームに「事後報告」文化があったとしても、上司から「もう許可を求めなくていい」と言われるまでは（この言葉はあなたの能力に対する褒め言葉と受け取ろう）、事前に上司の承認を求め、チーム外に送るメールはＣＣで上司にも送っておいたほうがよいだろう。

≫ 交友関係を把握する

職場では全員が一致団結していると思いたいところだが、人にはそれぞれ交友関係がある。私がインタビューをした元高校教師が、新しい学校に転任したときの出来事を語ってくれた。彼女は転任当初から、同僚たちが校長に対する不満を訴えるのを何度も耳にしていた。彼女自身、校長とは仲良くなれないと感じていたため、ある日、副校長の前で校長を批判する言葉を口にした。「この副校長はきっと私の味方だろう。だって、私にとても親切にしてくれるから」と思ったのだ。だが、彼女は、副校長がじつは校長と仲が良いことを知らなかった。結局、副校長は、彼女が口にした批判を校長に話してしまった。「人にはそれぞれ最も優先する交友関係があることを学びました」と彼女は言う。誰かがあなたに愛想よく振る舞っても（あるいは誠実な態度を示しても）、その人にとって最優先の交友関係の相手は、ほかにいるかもしれないのだ。

リモートワークの場合、交友関係の把握は難しくはなるものの、それでもやはり重要だ。職場で仲のいいグループを探してみよう。たとえば、ジョゼはいつもクウェクとジェームズと話をしているし、ジェームズのグループメッセージにはいつもクウェクが返信している。ジョゼとクウェクとジェームズはリモート懇親会に必ず一緒に顔を出すか、あるいは3人とも参加しないかどちらかだ。それなら、あなたはグループを把握できたのかもしれない。あなたがジェームズに話したことは、おそらくジョゼとクウェクにも伝わると思っていいだろう。

一般に、職場では噂話をせず、仲良くする相手はよく考えて選ぶべきではあるが、派閥争いを恐れて人付き合いを避けるのはよくない。読者のみなさんには、行動するなと言っているわけではなく、新しい環境にうまく対応していく方法を身につけてほしいのだ。ここで交友関係について述べたのはそのためである。頼るべき人（頼るべきではない人）は誰か、味方になってくれる人（味方になってくれない人）は誰か、それを見極めることだ。あなた自身の身を守り、あなたの希望を叶えるための手段のひとつとして、職場の交友関係をよく把握しよう。

図表10-3　職場で話してもよい話題、避けるべき話題

避けるべき話題	話してもよい話題
恋愛、交際	学生時代、専攻
宴会、飲酒	仕事以外で興味のあること
同僚の噂話	過去の旅行、今後の旅行計画
給料、収入	過去の仕事経験
宗教	現在取り組んでいるプロジェクト
政治	ペット、子ども
家族や人間関係の問題	週末の計画

安全圏を把握する

組織の人々と隠れた人間関係を十分に把握できたら、最後は職場の安全圏を理解しよう。行動、冗談、言葉、話題について、チームが何を適切とみなし、何を不適切とみなすかを把握するのである。チームによって異なるものの、タブーとされることが多いテーマというものは確実に存在する。避けるべき話題と代わりに何について話すべきかを図表10－3に示したので参考にしてほしい。

どれくらいざっくばらんに話してよいかに関する考え方は、人によっても異なる。以前、化粧品会社の人事部長からこんな話を聞いた。「うちの会社は、感情にとても気を配る社風です。少しでも攻撃的と見られることは許されません。ノーと言うことさえできません。代わり

に、『なるほど、面白いですね。こちらの選択肢はいかがでしょう？』と言うのです」

私がこれまで行なったインタビューでは、自分のチームの安全圏をうまく説明できない人が多かった。安全圏を把握するためのコツは、パターンを認識し、人を真似ることである。最近、チームの誰かが何かを言ったときに、部屋にいた全員が気まずそうに沈黙して、話題を変えたことがなかっただろうか？　同僚たちは週末の予定をどれくらい話しているだろうか？　汚い言葉や下品な冗談を人前でどこまで口にしているだろうか？　こうした限度を知り、その範囲内で振る舞おう。

文章で明確に書かれていることの裏には深い意味があることが多いが、同様に、職場で交わされるやり取りの背後には、人間関係が隠れている。多くの場合、仕事でどれくらい優れた成果をあげられるかはアイデアの素晴らしさではなく、人間関係にどう対応するかにかかっている。職場の人々を早くから理解できれば、仕事をうまく進め、優れた成果をあげられるようになるはずだ。まずは、観察することから始めてみよう。

Point

□指揮命令系統、つまり上司と部下の関係を把握する。迷う場合は、目に見えないヒエラルキーを重視しよう。
□影響力をもつ人物を把握する。ゲートキーパー、ベテラン、専門家、社交家、助言者に注意し、彼らと関係を築こう。
□個人の役割と責任範囲を把握する。誰が何を担当しているかを理解し、迷う場合は、新しい仕事を始める前やチーム外の人と仕事を共有する前に、承認を求めよう。
□交友関係を把握する。誰が誰と親しいか、仲のいいグループを見極めよう。
□安全圏を把握する。行動、冗談、言葉、話題について、チームが何を適切とみなし、何を不適切とみなすかを見極め、その範囲内で振る舞おう。

第11章 人間関係を築く

「何を知っているかではなく、誰を知っているかだ」という格言を聞いたことがあるだろう。これは事実だ。社員の採用と解雇を決めるとき、キャリアアップにつながる仕事を誰に割り当てるかを決めるとき、重要なミーティングに誰を参加させるかを決めるとき、すべての決断を下しているのは「人」だからである。

たとえば、ある会計事務所では、毎年年度末に、若手社員を評価するために経営幹部が集まっていた。そこでは、ある幹部があなたと一緒に働いたことがあるとしたら、その幹部があなたを評価する（高い評価も期待できる）。ある幹部が社内の懇親会であなたと話したことがあるとしたら、その幹部もあなたを評価するだろう。「期待以上」と評価される社員の割合はごくわずかであるため、そうした評価を得た社員は、早く昇進し、高額のボーナスを手にできる。

これが毎年繰り返される。だが、高額のボーナスを手に入れ昇進の早い社員が、最も勤勉で最も優秀かというと、必ずしもそうではない。自分のことを会議の場で褒めてくれる幹部が何人もいる

――彼らはそういう社員なのだ。同様に、「期待以下」と評価された社員は、必ずしも能力が低いわけではない。誰も彼らのことを知らなかっただけなのだ。

もちろん、昇進だけが成功ではない。辛いときに頼り、信頼でき、助けてくれる人間関係を築くことも成功と言える。同僚との人間関係の構築は、仕事を楽しむための重要な要素である。一日中パソコンの画面を眺めているだけだとしたら、職場は憂鬱な場所になってしまう。

もしあなたが学校を卒業して社会に出たばかりだとしたら、すぐに次のような不満を口にし始めるはずだ。「実社会では、人付き合いが本当に本当に難しい」。私がこれまで出会った新卒の人たちはみな、同じ不満をこぼしていた。それなら、まずは一緒に働く同僚との人間関係から始めてみてはどうだろう。

そう言われると緊張してしまう、と言いたくなる気持ちは、私にもわかる。内向的な性格で、自分でもそのことを気にしている私には、これがどんなに難しいことかはわかっている。あなたは「誰も私とは話したくないだろう。面白いことを何も言えないし、彼らと共通点もない」と考えているのかもしれない。あなたが感じているのと同じことを、私も感じてきた。そして、そういう不安を克服した、と言いたいところだが、じつはそうではない。見ず知らずの人がいる部屋に入るときは、いまだに胸がドキドキするし、部屋を出てからもしばらくはそれが収まらない。「あんなことを言うべきではなかったかな？　あの気まずい沈黙は何だったのか？　私が（――）と言ったとき、彼らはなぜ眉をひそめたのか？」といろいろな考えが頭に浮かんでくるのだ。

そんな私が人間関係を構築し、人付き合いに伴う不安を克服するために有効と考えている方法をこれから紹介しよう。きっかけを作り、会話を続け、つながりを維持するという3つの段階に分解して考えてみるつもりだ。

✓知っておくべきこと
・初めて何かを行なうときは、誰でも不安を感じるものだ。2回目はもっと楽になる。
・仕事上の人間関係を築くうえで重要なのは、会話を交わすきっかけを見つけること。そして、どんな些細な方法でもいいから、つながりを維持する方法を見つけることだ。

きっかけを作る

次のような場面を思い浮かべてみよう。あなたがラケットを手に持ってテニスコートのそばを歩いていると、突然、誰かが声をかけてきた。その人は片手にテニスボールを、もう片方の手にラケットを持って、「一緒にやりませんか?」と誘ってくる。こうして、あなたはテニスの相手を見つけることができた。

テニスコートを職場の廊下やインスタントメッセージなどのツールに置き換えてみてほしい。「一緒にやりませんか?」という言葉を、会釈や笑顔、「最近調子はいかがですか?」「週末に何かご予定はありますか?」といった言葉に置き換えてみよう。状況やしぐさこそ違うかもしれないが、考え方は同じだ。

結婚研究の第一人者であるジョン・ゴットマンによると、こうした些細なしぐさには大きな意味がある。これらは「誘いの合図」であり、人間関係を構築したいという申し入れを表している、とゴットマンは言う[1]。人からの誘いの合図をキャッチし、それに前向きな反応を示すことは重要だ。実際、ゴットマンによれば、結婚生活を続けている夫婦は、パートナーの合図に気づき、それに前向きに反応していることが多いという。反対に、離婚する夫婦は、パートナーの合図を見過ごしたり、拒否したりする傾向がある。人間関係を深めるためには、相手の存在を認め、自分は相手のことを気にかけていると示さなければならない。そのためには、誰かがドアを開けてくれたら「ありがとう」と感謝を示し、インスタントメッセージには必ず返信するといった対応が必要だ。

では、自分から働きかける場合であれ、周りの人たちと自然と関わりをもつ場合であれ、人間関係を築くきっかけを作るためにはどうするべきか？　以下でその方法を見ていきたい。

自分から働きかける

きっかけをつかむために、人から話しかけられるのを待っている必要はない。あなたは自分から働きかけることができる。職場にいるさまざまな人たちに対して、どのようにアプローチすべきかを、順を追って説明していこう。

面識がある人や職場の席が近い人　会話を始める糸口を見つけよう。オフィスで働いていようとリモートワークであろうと、会議が始まる前の数分間を利用して、早く来た人に話しかけてみることだ。特別な話題は必要ない。天気のこと（「外は凍えそうに寒いですね！」）、仕事について気づいたこと（「今日の会議は議題がかなり多いですね！」）、曜日のことでもいい（「やっと金曜日ですね！」）。とにかく沈黙を会話に変えるだけでいいのだ。相手と挨拶代わりの雑談を交わせたら、次は「今週はどうでしたか？」「どこから参加しているんですか？」「ビデオチャットの背景が素敵ですね！　どこで撮った写真ですか？」といった質問を投げかけてみよう。

同様に、人々が何かを待っているときも、会話を始めるチャンスだ。エレベーターを待っているときやランチの行列に並んでいるときに、思い切って周りの人に話しかけてみよう。出張に行くときは、同じ飛行機や列車で行かないかと声をかけてみるのもよい。

会議やプレゼンテーション、あるいはライフイベントのあとは、「いまの会議についてどう思いますか？」「プレゼンテーションはどうでしたか？」「結婚式はいかがでしたか？」などと同僚に話しかけてみよう。そうすれば、相手はあなたに対して、自分を気にかけてくれる、覚えていてくれる、そして何より、自分の話に耳を傾けてくれる人だと好印象をもつはずだ。

面識がない人だが、知人に紹介してもらえそうな人　その人を紹介してもらえないか、と知り合いに頼んでみよう。メールで紹介を依頼する場合は、下調べと準備をしてその努力を相手に示し、要点をはっきり述べ、明確な依頼内容を盛り込むことが大切だ。依頼メールの例を以下に示す。

ナナコ様

お世話になっております。

先日はお会いできましたこと、大変嬉しく存じます。プレゼンテーションはいかがでしたか？本日は、ナナコ様が懇意にされているトリストン・フランシス氏をご紹介いただけないかと思い、ご連絡いたしました。私は現在、（　　）に関する調査プロジェクトに携わっていますが、フランシス氏は（　　）に勤務されています。フランシス氏とナナコ様がLinkedInでつながっていることに気づきました。私はかねがね（　　）に関して、フランシス氏のお考えを伺いたいと思っていました。フランシス氏をご紹介いただけるのであれば、先方に転送するために私の簡単な自己紹介をお送りすることもできますので、お知らせください。

突然のお願いにて大変恐れ入ります。お忙しいようであれば、くれぐれもご無理はなさらずに。いずれにしてもご連絡をお待ちしております。

どうぞよろしくお願いいたします。

シュオ

知人に人を紹介してもらう場合、一般的なマナーは次のようになる。まず、あなたが会いたいと希望する相手に対して、仲介者があなたのことを紹介したメールを送る。相手があなたと会うことを承諾したら、仲介者はふたりの簡単な自己紹介を添えて、両者にメールを送る。それが以下のメールである。

シュオ様

私のメンターであり、現在は（――）の立場にあるトリストン・フランシス氏をご紹介します。

トリストン様

私の同僚であり、現在は（――）の立場にあるシュオ氏をご紹介します。シュオ氏は、（――）に関して貴殿とお話ししたいと希望しています。

この機会におふたりがつながることを願っています！　よろしくお願いいたします。

ナナコ

このメールを受けて、あなたか相手のどちらかが返信し、仲介者をＢＣＣに移す。仲介者に対しては、つながりができたことを知らせると同時に、スケジュール調整のための膨大なメールが殺到

しないように配慮する。

ナナコ様
トリストン様をご紹介いただきありがとうございます。今後はBCCで送らせていただきます。

トリストン様
メールで失礼しますが、はじめまして。ご紹介を快く承諾いただきありがとうございます。よろしければ近日中に、お電話かビデオ通話でお話しできないでしょうか？　私の都合の良い日時は以下のとおりです（米国太平洋標準時）。
・10月27日（火）：午後2時までと午後3時以降
・10月28日（水）：いつでも
・10月29日（木）：午後2時までと午後3時から4時まで
・10月30日（金）：いつでも
この日時で都合が合わない場合は、ご都合の良い日時をお知らせください。
お話しできるのを楽しみにしております。

シュオ

両者が互いに都合の良い日時と接続方法を見つけたら、どちらか一方（たいていは会いたいと申し入

れた側）がスケジュールの招待状を送る。

宛先：トリストン・フランシス
件名：トリストンとシュオの電話（非営利団体向けのプロジェクト経験について）
場所：シュオがトリストンに電話をかける（617‐123‐4567）
日時：10／28（水）午後2時から3時

話し終わったら、ミーティングを申し入れた側が、時間を取ってくれたことに感謝するメールを相手に送る。たとえば、以下のようなメールである。また、LinkedIn でつながりを作ることも多い。

トリストン様

先ほどは、お忙しいなかお時間をいただきありがとうございました。（　　）に関するトリストン様のご経験を伺えたことは、貴重な機会になりました。特に（　　）に関するアドバイスはありがたく、必ず（　　）したいと思っております。また、同僚の（　　）さんをご紹介いただけることも感謝しています。簡単に私の自己紹介をお送りしておきますので、ご利用ください。

シュオ・チェン氏は、現在（　　）の仕事に取り組む（　　）です。（　　）に関して、貴殿とお話ししたいと希望しています。

今後も引き続きどうぞよろしくお願いいたします。

シュオ

事務的なやり取りに感じられるかもしれないが、これはビジネスの世界で頻繁に行なわれる「両者承諾済みの紹介」と呼ばれる方法である（つまり、相手に紹介されることを両者とも了解しているという意味）。このようなやり方で、職を見つけ、新しいクライアントを獲得している人は多い。「知人の知人」への紹介を依頼し、紹介された人と電話やビデオチャットで話し、LinkedIn でつながり、さらにその人の知り合いを紹介してもらうわけである。だからこそ、人間関係の構築が極めて重要になる。直接の知り合いが多ければ多いほど、間接的に多くの人にアクセスすることができるからだ。あなた自身が誰を知っているかだけでなく、あなたの知人が誰を知っているかが重要なのだ。

面識がない人で、誰からも紹介してもらえなさそうな人　いわゆる「コールド・メール」［訳注／知り合いではない相手に突然送るメール］を送ることを検討してみよう。たとえば、以下のようなメールである。

○○様

突然のメールで失礼いたします。

株式会社（　　）の（　　）と申します。

私は現在、（　　）社から（　　）社に転職しようとしており、（　　）で○○様のプロフィールを拝見しました。○○様と同じく私も（　　）であるため、共感を覚えてメールを差し上げた次第です。

よろしければ○○様のご経験をお聞かせ願いたく、近日中あるいは今後数週間のうちに、電話でお話しする時間を数分いただけないでしょうか？　私の都合の良い日時は以下のとおりです（米国太平洋標準時）。

・10月27日（火）：午後2時までと午後3時以降
・10月28日（水）：いつでも
・10月29日（木）：午後2時までと午後3時から4時まで
・10月30日（金）：いつでも

突然のお願いにて大変恐れ入ります。お忙しいようでしたらご遠慮なくおっしゃってください。

いずれにしてもご連絡をお待ちしております。

どうぞよろしくお願いいたします。

○○

この場合もやはり、面識のない人に連絡をするのは最初のうちは気後れし、不安に感じるものだが、この方法は頻繁に行なわれている。だが、大部分の人はやり方がよくない。相手をよく知ろうとせず、相手に合わせてメールを十分にカスタマイズできていないからである。先ほど挙げたメールの例文で空欄を設けているのはそのためだ。人は自分と似ている人を好む傾向があるため、メールを読んだ相手が「この人は自分の若い頃に似ているな」と感じ、さらに自分だけに特別に連絡してきた理由が書かれていれば、返信する可能性は高くなる。「このメールを間違った人に送ってしまっても問題ないだろうか？」とチェックしてみてほしい。「問題ない」としたら、そのメールは十分にカスタマイズされているとは言い難い。メールを受け取った人は、同じ文面で大勢の人に送信しているのではないかと思い、返事を書く気をなくしてしまうだろう。メールを読み返し、あらゆる細部に至るまで相手に合わせて書いてあるかを確認しよう。また、簡潔にわかりやすく整理され、読みやすい文章であることも大切だ。相手が手を差し伸べやすくなるよう工夫しよう！

その場に居合わせ、姿を見せる

誘いの合図のやり取りはひとりではできない。ほかの人たちのそばにいる必要がある。ここでは、現実世界とデジタル空間の両方で、他者との距離を縮めるための策をいくつか紹介しよう。

オフィスで働いている場合、同僚の近くにいるようにする　職場の机の配置について、あなたには発言権がないかもしれないが、チームのメンバーと席が遠く離れている場合は、生産性を高めるためにもっと近くにできないか、と上司や人事部に相談してみよう。無理な場合は、職場を歩き回るときに同僚の机のそばを通り、声をかけるよう努力するべきだ。「12時にランチに行くつもりだけど、誰か一緒に行きませんか？」など、交流する機会を提案するのもよいだろう。誰かがあなたのことを思い出して誘ってくれるのを待っていてはいけない。あるいは、グループチャットで「これからコーヒーに行きますが、何か買ってきましょうか？　誰かご一緒にいかがですか？」のように気軽にメッセージを送ってみるのもよい。

あなたがリモートワークで同僚はオフィスにいる場合、声だけでなく姿を見せる　オフィスで働いている同僚のうち少なくともひとりと親しくなろう。そうすれば、オフィスにいなくても状況を把握でき、あなたの意見を支持してくれる味方を作ることができる。声だけでなく姿を見せるために、電話会議の代わりにビデオチャットの利用を提案するのもよい。また、社員旅行のような重要な機会には参加しよう。同僚たちと直接会えたら、なるべく多くの人に声をかけ、近くに座り、あなたの存在をアピールする。リモートワークでの勤務中は、インスタントメッセンジャーやミーティングで（周りの人の振る舞いに倣いつつ）少し積極的に発言、応答するようにし、オフィスにいるときよりも頻繁に状況報告をしよう。

さまざまな人と一緒に働くチャンスがあれば参加する　協調性の発揮が難しいと感じるのなら、能力を活かして壁を打ち破ってほしい。会ったことがない人たちや、会話のきっかけがつかめなかった人たちが参加するプロジェクトに飛び込んでみてほしいのだ。部門横断型（あるいはオフィス横断型）の大規模なプロジェクトや取り組みは、人脈を広げる有効な手段となる。最初は仕事の話をしつつ、そのうち「休日は何をしているんですか？」といった仕事以外の話題を織り交ぜることで、人間関係を構築していくことができるだろう。

また、普段は出会えないような人たちと交流するために、負担の少ない活動に進んで参加する方法もある。たとえば、ある製薬会社のアナリストは、会社の学生向け採用活動の責任者をみずから買って出たところ、数週間のうちに、会社の幹部数人と親しい間柄になったという。ただし、第9章で述べたとおり、仕事を進んで引き受けるのは有効な戦略ではあるものの、引き受ける仕事に注意しなければならない。「しなければいけない仕事」をやり終えてこそ、「できたらやりたい仕事」を行なった功績を認めてもらえるからだ。また、あなたが女性や人種的マイノリティの場合は、残念ながら「オフィス内の家事」を頼まれやすいため、そうした罠にも気をつけなければならない。

仕事を進んで引き受けるべきかを迷う場合は、信頼できるベテランの同僚に相談してみよう。誰も参加しようとしない仕事には、何か理由があるかもしれないし、経験豊富な社員なら「やめたほうがいい」とわかっているプロジェクトなのかもしれない。反対に、ほかの人は気づいていない、あるいは必要としていない、隠れたチャンスなのかもしれない。

同僚が企画した懇親会に参加する（早くから参加しよう）

以前、あるデータサイエンティストが、「同時期に入社した同僚たちが自分より多くのメンターをもち、面白い仕事を与えられている」と話してくれた。それは、同僚が勤勉だったからではない。彼らが職場の懇親会で、しかるべき人々に大勢出会っていたからだった。

もちろん、これが常に当てはまるわけではない。親睦を深める機会をどれくらい設けるかはチームによって異なり、それはひとつには、同僚たちのライフステージが関係している。チームのメンバーやマネジャーらの多くが学校を卒業したばかりの若手社員だとしたら、きっと仕事のあとに懇親会が頻繁に行なわれるだろう（そして、あなたも参加すべきという暗黙の期待があるに違いない）。だが、メンバーの多くが育児中だとしたら、懇親会は比較的少なく、どちらかと言うと残業する人が多いかもしれない。

いずれにしても、職場で懇親会があれば、一部でもいいから参加しよう。新人の頃はなおさらだ。いつも決まって参加しなければ、懇親会には興味がないと思われて、今後誘われなくなってしまう。参加する場合は、懇親会も「仕事」だということを忘れずに、ビジネスパーソンとしてふさわしい行動を取り、アルコールに関しては自分の限界を知っておくことが大切だ。お酒を飲まない場合や飲みたくない場合は、ソフトドリンクやノンアルコール飲料、ライム入り炭酸水などを注文するとよい。あなたが飲まないことを誰も騒ぎ立てないといいのだが、もし誰かに指摘されたら、「明日の朝早いので、体調を整えておかないといけないんです」とか、単に「飲めないんですよ」と言おう。そうすれば、付き合いでの飲酒を拒否しても、同僚と親睦を深めたくないわけではなく、飲めない事情があると主張することができる。もちろん、あなたが未成年であれば、飲酒はいけない。違法であるだけでなく、上司に悪い印象を与えてしまうかもしれない。

≫ 会話を続ける

さて、会話のきっかけを作り、チャンスと合図を見つけるために常に注意を払うべきことがおわかりいただけたと思う。ここからは、テニスのラリーを続けるように会話を続けていく必要がある。つまり、相手が打ち返すことができるように、ネットの向こう側にボールを上手に打つということだ。ここでは、会話の達人になるための戦術を詳しく見ていくつもりだ。

まず、会話の例をひとつ紹介しよう。

ジョイス：週末はいかがでしたか？

アナンド：楽しかったですよ。

ジョイス：何をされたんですか？
アナンド：何人かの友達と出かけたんです。
ジョイス：いいですね！　どういうお友達ですか？
アナンド：地元の友達ですよ。
（沈黙）

この場合、ジョイスから見て、アナンドとの会話は壁に向かって話しかけているようなものだ。一緒にテニスコートにいるのに、アナンドはボールを打ち返さなかった。この会話は、次のように改善できる。

ジョイス：週末はいかがでしたか？
アナンド：楽しかったですよ！　地元の友達が何人か遊びに来ていたんです。彼らはボストンが初めてだったので、一緒にあちこち回って面白かったです。ジョイス、君はいかがでしたか？　週末、何をされていましたか？
ジョイス：それが体調が悪くて、ずっと家にいたんですよ。楽しかったみたいでよかったですね。
アナンド：そうなんです、友達に久しぶりに会えました。それにしても大変でしたね。確かに風邪が流行っているみたいですよ。じつは私も先週末は寝込んでいたんです。よく休めましたか？

ジョイス：おかげさまで、ゆっくりできました。週末でよかったですよ。今週ずっと体調が悪いのは勘弁ですからね。
アナンド：それはよかった！　今週は重要なプレゼンをされるんですよね？　準備は万端ですか？
ジョイス：覚えていてくれたんですね！　大丈夫だと思います。先週、君が協力してくれたおかげですよ。君がいなければできなかったと思います。

ふたりのこの会話からわかることは、たいした内容などなくても、会話を弾ませ、ビジネスパーソンとしての有意義な人間関係の基礎を築くのは可能だということだ。必要なのは、ボールを打ち返すことだけ。上記の会話でふたりが実践した方法は、次のようなものだった。

付加的な情報を提供する　ジョイスは「今週体調を崩すのは避けたい」と言う必要はなかったし、アナンドは「友達をボストンのあちこちに案内した」と話す必要はなかった。だが、ふたりとも相手が関心を示しそうな話題を提供した。

共通性を強調する　体調を崩したというありふれた話題であっても、共通の経験は、確実に親近感を生み出す。互いによく知っていることについて話せば、それをもとに、会話を弾ませやすい。コールド・メールを送ったり、人に紹介してもらったりした相手と電話で話す場合には、相手のことをオンラインで検索し、共通の経験を探してみよう。出身地、学校、課外活動、趣味、職歴など、何でもよい。あなたのほうから頼んで時間を取ってもらった以上、相手は、「自分のことを少しは知っているはずだ。下調べをして質問リストを作ってくるだろう」と暗黙の期待を抱いているはずだ。

否定せずに肯定する　相手が話したことに反対意見を表明したり、強引に別の話題に変えたりするのではなく、相手の話をもとに会話を組み立てる。どうしたらよいかわからない場合は、即興劇の俳優が「イエス・アンド話法」と呼ぶ方法を試してみてほしい。相手が言ったことをすべて受け入れ、相手の話をもとにコメントを返すやり方である。

質問を投げかける　質問は、相手に対するあなたの関心を示すだけでなく、相手がもっと詳しい話をするきっかけにもなる。そして、あなたはそれに共感し、返事を返すことができるようになる。これは、相手の経験に共感できず、あなた自身のことで話せる話題が見つからない場合には、特に有効だ。「そうですよね！　私もです！」と常に言う必要はない。「そうなんですか。面白そうですね！　どうでしたか？」と言うだけで、同じくらい効果的に会話を続けることができるのだ。

耳を傾ける　あなたのことを「話をさえぎる人」ではなく「耳を傾けてくれる人」と思ってもらえれば、相手はたくさん話してくれる。そして、会話がさらに弾んでいくはずだ。

ふたりが話す時間のバランスを取る　一人芝居を最後まで聴きたい人はいないし、壁に向かって話しかけたい人もいない。自分がしゃべりすぎていると感じた場合は、相手に質問を投げかけよう。それ以上質問がない場合は、次の質問で新たな話題に広げてみたり、相手の返事についてコメントしたり、あなた自身のことをもっと話してみよう。

話の内容を忘れない　誰でも自分は尊重されていると感じていたい。だから、以前の会話を覚えていると伝えれば、相手はきっと喜ぶはずだ。「確か（　　）とおっしゃっていましたよね？」「先日、（　　）とお話しされていませんでしたか？」「先日の（　　）に関するお話について……」のような言い方を試してみてほしい。

元気が出る会話をする　テクノロジー企業の重役が次のように話してくれた。「世の中には2種類の人間がいます。エネルギーを与えてくれる人とエネルギーを吸い取る人です。不平不満ばかり言う人は嫌われますし、他人のエネルギーを吸い取ってしまいます。前向きになることが大切です！」。不愉快な経験を話すと共感を得られる可能性はあるものの、エネルギーを与えるほうを重視しよう。

邪魔が入ったときは、事前に断ってから対応する　会話中にほかの用件に対応しなければならない場合は、状況を説明してから対応しよう。たいていの場合は、「すみませんが、ちょっと携帯電話を確認しますね。上司からメールが来る予定で、バイブレーションが鳴ったみたいです。お話を続けてください。聞いておりますから」と断るだけでよい。

テンポの良い会話を心がける　言葉を発する前に間《ま》を取りすぎると、会話はぎこちなくなってしまう。反対に十分な間を取らないと、相手の話をさえぎることになり、自分が話したくて相手が話し終えるのを待ち構えていたかのようになる。相手が話し終えてから0・5秒ほど置いてから、話し始めるとよいだろう。

相手を真似る　相手の話し方と身振り手振りに注意を払い、同じようなスタイルを取ろう。そうすれば、相手はあなたに対してさらに親近感を覚えてくれる。

会話をスムーズに終える　会話を上手に切り上げるためには、椅子の背にもたれる、立ち上がるといった態度で表すか、「お引きとめしてすみません」「そろそろ行きましょうか？」などと言おう。相手の素振りを観察するのも有効だ。相手の返事が急に遅くなったり、相手が体を動かしたり、会話をまとめたり、次の段階について話したり、短い言葉で答えたりした場合は、会話を切り上げようとしているのかもしれない。

だが、誤解しないでほしい。初対面の相手とスムーズな会話をするのはもちろん難しく、特に育ちや経験や関心が自分と異なる相手との会話はなおさらだ。これについて、メディア企業の営業担当者が次のような経験を語ってくれた。「同僚たちの話題と言えば、『ザ・バチェラー』［訳注／全米で人気の恋愛リアリティ番組］を見たことや週末に別荘に行った話でした。上司も同じく、『今度の土曜日に僕のボートを湖に出すんだ』などと話していました。私はなじめない気がして黙っていました。育った社会経済的な環境が違うのです。上司に『週末の予定は？』と聞かれたので、ヒップホップコンサートに行くつもりだと言ったら、上司は興味がなさそうでした。結局、職場の人たちが週末の話をするときは、黙っているしかなかったんです」

ところが1年後、再びこの営業担当者と話したところ、彼が参加できる話題を上司が見つけてくれるようになり、彼自身も職場の人とつながりを持つために行動できるようになっていた。「業務をこなすことだけが仕事ではありません。仕事とは、関係を築くことでもあります。人脈作りと言うと薄っぺらく聞こえますが、要は人間関係の構築です。キャリアで成功したいのなら人間関係の構築は欠かせません。『別荘ライフのことはよくわからないんです。どんなアクティビティがお好きなんですか？』とか『面白そうですね。（――）と似ていますね』と言うことで、関心を示せるようになりました」

会話の途中でパニックになってしまい、どうにもならない場合は、ＥＡＲという頭字語を思い出してほしい。これはある陸軍大尉から教えてもらった言葉で、参加し（Engage）、質問し（Ask）、繰り返す（Repeat）という意味である。相手が話したことに参加し（耳を傾け、理解し、考える）、次に質問し、最後にそれを繰り返す。つまり、話題が尽きるか仕事に戻る必要が出てくるまで、参加と質問を続

図表11-1　会話は「EAR」で続けよう

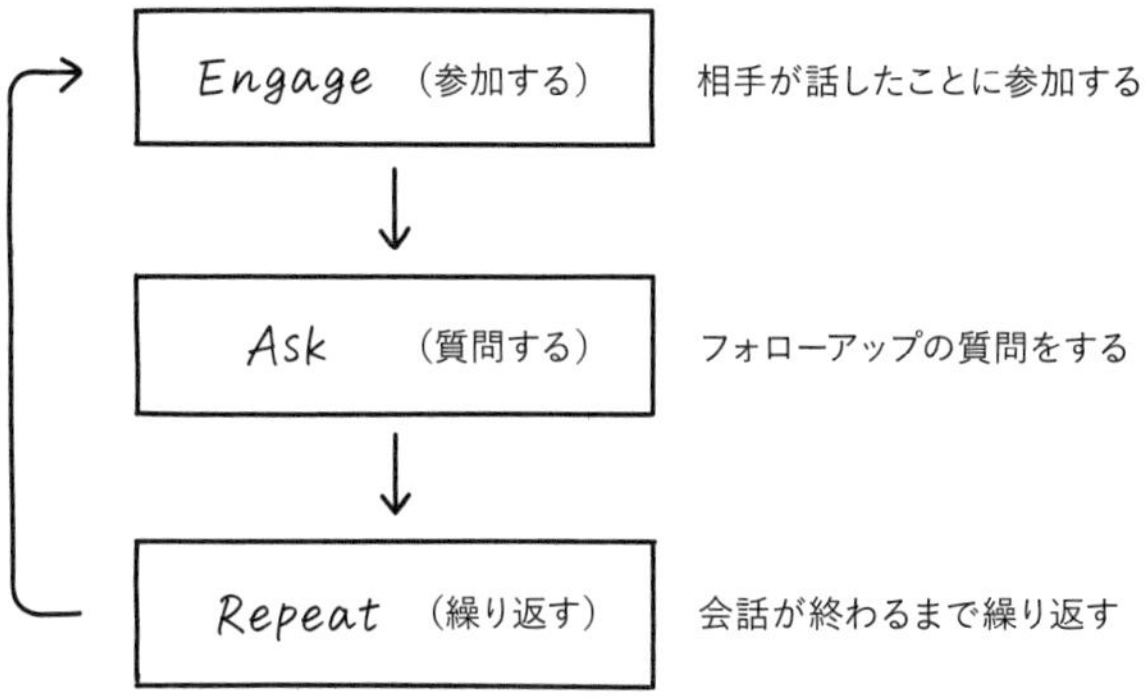
Engage（参加する）
相手が話したことに参加する
Ask（質問する）
フォローアップの質問をする
Repeat（繰り返す）
会話が終わるまで繰り返す

けるのである。あなたのほうから話すことがあまりなければ、質問に重点を置こう。このEARサイクルを示したのが図表11－1である。

ただし、会話をスムーズに進めるためにどんな方法を使おうと、覚えておいてほしいのは、一連のルールを理解して取り入れても、ある程度までしか役に立たないことだ。相手と誠実に向き合い、相手も自分も楽しめるような会話を弾ませること、それに変わるものはない。だから、会話を始めるためにすべきことは思い切って行なうものの、いったんコツをつかんだら、ルールはすべて捨て去って、相手を理解することに集中してほしい。会話というテニスのラリーはもう始まっている。とにかくネットの向こう側にボールを打ち返し続けてみよう！

≫つながりを維持する

人間関係は1回の会話では構築されない。何週間も、何カ月もかけて、たくさんのやり取りを重ねることで築かれる。人からの合図に積極的に反応し、1回か2回会話をもてたら、そこから相手との関係を維持できるかは、あなた次第だ。気軽なものから本格的なものまで、以下に7つの方法を挙げるので試してみてほしい。

次に会ったときに挨拶する　これをしない人が多いことに驚いてしまう。以前会ったことがある人を無視するということは、「あなたのことを覚えていません」と言うに等しい効果をもたらす場合がある。声をかけ、会釈をし、笑いかけ、あるいは「またお会いできて嬉しいです」と言ってみよう。相手の名前を覚えていないときは、「すみません、前回急いでご挨拶したのでお名前を失念してしまいました。もう一度お聞かせ願えますか?」と言ってみよう。

近況を尋ねる　「ご旅行はいかがでしたか?」「(　　　)はどうでしたか?」のように一言尋ねてみよう。相手の話をよく聞いていて、気にかけていることをわかりやすく伝えられる。

関連ニュースを共有する　相手に関連する記事、動画、ポッドキャストの番組、ニュースレター、イベントなどを見つけたら、「もうご覧になったかもしれませんが、先日のお話を思い出したので送ってみます」と相手にリンクを転送してみよう。相手のことをいまも考えていると伝えることができる。

紹介を申し出る　同じような関心を持つ知り合いや、相手に役立ちそうな知り合いがいたら、紹介を申し出てみよう。知り合いにも興味があるかを確認し、両者が望めば、すでに述べた「両者承諾済みの紹介」の仲介役になろう。あなた自身も社交家となり、影響力をもつ人物になれる。

感謝を示す　誰かに相談に乗ってもらったり助けてもらったりしたら、会った後すぐにお礼のメールを送ろう（翌日が理想だが、少なくとも1週間以内に送る）。特にあなたのほうから話がしたいと頼んだ場合は、これを怠ると「感謝していません」と言うのと同じ効果を生む。知り合いを紹介してくれた人に対しても、状況報告と併せてお礼を伝えよう。感謝を惜しまず、相手を満足させよう。「ありがとうございます」と言われて嬉しくない人はいない。

仕事での協力を申し出る　あなたが参加したいチームやプロジェクトで働く人と話したときは、「人手が足りなければ、ぜひお声がけください」と言ってみよう。求めないものは手に入らない。「とりあえずやってみよう」というマインドセットを忘れないでほしい。

ランチやコーヒーに誘い、近況を伝える電話をかける　この方法は、相手ともっと長く話したい場合にも有効だ。相手の経験（たとえば大学院での経験）や仕事（たとえば相手が過去に責任者を務めていたプロジェクト）について知りたい場合などが、これに当てはまる。だが、こうした誘いや連絡は相手の負担になることがある。話したい内容を必ず事前に考え、人脈作りを強引に進める人と見られないように、連絡を取る相手は一度に数人に留めよう。

本章で述べた戦略は、新しい仕事に就いたときだけに関係するものではない。仕事でもプライベートでも、人生のさまざまな場面で役に立つ。それに、プライベートと仕事の境界線は、ときに曖昧だ。

トロントで検査技師として働くドノバンの例を紹介しよう。ドノバンは、近所の公園で飼い犬を散歩させながら人々から送られる合図に応えることで、新しい町でのプライベートな人脈を構築していった。犬も役に立った。ほかの犬の飼い主のところにドノバンを引っ張っていくたびに、「ワンちゃんのお名前は？　何年くらい飼っていますか？」と話しかけて、会話のきっかけを見つけることができた。翌日も同じ飼い主に会ったら、その週の出来事やその地域にいつから住んでいるかを尋ねてみた。まもなく、ドノバンは午前7時に犬の散歩をする人たちとテキストメッセージをやり取りする仲間になった。彼らの多くは30代から40代だった。

3年後、ドノバンは、転職してヒューストンに引っ越すことを考えていた。不動産業など、検査技師よりも結果が目に見える仕事に就きたい、努力の成果である商品を目で見て触りたいと思ったのである。犬の飼い主である何人かの友人に自分の計画を話した。すると、彼らのひとりが、家族ぐるみの友人であるカリスという人物を紹介しようと言ってくれた。ニューヨーク市で不動産業を営む人物だという。ドノバンはニューヨーク市で仕事を探していたわけではなかったが、紹介してもらうことにした。

カリスに電話をしたところ、彼女の大学時代の友人で、ヒューストンの建設業界で働くビッキーにドノバンの履歴書を送ってくれるという。電話で一度ビッキーと話したあとに、ドノバンはヒューストンを訪れ、ビッキーとその同僚たちとランチをした。レストランを出ようとしたとき、同僚の友人が通りがかり、彼らと話を始めた。ある建設会社の監督者だという。ドノバンは彼に自己紹介をした。結局、ビッキーの会社には欠員がなかったものの、ビッキーの同僚はドノバンの履歴書をその建設会社の監督者に送ってくれた。1週間後、ビッキーはプロジェクトマネジャーとして採用された。

ドノバンの例からわかることは、「とりあえずやってみよう」というマインドセットをもつかぎり、人間関係がどこにどうつながっていくかはわからないということだ。ドノバンの場合、5人目のつながりがチャンスをもたらした。何事も初めてのときは不安を感じるものだ。それは知らない人に「こんにちは」と声をかける場合も同じだ。しかし、2回、3回、4回と繰り返すうちに、だんだん楽になっていく。やがて、見ず知らずの人が顔なじみになり、親しい知人になり、支えてくれる仲間になり、ときには誠実な味方になる。共通点が何もないと思っていた同僚が、チャンスを求めて転職し、あなたを誘ってくれるかもしれない。思いがけなく挨拶をした経営幹部が、あなたに推薦状を書いてくれるかもしれない。いますぐ始めよう！　人とチャンスの好循環を早くから動かし始めれば、豊かな人間関係を構築し、チャンスに早く恵まれるようになる。

Point

- □きっかけを作る：人間関係を築きたいという他者からの「誘いの合図」に注意を払い、積極的に反応しよう。自分のほうから合図を送るきっかけを見つけたり、知り合いに紹介をお願いしたり、コールド・メールを送ったりしよう。その場に居合わせ、姿を見せるようにしよう。
- □会話を続ける：相手が話したことに参加し、質問し、それを繰り返そう。
- □つながりを維持する：次に会ったときに挨拶しよう。会話をつなぎ、関係を維持するための方法を見つけよう。

仕事の質を上げ、評価される

Getting Ahead

第12章

会議で的確な発言をする

ベンチャーキャピタル企業のアナリストであるピーターは、ここ何日も、テクノロジーのスタートアップ企業に関するリサーチ資料の作成に忙殺されていた。ピーターの会社は、このスタートアップ企業への投資に関心をもっていた。その日の午後、スタートアップ企業のCEOが参加し、テレビ会議が開かれることになっている。ピーターは、自社のマネジングパートナー、バイスプレジデント、シニアアソシエイトとともに、会議に参加する予定だった。彼は資料を完成させると、会議の参加メンバーに送って、ホッとため息をついた。これで自分の仕事は終わったと思っていた。

会議では、スタートアップ企業のターゲット市場、パートナーシップ戦略、雇用計画などについて、参加メンバーがCEOを質問攻めにした。ピーターは黙って聞いていた。

「6枚目のスライドによると、多くの有名企業が参加する飽和市場に見えます。どうやって差別化を図りますか？」とマネジングパートナーが尋ねた。

「26枚目のスライドには、貴社のパートナーシップ戦略が書かれていますが、矢印が何を意味しているのかわかりません。説明いただけますか？」とバイスプレジデントが続いた。

「今後18カ月間の雇用計画をどう考えていますか？」とシニアアソシエイトが言った。

立て続けに質問が飛び、25分ほど経った頃、マネジングパートナーがピーターに言った。

「君はまだ発言していないね。何か聞きたいことはありますか？」

「そうですね……」とピーターは口ごもった。「ありません！」

「そうですか」とマネジングパートナーは言い、スタートアップ企業のCEOに向かって言った。

「こちらからは以上です。後日ご連絡します」

CEOが会議から抜けたあと、バイスプレジデントが言った。「さてみなさん、どう思いますか？　この企業に投資するべきだろうか？」

「私は疑問を感じます」とシニアアソシエイトが言った。「CEOは何度も『第三者』と言っていましたが、何を指していたんでしょう？　誰かおわかりになりますか？」

会議の参加者たちはその後も、スタートアップ企業の好ましい点、好ましくない点について話し合った。ピーターは相変わらず黙っていた。とうとうバイスプレジデントがピーターに向かって言った。「君はどう思うんだい？　ずっと黙っているが」

ピーターは口を開いた。「うーん、そうですね。興味深いと思います。競合は多いようですが、見たところ……興味深いと思います」

会議のあと、マネジングパートナーはバイスプレジデントに、次のようなインスタントメッセージを送った。「ピーターのことを相談したい。彼はやる気があるのだろうか？」

バイスプレジデントは返信した。

「わかりません。でも、リサーチ資料は良くできていました」

マネジングパートナーは次のように返信した。

「あれは本当に彼が作成したんだろうか？　とにかく、資料作りが得意であれば、そういう仕事をさせればよい。今回のような会議に参加させることはできない」

それ以来、ピーターはテレビ会議への参加は求められず、呼ばれるのは電話会議だけになった。

いったい何が起こったのだろう？　第4章で紹介した暗黙のルールを思い出してほしい。仕事では時期によって、誰でも学習者モード（まだ知らないことが多く、質問することを期待されている）とリーダーモード（状況を理解し、議論への参加を期待されている）のいずれかの立場にある。ピーターは学習者モードとして質問をせず、リーダーモードとしても発言をしなかった。

✓知っておくべきこと

- 会議とは、あなたの能力、熱意、協調性を戦略的に示すための絶好のチャンスである。
- 3つのCを示すために必要なのは、会議で参加し発言するべきなのか、発言せずに参加するべきなのか、参加も発言もするべきでないのかを把握し、期待される役割に応じて行動することである。
- しっかり準備をすればするほど、会議でうまく振る舞うことができる。

繰り返しになるが、周りの人はあなたの頭のなかを読み取ることはできない。そのため、あなたがどれくらい熱心に取り組んだか、どれくらい仕事を頑張ったかは、人にはわからない。一方、会議やさまざまな場面で、人はあなたを観察している。そして、その印象こそが、あなたの仕事に対する取り組み方全般を正確に表していると思ってしまうのだ。

ご存じのように、こうした判断は必ずしも公平ではない。ピーターは組織のなかで最も若いために、発言するべきではないと考えたのかもしれない。自分の考えが伝えるに足る重要なものだと思わなかったのかもしれない。何か別のことに気を取られて、議論に参加する気にならなかったのかもしれない。あるいは、ほかの人がいち早く発言したので動揺したのかもしれない。だが、ピーターの真意がどうであれ、彼は残念ながら、周りの人たちにネガティブな印象を与えてしまった。

一方、バイスプレジデントとマネジングパートナーは、ピーターに「なぜ発言しないのか」と尋ねることもできたし、本来そうするべきだったが、そうはしなかった。代わりに、「君はまだ発言していないね。何か聞きたいことはありますか？」と促しただけだった。ピーターが当然、「君は何か発言するべきだ」という微妙な意図をくみ取るだろうと思い込んでいた。

ピーターにも、もっとできることはあった。たとえば、会議への参加姿勢について上司にフィードバックを求めることもできた（これについては第13章で取り上げる）。そうすれば、少なくとも自分が理解すべきことを上司から伝えられるチャンスがあった。だが、彼はそれをせず、その結果、ベンチャーキャピタル企業での彼のキャリアチャンスは狭まることになった。

ピーターのような状況に陥らないよう注意してほしい。そのために、あなたが自問自答するべき7つの質問を以下に紹介する。3つのCを十分に発揮するために、会議前、会議中、会議後に何をすべきかがわかるはずだ。質問の一覧は、図表12－1を参照してほしい。

≫会議前

何を目的とした会議で、参加者は誰か？

慌ただしい週の半ば、どこからかスケジュールの招待状が送られてきた。ほとんど説明もなく、「これに参加してくれますか？」と依頼される。上司は事情を伝える時間がなかったのだろう。あるいは、じつはあなたが知らないのに知っているはずだと思い込んでいたのかもしれない。理由は何であれ、あなたは会議の目的を知っているはずだ、そのために準備をするはずだ、と暗黙の期待を寄せられている。

だが、ここには少々ダブルスタンダードがある。テクノロジー企業のエンジニアから聞いた話だが、その会社の取締役は「何についての会議だっけ？」と言いながら、会議に遅れて入ってくることが多いという。組織の指揮命令系統の話に戻るが、高い地位にいる取締役だからこそ、これが許される。だが、そんな取締役も、自分の上司が部屋にいたとしたら、しっかり準備をして待っていたに違いない。

図表12-1　会議準備、自問自答すべき7つの質問

いつ問うか

会議前
- 何を目的とした会議で、参加者は誰か？
- 会議での自分の役割は何か？
- どんな質問を聞かれそうか？
- 的確なコメントと質問をひとつずつ考えるとしたら何か？

会議中
- いつ発言すべきか？
- どのように意見を伝えればよいか？

会議後
- フォローアップのために（すべきことがあれば）何をすべきか？

結局のところ、常に安全策を取って議論に貢献できる準備をしておくに越したことはない。理想を言えば、会議の議題表かスケジュールの招待状を受け取り次第、それらをざっと眺めておくのが望ましい。そうすれば、会議の重要性や、ほかの出席者（チーム外の人々、経営幹部、クライアントが出席するか？）、あなたに注目が集まるかどうか、どれくらい会議の準備をするべきかがわかるはずだ。これらの情報が手に入らない場合は、招待状の送信者や同僚に尋ねてみてほしい。

　大きく分けて、会議には、最新情報を共有するための会議と議論のための会議の2種類がある。情報共有のための会議では通常、参加者が現在取り組んでいる仕事とその進捗状況を順番に説明する。議論のための会議では通常、もっと自由な会話が生まれる。ただし、そんな気楽な見かけにかかわらず、議論のための会議にも、

図表12-2　職場における会議の種類

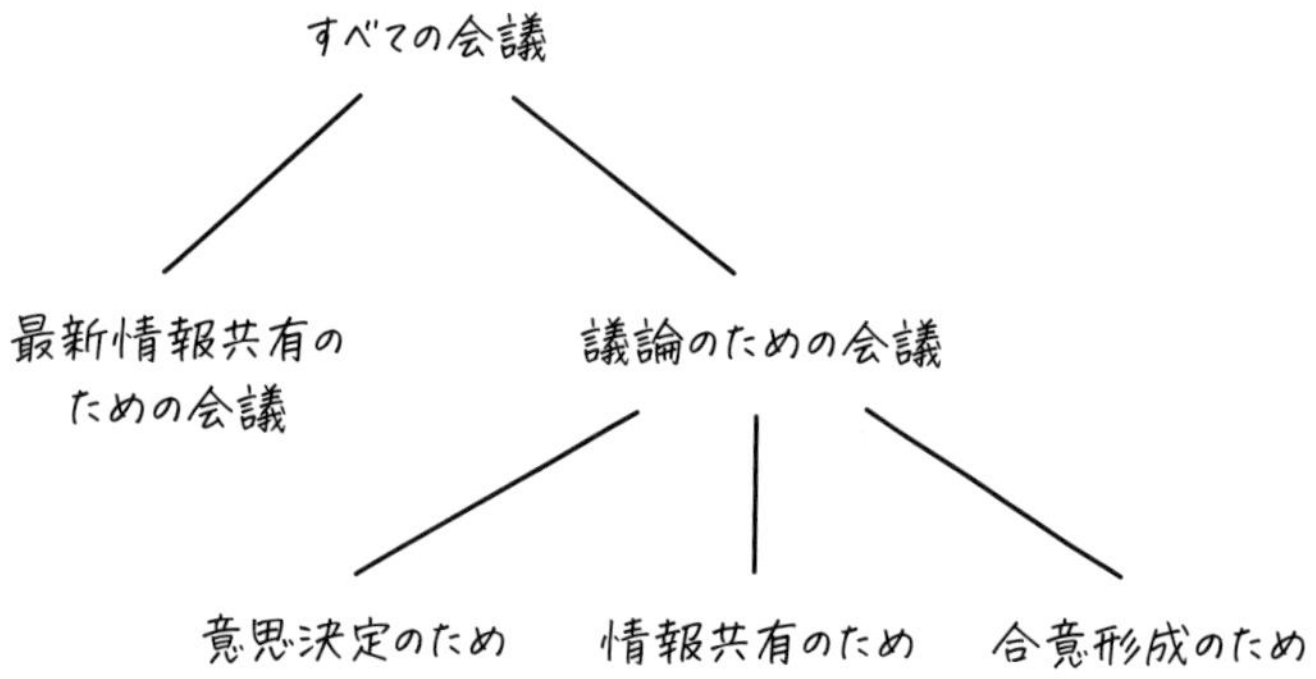

意思決定、情報共有、合意形成という隠れた目的が必ず存在する。ピーターの経験にも、これら3つの目的が関わっていた。CEOとの会議は、スタートアップ企業に関する情報を共有するためのものだった。会議終了後の意見交換は、スタートアップ企業の好ましい点と好ましくない点について合意に達するためのものだった。ピーターが知らなかったインスタントメッセンジャーでのやり取りは、今後の会議にピーターを参加させるかどうかを決定するためのものだった。さまざまな会議の種類を図表12－2に示したので、参照してほしい。

会議が大規模になればなるほど、ひとりの参加者が話す時間は短くなる。そして、特に大勢の経営幹部が出席している場合には、誰にも気づかれずに「隠れている」ことが容易になる。だが、会議が小規模で（参加者が6、7人の場合など）、身近な同僚だけが参加している、あるいはあなたが担当している仕事が議題にのぼっている場合は、ある時点であなたに注目が集まる可能性は高い。だからこそ油断せず、時間を取って、以下について考えてほしいのだ。

会議での自分の役割は何か?

若手社員として、あなたは会議で、次の3つの役割のいずれかを果たすことを暗黙のうちに期待されている。

参加し発言すること　参加と発言の両方が期待される会議は通常、チーム内の参加人数が少ない会議や、あなたが担当している仕事が議題にのぼっている会議である。あなたが仕事経験を積み、特定の仕事に関する知識を蓄え、ヒエラルキーが弱いチームに所属し、参加する会議の規模が小さいほど（全員にスポットライトが当たりやすいため）、会議でこの役割を求められることが多くなる。

ピーターにも、この役割が暗黙のうちに期待されていた。彼の会社はヒエラルキー型組織ではあったが、彼はリサーチ資料を作成したため、部屋にいる誰よりも知識が豊富と思われていた。また、最も役職が高い人物だけでなく、全員に等しくスポットライトが当たる会議でもあった。あなたが現在取り組んでいるプロジェクトに関する小規模な会議に参加を求められたら、準備が必要かを上司に確認しよう。もしかしたら、上司は「君が説明するべきですよ。誰よりも詳しいんですから」と言うかもしれない。たったそれだけのことで、チャンスの扉が開くのだ。

発言せずに参加すること　発言せずに参加することだけを期待される会議は通常、大勢が参加する対面会議、あるいは役職が高い人物や外部のクライアントが参加し、議題があなたの責任範囲に関係のないテレビ会議である。役職の高い人物だけが会議で話すようなヒエラルキーの強い環境で働いている場合は、この役割を求められることが多い。この場合、若手社員はおおむね黙って座り、耳を傾け、メモを取り、聞かれた場合にのみ発言する。若手社員が壁に沿って座ったりテーブルの端に座ったりするなど、さらにヒエラルキーが強い職場もある。

参加も発言もしないこと　参加も発言も期待されない会議とは通常、組織内の幹部が別の組織の幹部と話し合う電話会議である。話すのはふたりだけだが、大勢がミュートにして聞いている場合もある。

この役割が求められる場合、あなたは内容を整理してメモを作り、会議後に全員に送付することを期待されている可能性もある。そうした役割を期待されているかどうかわからない場合は、上司に確認してみよう。確認する機会がなければ、あなたと同様の立場の同僚が普段どうしているかを確認し、それを見習う。聞いているだけでよい場合は、ショーを楽しもう。会議という場は、人間関係を観察し、把握するための興味深いチャンスでもある。

あなたが会議で果たすこれら3つの役割を図表12－3に示した。

だが、会議の種類や明らかに期待される役割にかかわらず、あなたには常に、少なくともふたつ

図表 12-3

会議で期待される役割

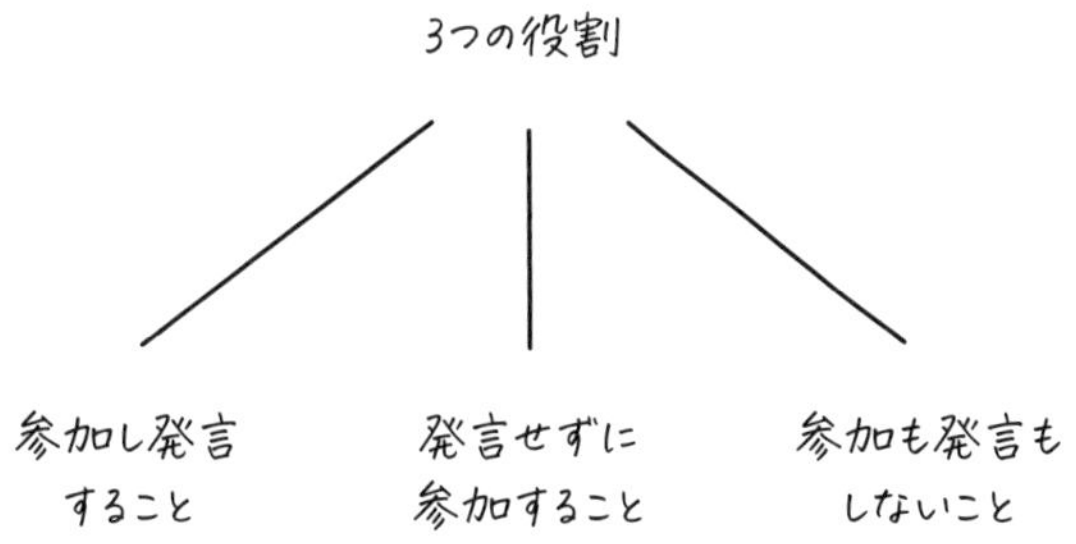

の責任が暗黙のうちに期待されている。それは、学習すること（特にあなたが新人の場合）とチームを代表すること（特にチームからの参加者があなたのみの場合）である。

たとえば、学習することを期待された——だが学習しなかった——例を紹介しよう。ある家具会社の販売部長から聞いた話である。この販売部長は、サプライヤーとの交渉会議にいつも部下を参加させていた。この部長の交渉スタイルは独特だったため、部下にはメモを取り、このスタイルを学んでほしいと期待していたのである。ところが、次の交渉で責任者をやってみないか、と部下に持ちかけたところ、部下は「どう言えばいいんですか？」と尋ねたという。販売部長は言う。「会議の場にいる以上、学習することが期待されています。学習しないのなら、参加させる意味がないでしょう?!」

また、チームを代表することを期待された例としては、次のようなものがある。あるテクノロジー企業の新規開拓担当者（ＢＤＲ）は、別のチームのマネジャーらが「複数の部門にまたがる会議が近いうちに開かれる」と話しているのを小耳に挟んだ。そこで早速、この情報を自分の上司に報告した。「すでにご存じかもしれませんが、複数の部門にまたがる市場開拓戦略会議について耳にしました。ただ、部長の休暇と重なっていると思います。私たちのチームの代表者を参加させたほうがいいでしょうか？　でしたら、会議について把握されたいかと思いまして」

上司は会議について聞いておらず、確認したところ、じつは重要な会議であることがわかった。最終的に、上司は代理出席する人物を見つけ、このＢＤＲにも参加を命じた。会議でのあなたの振る舞いが新たなチャンスにつながるかどうかは、誰にもわからない。だから、有益な情報をもっているのなら、遠慮せずに発言しよう。

どんな質問を聞かれそうか？

会議の種類にかかわらず、明らかに聞かれるであろう質問は、次の３つである。

・どんな仕事に取り組んでいますか？
・（　　　）の状況はどうですか？
・（　　　）について詳しく教えてくれますか？

あなたの能力を伝えるためには、これらの質問に自信をもって、簡潔に答えることが非常に重要だ。質問に答えられれば、周りの人は「すごい。内容をきちんと理解して話している！」と思ってくれるだろう。できるだけ良い印象を与えるために、過去や現在取り組んでいる仕事、将来の計画をすべて振り返り、次のような答えを自信をもって言えるように、心のなかで準備するべきだ。

- 現在（　　　）に取り組んでいます。（　　　）のための取り組みです。
- これまで、（　　　）をしてきました。今後は（　　　）に力を入れるつもりです。
- （　　　）を（　　　）までに終わらせる予定です。
- （　　　）のため、（　　　）に手を貸してほしいと思っています。
- 前回、どなたかが（　　　）について質問されました。調べたところ（　　　）ということがわかりました。

そして、参加者が見たがる可能性のある資料がパソコンにある場合は、会議の前にファイルを開き、質問された際に素早く、自信をもって画面を共有できるようにしておこう。自信なさげに口ごもったり慌てたりするのではなく、「喜んでお見せしますよ」と堂々と言えれば、落ち着いて状況に対処できていることをそれとなく、効果的に示すことができる。

的確なコメントと質問をひとつずつ考えるとしたら何か？

準備をする時間がある場合（特に、あなたが好印象を与えたい人物が会議に参加する場合）は、的確なコメントと質問を少なくともひとつずつは、あらかじめ考えてから参加しよう。これは特に、会議で機転を利かせて発言するのが苦手な人にとっては有効だ。

「的確な」と言うと、難しそうに聞こえるかもしれないが、単に議論にとって重要で、かつ見落とされている点、問題点、紛らわしい点、間違っている点、意外な点を指摘する発言をするという意味である。何が「重要な」考えとみなされるかは、会議の目的によって異なる。意思決定を目的としている場合は、決定に影響を与える可能性のある情報こそが重要だ。情報共有や合意形成を目的としている場合は、会議の参加者が興味深いと感じる情報こそが重要だ。

会議の前に読むべき資料が送られてくることもある。その場合は、必ず事前によく読むこと（あるいは少なくともざっと目を通すこと）。的確なコメントを考え出すための材料は、こうした資料のどこかに含まれている。何を探すべきかを思い出すために、以下の点を意識しよう。

- 見落とされている点は何か？
- 問題点は何か？
- 紛らわしい点は何か？
- 間違っている点は何か？

・意外な点は何か？

会議資料のなかにこれらに該当する点が見つかったら、それを書き留めよう。クライアントが参加する重要な会議や議題が多い会議の場合は、こうした準備に数時間を要するかもしれない。だが、たいていは30分もかからない（だからこそ、会議と会議のあいだに30分ほど時間を空けたがる人が多いのだ。会議で的確なコメントを言えるように、資料にざっと目を通す時間を取るためである）。（職場の文化にもよるが）新人の頃は、会議での発言を期待されていないかもしれない。それでも、「的確なコメントと質問を少なくともひとつずつ考える」というルールはぜひ実践してほしい。コメントや質問は、練習を積めば積むほど早く思いつくようになる。それを続けていくうちに、会議の準備に要する時間をますます短縮できるようになるはずだ。

≫会議中

参加と発言の両方が期待される会議に参加する場合や、自分と同じような若手社員の全員が発言しているため「自分も発言しなくては……」と思う場合は、いつ、どのように意見を言うべきかを理解する必要がある。

いつ発言するべきか？

大規模な会議などでは、発言の機会は一度しかないかもしれない。そして、それはあなたが（外向きの物語を）自己紹介するようにと言われたわずか15秒程度でしかない。その場合は、できるだけはっきりと自信をもって、「（　　）と申します。（　　）の仕事を担当する（　　）です」と言わなければならない。一度きりの印象を大事にしてほしい。会議によっては、参加者が何度も発言することを期待されている場合もあり、その場合は、あなたも同じように発言が期待される。隠れたパターンを見極めよう。

発言のタイミングもよく考えるべきだ。会議の早い段階で発言すれば、早めに存在感を確立でき、議論の雰囲気や方向性を支配できるかもしれない。ただし、あとからあなたの発言内容を忘れられてしまう危険性がある。会議の後半で発言すれば、最終決定に影響を与えることができるかもしれないが、あなたが賛成しない方向に議論が流れてしまう危険性もある。

議論の流れのなかで、どのタイミングでコメントするかも注意深く見極めよう。チームで販売促進用の動画を作成する案を提案したい場合は、参加者らがマーケティングキャンペーンを実施する方向でまとまってから、提案したほうがいいだろう。提案するのが早すぎると、なぜ動画が必要なのかを理解してもらえないかもしれない。提案するのが遅すぎると、来年度の予算に関する議論に移ってしまい、チャンスを逃してしまう。

会議では、遠慮せずに新しい情報を提供しよう。記事を読んだり、ポッドキャストを聞いたり、動画を見たりして、情報に基づいた判断をするうえで役立つ情報（機密情報以外）を知ったら、それを話してみよう。関連ニュースや他社の事例を引き合いに出して語る人の発言は、非常に興味深いことが多い。

どのように意見を伝えればよいか？

会議では、ただ発言すればよいというわけではない。目的は、耳を傾けてもらい、記憶してもらうことにある。そのためには、明確に、簡潔に、自信をもって話すことが重要だ。まず、自分の声の高さや調子が、主張と質問のどちらを表しているかを意識してほしい。人は緊張していると、「裏付け分析は16ページにあります」（自信に満ちた印象を与える）のような発言を「裏付け分析は16ページにありますね？」（自信のない印象を与える）のように質問調で話しがちになる。私自身もいまだに、主張するべき場合に「質問を投げかける」癖を克服しようとしている。

次に、議論に入っていく方法を考えよう。これまでの議論の内容とあなたのコメントを結びつけ、その関連性をわかりやすく示すため、次のような表現を使うといいだろう。

- 賛成です。それに加えて……
- （　　）に関して（　　）さんがおっしゃったことについて……
- （　　）さんの意見に基づくと……

・（――）に関する（――）さんの意見はいいですね。ただ、そうすると（――）という疑問が生じます。

・（――）さんの意見を進めるとすると……

よく喋る外向的な人や経験豊富な同僚ばかりのチームに所属している場合、議論についていきながら、同時に発言内容を考えるのは非常に難しい。議論にどう参加したらよいかわからなくなったら、次のような表現を使ってみよう。

・関連する経験、比較、データを提供する
「これを見て（――）のときの（――）を思い出しました」
・予想される結果、矛盾、限界、反論、例外を指摘する
「アイデアには賛成ですが、そうすると（――）という疑問が生じます」
・考慮に入っていなかった関係者の視点を示す
「これは（――）の視点から見ると納得がいきます。ただ、（――）の視点から見ると……」
・他者の考えをまとめて要約したり、質問を組み立てたりするための枠組みを紹介する
「ここまでの議論によると、3つの選択肢があります……」
・議論の流れを本来の議題、以前の決定、次の段階に関する決定に戻す
「本題からかなり離れてしまいましたが、私が確認したかったのは、（――）です」

素晴らしいコメントを思いついたら発言しよう、などと思わないほうがいい。ノーベル賞ものの貢献をする必要はなく、ただ議論を前に進めるだけでいいのだ。私自身、いつもそのことを自分に言い聞かせている。「この意見は当たり前だから言わないでおこう」と思っていると、結局、誰かがまさに私が考えていた意見を述べて称賛される。あるいは、頭のなかで完璧なコメントを組み立てているうちに数分が過ぎ、そのあいだにほかの人が、完璧ではないが有益なコメントをしてしまう。基準を下げるべきなのだ。質問をするだけで、意見を述べるのとまったく同じ影響力をもつことも多い。あなたの質問によって何かが明確になり、「これが私の質問です。この質問をする理由はこうです」「ここまではわかっています。ここからがわかりません」という構成で質問するかぎり、くだらない質問だと非難されることはない。

話し始めたら、自分がどう見えるか、どう聞こえるかに気を配ろう。緊張していると、つい早口になる人が多い。もしそうなら、話したいスピードの半分くらいの速さで話すことだ。そうすれば、はっきりと自信ありげに聞こえるはずだ。また、うつむいたり、見上げたり、椅子に身を沈めたり、ペンをいじったり、髪の毛やひげをいじったり、そわそわしがちな人もいる。そういう人は、話す相手にしっかり目を向けるか、あるいはひとりを1秒ほど見詰めてから次の人に順に視線を移していくことで、視線を安定させるようにしよう。背筋を伸ばして椅子に座り、身振り手振りはゆっくりと滑らかに行なう。電話会議で話す場合に、立ち上がったほうが自信をもって話せるのであれば、立って話すのもよいだろう。

Column

発言に耳を傾けてもらえない場合にやるべきこと

会議は、職場のなかで最も不公平な場と言える。女性たちからは、会議で発言を求められないという多くの経験談が寄せられている。発言を求められても、途中でさえぎられたり無視されたり、あるいはあとから男性が自分の発言をそのまま繰り返し、手柄を横取りすることもあるという。

専門職として働く人たちでも、人種的マイノリティ、ノンネイティブスピーカー、話し方が穏やかな人なども、同様の経験をしているようだ。私自身もかつてそのことで上司と戦った。私が会議で発言し、議論に貢献しても、気に入らない意見には耳を貸さない上司もいたし、私の発言を聞いていなかっただけなのに「君は発言しなかった」と非難する上司さえいた。発言に耳を傾けてもらうために戦うのは疲れるだろう。だが、やり方が重要だと理解し、努力し続けてほしい。以下にいくつかアイデアを紹介する。

・会議がビデオチャットで行なわれている場合は、あなたのアイデアをチャットウィンドウに打ち込んでみよう。口頭での発言には全員が注意を払うとはかぎらないが、チャットウィンドウに書き込まれた言葉には、たいていの人が反応するものだ。

・発言力があり、周りの人から信頼されている同僚がいたら、会議で協力者や代弁者になってもらおう。そういう同僚にお願いして、あなたに発言を求めてもらい、「アヤンの言ったとおり」「アヤンの意見では」のように、さりげなく引用してもらおう。誰もが称賛しているアイデアがじつは15分前にあなたが発言したものだということを、参加者にそれとなく思い出させることもできる。

・あなたが作成した会議資料を自分の手柄にする同僚がいる場合は、資料に名前を明記し、あなた自身で資料を参加者にメールしよう。そうすれば、会議で発表するのは誰かほかの人でも、その仕事の責任者はあなたであることが全員に伝わるはずだ。

・上司やメンターからもっと頻繁に発言するようにと言われた場合は、プレゼンテーションしたいテーマを伝えてみよう。次の会議で、あなたが話す時間を取ってもらえるかもしれない。会議の参加者があなたの話を聞いて感心すれば、その後、あなたに意見を求めることが多くなるはずだ。

これらが自分には当てはまらないと感じるのなら、あなたは職場で有利な立場に立っているのかもしれない。だが、特権には責任が伴う。チームの誰かがあなたほど発言を聞いてもらえない状況にあれば、あなたがその人の協力者や代弁者になろう。あなた自身にとっても、影響力を発揮するチャンスになる。

≫会議後

フォローアップのために（すべきことがあれば）何をすべきか？

参加者全員が通話を切るか部屋から退出すれば、会議は終わる。だが、あなたが3つのCを証明するチャンスは続いている。明らかにするべきことはあるだろうか？　会議で発言しなかったのなら上司にあらためて熱意を示す必要があるだろうか？　もしそうなら、いくつかフォローアップの質問をしてみよう。第3章で紹介した「下調べと準備をし、その努力を周りに示す」方法を利用するのだ。

それとなく、あるいは明確にあなたに仕事が与えられた場合は何をすべきか？　その場合は、協力し合う必要がある人に、会議で聞いた内容をそのまま伝えよう。第8章で説明したように、「結論として、次に（――）をすればよいということでしょうか?」と確認すればよい。

議事録や会議のサマリー資料の作成を期待されている場合はどうするべきか？　その場合は、会議中に取ったメモを修正し、誤字脱字や文法や書式を見直し、関連ファイルを添付し、チームのメンバーに送信しよう。議事録には、決定事項や今後の作業、各作業の責任者と締め切りを箇条書きにして盛り込む。

会議の参加者のなかに、知り合いになりたい人物、学びたい人物、連絡を取り合いたい人物がいた場合はどうするべきか？　その場合は、「（　　　）に関する先ほどの議論でお会いできて嬉しかったです。また仕事でご一緒できるのを楽しみにしています」とメッセージを送ってみよう。あるいは、第11章で述べたさまざまな方法を試してみよう。同じ会議に参加したということは、連絡を取るきっかけとしては十分だ。また、上司や同僚と関係を強化する必要がないかどうかも考えてほしい。「先ほどの会議の結論についてどう思いますか？」といったちょっとした質問でも、会話を始めるきっかけになるかもしれない。

もちろん、常にフォローアップが必要なわけではないし、何もしないほうがよい場合もある。たとえば、メールのやり取りで済んだはずの会議に、フォローアップは不要だ。おそらく幹部を満足させるためだけに開催されたのだろう。また、職場の男性たちが無意識のうちに、女性が「オフィス内の家事」を進んで担うのを待っている場合もある。何もしないのが最良の選択であれば、何もしないでおこう。

会議の責任者になったらやるべきこと

3つのCを確立するにつれて、あなたは学習者モードからリーダーモードへと移るのと同様、会議の参加者から主催者へと移っていく。会議といっても、上司やチームとのざっくばらんな打ち合わせもある。だが場合によっては、特にあなたがスタートアップ企業のような小規模な組織で働いている場合は、他部署やクライアントまで参加する全社的な会議を任されるかもしれない。会議の主催者側に立ったときは、次の7つの手順を踏もう。

目的と議題を決める　会議の成功イメージを描き、そこから逆算して考える。会議の終了時にどんな決定をしたいのか？　どんなテーマを議論したいのか？　目標、議論すべき問題、議題をリスト化し、それを参加者に伝える。メールのやり取りで済むような会議だ、と不満が出ないようにする。

参加者を選ぶ　RACIリストを作成する。決定を下すためには、誰に参加してもらう必要があるか？　参加する必要性はなくても、礼儀上、参加を依頼すべきなのは誰か？　幹部のなかで、秘書を通じてスケジュールを予約したほうがよいのは誰か？　わからない場合は、上司に確認しよう。

日時、場所、会議方法を決める　全員の都合が良い日時はいつか？（時差に注意しよう！）どの方法が最も効果的か（対面、ビデオ、電話）？　参加者たちに希望を確認するか、参加者のスケジュールを見比べて判断するか、あるいはあなた自身が決定したうえで、スケジュールの招待状を送付する。会議はなるべく短時間で終わらせるようにする。

事前配布資料と事前作業を連絡する　参加者が前もって読んでおくべき文書や行なうべき調査があるか？　参加者にアイデアを持ち寄ってほしいか？　会議の生産性を高めるために、参加者が自分でできることを考え、全員に指示をする。誰かに発表や議事録作成を依頼する必要がある場合は、その人が承諾して準備ができるよう事前に依頼する。

進め方の準備をする　参加者に会議の大きな目的を理解してもらうために、あなたは会議の冒頭で何と言うか？　どのような雰囲気を作り出したいか？　緊張しやすい人は、箇条書きにして書き出し、上司にフィードバックを求めてみよう。

議論をスムーズに進める　会議の「議長」としてあなたがまずやるべきことは、すべての議題を確実に終わらせること。だから、常に時間に気をつけて、参加者を議題と目的に集中させ、議論が脱線したら軌道修正する心づもりをしておこう。

次のステップを明確にする　仕事を与えられたら指示を復唱するのと同様、会議が終わりに近づいたら時間を取って、決定事項と次に誰が何をする責任を負うかを明らかにする。必要に応じて、会議の終了後に議事録を送る。

結局のところ、会議を仕切るために重要なのは、あなたの役割をしっかり自覚すること、そしてあなたの能力、熱意、協調性を示すことである。ある人材スカウトの担当者がこう話してくれた。「わかったふりをして会議をやり過ごすよりも、理解し、知識を得るほうが大切です。わかったふりをすれば、短期的にはうまくいきますが、的確な質問をして学ぶ人に、最終的には追い抜かれてしまいます。取り繕うのではなく、知らないことを正直に認めるべきなのです。好奇心と学ぶ意欲をもち、自分を理解することは、完璧であるよりも重要です」。要するに、最終的に目指すべきゴールは、注目されることではなく、好奇心をもち、学習し、貢献することなのだ。本書をここまで読み進めてきてくれた読者のみなさんは、すでにそういうマインドセットを身につけているだろう。そのマインドセットを忘れずに、今後の会議にものぞんでほしい。

さらに、もうひとつ注意してほしいことがある。本章（そして、さらに広く本書全体）で述べた戦略は、スタート地点でしかないということだ。発言せずに参加することだけを期待されていると思っても、会議で発言すべきときもある。ほかの人が1回だけしか発言しなくても、何回か発言すべきときもある。自分がいる必要がない場合や、もっと重要な仕事がある場合は、もっともらしい口実を見つけて、会議に参加しないほうがよい場合さえある。まずはルールに従って行動してみよう。だが、ルールは曲げても、拒否してもいいことを忘れないでほしい。柔軟性に欠ける古いやり方に縛られず、優れた仕事をしてほしい。

Point

- □会議に参加する前に、会議の内容と参加者を把握しよう。
- □どんな会議でも、あなたには暗黙のうちに期待された役割があることを理解しよう。

- 参加し発言するべきなのか、発言せずに参加するべきなのか、参加も発言もしないべきなのかを把握する。
- 聞かれそうな質問を挙げ、どう答えるべきかを考えよう。
- 的確なコメントと質問を少なくともひとつずつ考えよう。外部情報をもとにするか、または事前に読んでおくべき資料のなかに、見落とされている点、問題点、紛らわしい点、間違っている点、意外な点があれば、それを踏まえて考える。
- 最も耳を傾けてもらえそうなタイミングを選んで発言しよう。
- どのように議論に貢献するかをよく考えよう。
- 3つのCを強調するため、会議の終了後に戦略的にフォローアップをしよう。
- 会議を主催する場合は、会議の目的と議題、参加者、日時、場所、会議方法、事前配布資料と事前作業、会議の始め方、議論の進め方、会議後のフォローアップについて検討しよう。

第13章

上司のフィードバックを利用する

優れた上司は、はっきりと、頻繁にフィードバックを伝えてくれるが、これをまったくしようとしない上司も多い。だが、上司があなたの仕事ぶりについて何も言わないからといって、言うことがないわけではない。上司は、あなたが仕事を続け、昇進し、あるいはインターンシップや臨時社員から正社員になるために何をするべきなのか、わかっている。

「現在のあなた」と「なりたいあなた」のあいだに立つ人物が上司だとすると、上司があなたの仕事や組織のなかでの将来についてどう感じているかを把握することは、非常に重要だ。それを早く知れば知るほど、改善のための時間を確保できる。常にあなた自身がキャリアの主導権を握るために、上司の考えの読み解き方を説明していこう。

✓知っておくべきこと

- 職場には、学生時代のような評点や成績表は存在しない。

・自分の仕事ぶりを理解するためには、周りの人にフィードバックを依頼し、そのフィードバックを読み解き、それに対応する力を身につける必要がある。

上司の考えの読み解き方

職場で受けるフィードバックの多くは、学校で見慣れた正式な成績表ではなく、上司の何気ない言葉やしぐさに表れる。社会に出たばかりの頃は、一緒に仕事をする人（たとえばサマープロジェクトの監督者など）からも、フィードバックを受けることがある。フィードバックは、言葉によるか言葉以外によるか、直接的か間接的かというふたつの軸で整理できる。

あなたが上司に期待できるフィードバックは、どれくらい直接的なものだろうか、どれくらい間接的なものだろうか？　それは、上司が対決姿勢を好む性格かどうか、チームの組織文化がどのようなものか、そして、ＩＮＳＥＡＤ《インシアード》（欧州経営大学院）教授のエリン・メイヤーによると、あなたの居住国（あるいは上司がどの国の労働文化に最も慣れ親しんでいるか）による。[1] ロシアやイスラエルやドイツのような「直接的」なフィードバックを好む国で働いている場合や、直接的な文化に慣れ親しんだ上司をもつ場合、あなたは率直に、ぶっきらぼうに、人前でも批判されるかもしれない。日本や中国やインドネシアのような「間接的」なフィードバックを好む国で働いている場合や、上司が間接的な文化に慣れ親しんでいる場合、あなたは少なくとも表面上は、もっと控えめな感じのフィードバックを受けるだろう。以前、ロシアとアメリカ合衆国の両方で働いたことのあるプロジェクトマネジャーから、次のような話を聞いた。

アメリカ人はロシア人ほど、フィードバックが直接的ではありません。ロシアでは、上司は、「おまえはこのスライドを作ったとき何を考えていたんだ?! 自分のしていることがわかっているのか? 2時間以内にプレゼンテーション資料を修正しろ」と怒鳴っていました。それに対して、アメリカでは、上司は「資料はとてもよくできていると思う。ただ、もっと簡潔にできると思うんだ。ここのメッセージを変えてみたらどうだろう? 君はどう思うかい?」と言います。両方のスタイルに良い点と悪い点があります。アメリカ型のフィードバックは、その瞬間は有益で生産的かもしれませんが、注意していないと、本当はひどい出来なのに自分は良くやったと勘違いしてしまいます。

人が言ったことをどう解釈すべきかも、働いている場所によって異なる。アメリカ合衆国、カナダ、オーストラリア、オランダ、ドイツといった国々は「ローコンテクスト」な国、対照的に、日本、韓国、インドネシア、中国、ケニアといった国々は「ハイコンテクスト」な国と考えられている。[2] ローコンテクスト文化では、人々はたいてい自分の言いたいことをはっきり口にするため、他者の言葉は額面通りに受け取ることができる。それに対して、ハイコンテクスト文化では、言葉に表れないメッセージに注意を払い、他者のしぐさ、表情、自分との関係性、事態の動きを察知する必要がある。ガーナ人のマーケティングマネジャーが、ドイツ人（ローコンテクストな国の人）とガーナ人（ハイコンテクストな国の人）と一緒に働いた経験について、次のように語ってくれた。

以前、ドイツ人のクライアントから「地元のマーケットに自分たちで行けますか？」と聞かれたことがあります。私が「はい、行けますが……」と言うと、彼らは後ろを向いて、さっさとマーケットに出かけていきました。「はい」まで聞いた時点で、「問題ない」とすぐに判断を下し、私が口に出さなかった思いを読み取ろうとしませんでした。それに比べて、ガーナ人は「行けますが……」という言葉を聞き逃さず、私が目を細めて唇をすぼめたのを見逃さず、私が本当は「いいえ、お勧めしません」と言いたいということをすぐに読み取りました。もちろん、私が伝えたかったのは「いいえ」ということでした！　私は「はい」と言う前に一瞬黙ってから、語尾を上げて話し、うなずきもしませんでした。そもそも、クライアントの考えがまったく無茶なものだったからです。

とはいえ、すべてのドイツ人やガーナ人が同じようなコミュニケーションを取るというわけではない。ビジネスがグローバル化するにつれて、コミュニケーションのスタイルを自分でも気づかないうちに変えていく上司や同僚もいる。注意を怠り、相手のコミュニケーション方法を早合点してしまうと、先ほどのドイツ人のように、上司が本当はあなたに対して「じっとしていてほしい」と思っていたのにフラフラと歩き回るようなことになってしまう（あるいは逆の場合もある）。

フィードバックは、間接的でハイコンテクストな国ではわかりにくいものになり、直接的でローコンテクストな国では不快なものになりやすい。そのため、ここでは、フィードバックのタイプ別にどう聞こえるか、どう見えるかを説明していく。また、そうしたフィードバックを受けた場合にあなたに何ができるのか、スタイル別（あるいはスタイルの組み合わせ別）に示していくつもりだ。フィードバックの比較を図で表したものが図表13－1である。

かすかなヒント（間接的・言葉）

このタイプのフィードバックは、まったくフィードバックのように感じられないことがある。多くの場合、気のない同意（「いいんじゃないですか……」）、軽い提案（「これはどうですか？」）、不安そうな問いかけ（「仕事の進み具合は大丈夫ですか？」）のように聞こえる。上司はあなたに言いたいことを伝えてはいるものの、丁寧で優しい言葉に言い換えている。だが、上司が「プロジェクトの進捗はどうですか？」と尋ねてくる場合、丁寧な言い方でも、じつは「おいおい、遅すぎるぞ。早くしろ！」と思っているのかもしれない。優しく理解のある上司に見えるように、言葉に気をつけているだけかもしれないのだ。

私がインタビューをしたソフトウェアエンジニアが、まさにこのタイプのフィードバックを経験していた。夏のインターンシップのあいだ、彼女の上司は何度も、「……してくれるとありがたい

図表13-1　職場におけるフィードバック

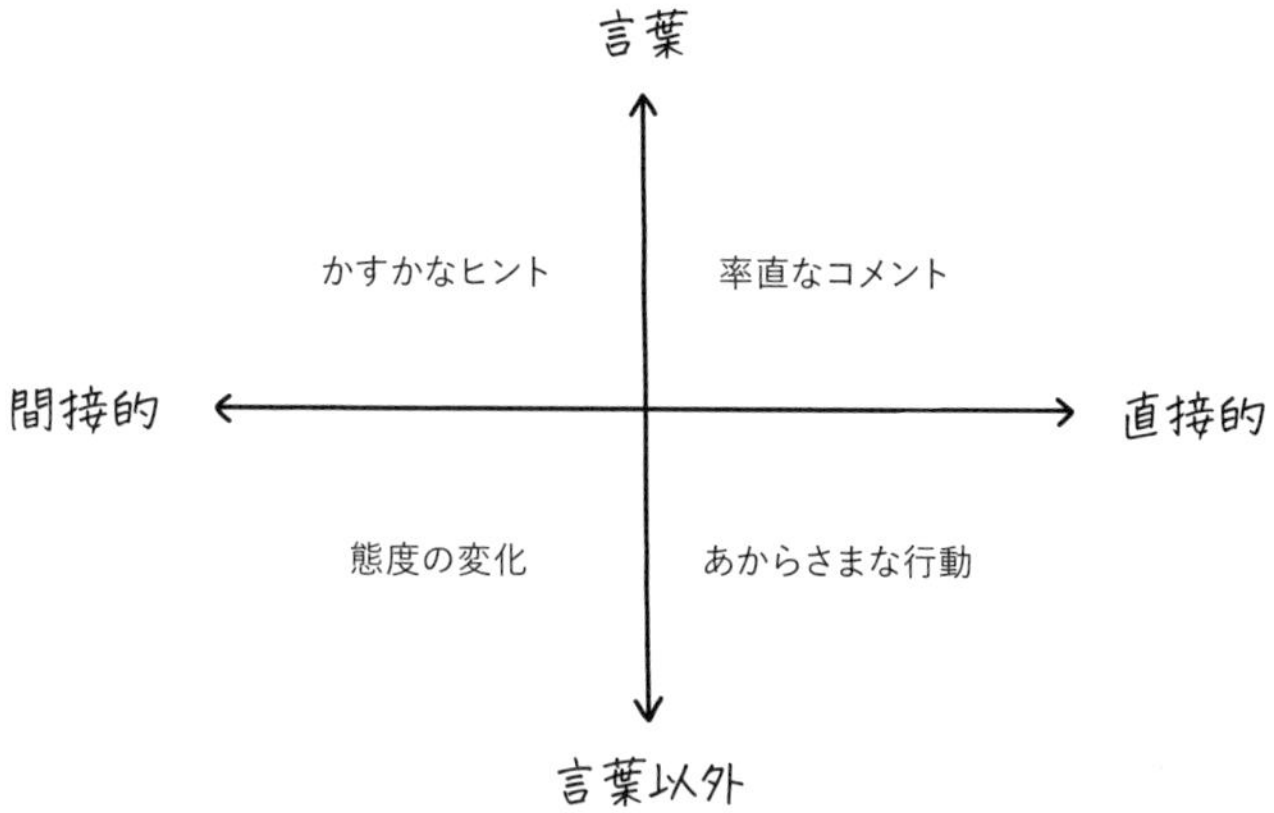

な」「……してみたらどうだろう」と言い、「うまくいってるかい？」「進み具合はどう？」と尋ねてきた。仕事について上司と話し合った際には、「そうですか、わかりました……」「なるほど……」としか言わなかった。自分の仕事ぶりについて、上司がじつは「遅すぎる」と陰で文句を言っていたことを彼女が知ったのは、最終日のことだった。正社員の採用内定を得られないと知ったあとのことだった。「上司は決して意見を口にしませんでした。私も尋ねませんでしたが……。手遅れになるまで、まったくわかりませんでした」と彼女は言う。

上司の言葉の裏に潜む真意を読み取るのは難しい。そのために有効なのは、かすかな手掛かりをはっきりした形に変えてみることだ。たとえば、「（　　）とおっしゃるのは、（　　）という意味でしょうか？　それとも何か別のことでしょうか？」と尋ねてみよう。定期的にフィードバックを求めて、少し話し合うのもよい。あるいは、真意を確認したりフィードバックを求めたりする機会がなければ、安全策を取り、ちょっとした提案を命令と受け取って、上司の反応を見ることもできる。

率直なコメント（直接的・言葉）

これはかすかなヒントの純粋なバージョンである。このタイプのフィードバックでは、上司は単に「おいおい、遅すぎるぞ。早くしろ！」と思うだけではなく、それをそのまま口に出す。率直なコメントは、良い面を考えれば、明快で要領を得ており、まさにあなたが求めているタイプのフィードバックと言える。だが、悪い面を考えれば、率直なコメントは決して礼儀正しいものではない。

私がインタビューをした投資銀行のアナリストは、上司から率直なコメントを受けた。「これを見ろ。このページには8・3と書いてあり、別のページには6・3と書いてある。どうして数字のチェックをしないでいられるんだ？　おまえは無能なのか?!」と上司に怒鳴られたという。

かすかなヒントは、その真意が不明確であるために対処が難しいのに対して、率直なコメントは、言われたほうが傷つく影響力をもつために難しい。「くだらない」「こんなのクソだ」「黙ってろ」などと言われること（それも全員の前で）を想像してみてほしい。直接的なフィードバックを受けた場合、それは上司の態度の根本原因を明らかにするのに役に立つ。上司はかすかなヒントを示したのに、それがうまく伝わらなかったために、率直なコメントをしたのかもしれない。上司は必死でストレスを抑えようとしているのかもしれない。上司には前向きな意図があったのに、ネガティブな効果が生じたことに気づいていないのかもしれない。あるいは、上司はこれまで直接的な労働文化のなかで経験を積んできたのかもしれない。

イスラエルで働くアメリカ人のインターンが、次のような話をしてくれた。イスラエルは直接的なフィードバック文化で知られる国である。彼は以前、給湯室でふたりの同僚が怒鳴り合っているのを耳にして慌てたことがあるという。ドアの後ろでこっそり聞き耳を立てると、ふたりはコーヒーメーカーに入れるコーヒーの種類について激しく言い争っていた。さんざん口論したあげく、コーヒーを決め、そして何事もなかったかのように仕事に戻っていった。現地の同僚たちは顔色ひとつ変えなかった。このアメリカ人インターンから見れば、ふたりはもっと穏やかに話すべきだった。だが、同僚たちから見れば、このアメリカ人インターンはもっとタフになるべきだった。

上司のフィードバックに悩んだときは、以前からその上司のもとで働いている同僚に、アドバイスを求めてみよう。先ほど紹介した投資銀行のアナリストによると、上司がどのように話すかではなく、何を言おうとしているかに注目するべきだという。「上司の怒りは気に留めず、フィードバックの内容に注目するようにしました。細かいところまで注意を払うのです。コミュニケーションのスタイルは非生産的でも、フィードバックの中身は生産的かもしれません」

ただし、上司のコメントが直接的すぎて不快になる場合は、話し合ったほうがよいだろう。上司に相談を持ちかける方法については、次章で詳しく取り上げる。

Column

偏見に注意する

ある営業担当者は、自分が解雇された本当の理由がわからなかった。クライアントに間違ったファイルを何度も送付してしまったからなのか、それとも圧倒的に白人が多い職場で唯一の黒人として、ほかの人より厳しく評価されたからなのか、と悩んでいた。ある政策アナリストは、自分が本当に「攻撃的」なのか、それとも男性の集団のなかで発言する唯一の女性だったため、ジェンダーのステレオタイプに反するという意味でそう言われたのかを悩んでいた。ある未公開株式担当の社員は、注目されるプロジェクトへの配属が叶わなかったのは、財務分析スキルを高める必要があるからなのか、それとも訛りがあるからなのか、気になっていた。

上司はあなたの能力を評価していると主張するかもしれないが、熱意と、とりわけ協調性も評価を左右することは周知の事実だ。会社は決して完璧な組織ではない。それに、本章を読めばおわかりのように、職場でのフィードバックも決して完璧ではない。だから、仲間を見つけよう。あなたと同じ立場にいる人を見つけて、アドバイスを求めるのだ。あなたが知らないだけで、別のチームのシニアアソシエイトは以前、あなたの上司のもとで働いたことがあり、試行錯誤をした経験があるかもしれない。彼のアドバイスがあれば、あなたが思い悩む必要はなくなるのだ。

態度の変化（間接的・言葉以外）

このタイプのフィードバックでは、上司は「おいおい、遅すぎるぞ。早くしろ！」と思ったとき、面と向かってあなたに言うのではなく、打ち合わせの回数を突然増やしたり、あなたの仕事を細かく管理したりするようになる（これらは、上司があなたの仕事のスピードや質に不満を感じていることを示す行動だ）。あるいは、説明もなく、突然あなたを避けるようになるかもしれない（上司が忙しい場合は別として、これは上司があなたを見放したことを示す行動だ）。

私のかつての同僚は、いつもタイプミスをしていた。上司は「もっと注意を払え」「細かいことに気を配るように」と何度も彼に言っていた。だが、この同僚は「注意を払う」「気を配る」とはどういう意味かを確認せず、やり方を変えようとはしなかった。数週間後、改善が見られなかったため、上司は彼に仕事を与えるのをやめ、彼を別のチームに異動させようとした。かすかなヒントと同様、態度の変化に対応するのは難しい。私たちは他者の頭のなかを読み取ることはできないため、態度の裏に潜む真意を明らかにするのが難しいからだ。上司が私を避けているのは、私が大失敗をしたからか、それとも私の時間を無駄にしたくないからか？　上司が会議の参加メンバーから私を外したのは、私が不適切な服装をしていたためか、それとも会議の規模を小さくしたいからか？　上司が私に仕事を与えないのは、仕事がないからか、それとも私が信頼されていないからか？　判別するのは難しい。

上司の気まぐれを理解するには時間がかかる。私がインタビューをしたプログラムマネジャーは、ある取締役からメールの返信がない場合に、どんなときに「ノー」を意味するか、どんなときに「返信し忘れていた。再度教えてほしい」を意味するかを読み取れるようになるのに、5年以上かかったと話してくれた。それができるようになるまでは、他者の行動パターンの突然の変化を敏感に察知し、なぜ変わったのかを理解するよう努力しよう。どんな出来事が突然の変化につながったのか？　自分がしたこと、しなかったことを見つけるために、時間をさかのぼって考えてみよう。あるいは、真正面からぶつかってみてもよい。「最近、（――）に気がつきました。（――）なので心配になっています。少しお話しできますか？」と話しかけてみよう。

あからさまな行動（直接的・言葉以外）

このタイプのフィードバックでは、上司は「おいおい、遅すぎるぞ。早くしろ！」と思ったとき、それを口に出すのではなく、普段はあなたの担当である仕事を別の人にやらせることで気持ちを表現する。あるいは、極端な場合、あなたの目の前で資料を投げ捨てるか、あなたのところにズカズカ歩いてきて、作業が終わるまで立ち去ろうとしないかもしれない。

以前、私の上司にもそういうタイプがいた。私がプレゼンテーションの前に技術的なミスを修正していると、上司が堅木張りの床にカツカツと革靴の音を立てて猛然と近づいてきた。そして、鼻先がぶつかりそうなほどに私に顔を近づけ、大きく息を吸い、唇をぎゅっと結んで「早く修正しろ。いますぐにだ」と言った。ありがたいことに、それは一度きりだった。

上司が直接的な言葉を何も言わずに言葉以外の手掛かりを示すことはめったにない。そのため、「率直なコメント」の部分で説明したことの大部分が、ここでも当てはまる。行動の裏に潜む真意を見極めるために努力しよう。同時に、上司のそうした行動によってどんな気持ちになるか、そうした行動パターンへの対応を今後も続けられるかをよく考えてほしい。すべてのフィードバックが生産的とはかぎらない。すべての上司が良い上司とはかぎらないのだ。

Column

フィードバックはなぜ難しいのか？

人間は、人に好かれることを非常に重視するのと同時に、自分を高く評価したいと思っている。そんな私たちがもつ輝かしい自己イメージを脅かすものが批判である。だから、友達を作りたいのなら、他人を批判するのは得策とは言えない。私たちの脳には、ポジティブな経験（称賛など）よりもネガティブな経験（批判など）に強く反応する防衛メカニズムが備わっている。[a] そのため、上司は良いメンターになりたいと言い、部下は批判的なフィードバックが欲しいと言っても、実際は、上司はネガティブ・フィードバックを与えるのを怖がり、部下もそうしたフィードバックを受けたがらないことが多い。[b] その結果、私たちは耳を傾けるべき言葉ではなく、聞きたい言葉を求め続けるようになる。そして、上司は、部下が耳を傾けるべき言葉ではなく、部下が聞きたがる言葉を言い続けるようになる。やがて、上司はますます批判的なフィードバックを与えにくくなり、部下も批判的なフィードバックを受けにくくなっていく。上司の身になって考えてみてほしい。あなたと同様、上司も最善を尽くそうとしているのだ。

a. Roy F. Baumeister et al., “Bad Is Stronger Than Good,” *Review of General Psychology* 5, no. 4 (2001): 323-370.
b. Jack Zenger and Joseph Folkman, “Why Do So Many Managers Avoid Giving Praise?,” hbr.org, May 2, 2017, https://hbr.org/2017/05/why-do-so-many-managers-avoid-giving-praise; Paul Green Jr. et al., “Shopping for Confirmation: How Disconfirming Feedback Shapes Social Networks,” working paper 18-028, Harvard Business School, Boston, 2017.

≫ フィードバックの求め方

上司の考えを読み解くのは、出発点としては良いが、しょせんは推測ゲームでしかない。フィードバックを求めるのに勝るものはない。自分が改善すべき点を上司に直接教えてもらうわけだ。以下では、フィードバックの求め方と、受けたフィードバックに対する対応方法を見ていこう。

すでに上司と定期的にミーティングを行なっているのであれば、あと一歩だ。次はただ、会話のなかでフィードバックについて触れるだけでよい。だが、上司と定期的にミーティングを行なっていないのであれば、「近日中に数分お話しできますか？　私の現在の仕事ぶりと改善できる点があるかについて、ご意見を伺いたいのです」と上司にお願いしてみるべきだ。そうしたミーティングを最大限に活用するための方法を紹介しよう。

ミーティング前

フィードバックミーティングは、あくまで仕事のミーティングであるため、あなたの3つのCに常に意識を向けておくことが重要だ。自分が何を言いたいのか、何を尋ねたいのかを、自分でよくわかっていなければいけない。一歩先んじて考え、聞かれそうな質問に対する答えを心のなかで練習しよう。回答例をいくつか載せるので、参考にしてほしい（ただし、自分なりの答えを自由に作り出して構わない）。

「仕事の調子はどうですか？」「（　　）のような状況です。（　　）にとても感謝していますし、（　　）に楽しく取り組んでいます。ですが、いまは（　　）を改善しようとしていて、お力を借りられるとありがたいです」

「〈特定のプロジェクト〉の進み具合はどうですか？」「（　　）のような状況です。すでに（　　）を終えましたが、（　　）については、まだ終えていません／迷っています／お力を借りたいです／苦労しています／取り組むのを楽しみにしています」

「私に対して何か要望はありますか？」「一緒にお仕事ができて嬉しいです。強いていうことでしたら、（　　）をしていただけるとありがたいです。個人の好みの問題かもしれませんが、（　　）の場合に助かることが多かったからです」

「今後の自分についてどう考えていますか？」「この会社で長く働きたいと思っています。（　　）にもっと深く関わるためにはどうしたらよいか、アドバイスをいただけると嬉しいです」（この回答は、現在の組織に今後も在籍し、成長していきたいと考えている場合に有効である）。あるいは、「まだ決めかねていますが、（　　）で（　　）に取り組むことをいまは楽しんでいます。（　　）についてアドバイスをいただけると嬉しいです」と答えることもできる（この回答は、現在の仕事が自分に向いているか迷っているが、上司に熱意を疑われたくない場合に有効である）。

上司によっては、フィードバックミーティングである以上、暗黙の議題に従って、部下にフィードバックを与えなければならないと考える者もいるが、すべての上司がそういうわけではない。フィードバックミーティングを業務の進捗報告の場にしてしまう上司もいる。その場合は、あとで紹介する言い方で、話を本題に戻さなければならない。ただし、上司が望む回答をして無難に進めるためにも、現在何に取り組んでいるか、どんな状況か、今後何をするつもりかについて話す準備をしておくべきだ。そのために、第12章をあらためて読み直してほしい。

ミーティング中

ビジネスの世界における多くのミーティングと同様、フィードバックミーティングでも、「今日はどうでしたか？」「今週はどんな調子だい？」「週末はいかがでしたか？」といった軽い世間話から会話は始まる。続いて、あなたのほうから、上司が時間を取ってくれたことに感謝を伝え、自分が上司の意見をいかに大切にしているかを話し、自分の成長に向けた議論がしたいと伝える。たとえば、「お時間をいただきありがとうございます。仕事を改善し、次の段階に引き上げるためにできることがあれば、貴重なご意見をいただきたいのです」と話してみよう。まず、次のような質問から始めるとよい。

- 「何を始めるべきですか？　何をやめるべきですか？　何を継続するべきですか？」[3]
- 「（担当するプロジェクト）に関して、自分は期待どおりに進んでいますか？」
- 「（正社員の採用内定を得るため、または昇進する）ために、自分は期待どおりに活躍できていますか？」

上司の答えに満足しない場合は、さらに次のような質問をして、より具体的なフィードバックをやんわりと求めてみよう。

具体的とは言えない批判的なフィードバックを受けた場合　「ありがとうございます。私が（　　）をした出来事を具体的に教えていただけないでしょうか？」

フィードバックを受けたが、それをどう活かせばよいかわからない場合　「そのとおりだと思います。ぜひ（　　）したいと思います。このフィードバックを今後どのように活かしていったらよいでしょうか」

活用しにくいフィードバックを受けた場合　「おっしゃるとおりだと思います。（　　）と（　　）のバランスはどのように取ったらよいのでしょうか」

納得できないフィードバックを受けて、自分の考えを説明したい場合　「ありがとうございます。（　　）については確かに改善できます。ただ、そのときのことを思い返すと、私は（　　）と考えて行動していたように思います」

ある目的を達成するために助けがほしい場合　「（　　）をしたいので、アドバイスをいただけるとありがたいです。（　　）にどのように取り組むべきでしょうか？」

次に何を言えばよいかわからない場合

「ご指摘いただき感謝しています」「おっしゃるとおりだと思います」「なるほど」「助かります」「ありがとうございます」

適切なシグナルを送るという暗黙のルールを忘れないでほしい。ミーティング中は、集中して真剣に聞いていることを示すために、うなずき、メモを取る。直接会ってミーティングをしている場合は、手書きでメモを取ったほうがよいかもしれない。

自分がミスをした場合、あるいは上司がそう考えている場合は、反論せず、素直にミスを認めること。イライラして不安になっても、ため息をついたり、声のトーンを上げたり、苛立ちを顔に表したりしてはいけない。落ち着いて息を吸い、反論する代わりに説明を求めよう。ミーティングが終わりに近づいたら、言われた言葉を繰り返し、次に何をすべきかを明確にする。たとえば、「ありがとうございます。今後は、(――)をしようと思いますがいかがでしょう？　それ以外には何かございませんでしょうか？」と言えばよい。さらに、「お時間があれば、このようなミーティングを定期的にお願いします。これからもスケジュールを予約してもよろしいですか？」とつけ加えてみよう。

また、フィードバックミーティングでは、必ずしもあなたの現在の仕事や上司が話したいことだけを話し合う必要はない。こうしたミーティングはあなたにとって、上司に力を貸してもらえるチャンスでもある。ぜひ、次のような質問を投げかけてみよう。

新しい仕事に参加したい場合　「最近、（　　）が（　　）の新プロジェクトを発表していました。（　　）を考えると、私もぜひ参加したいと思っています。どうしたら推薦されるのでしょうか？何かいいアイデアはないでしょうか？」

好きな仕事にもっと取り組みたい場合　「（　　）について考えれば考えるほど／取り組めば取り組むほど、（　　）に興味が湧いてきます。この仕事ができる部署に配属されるためには、どうしたらよいのでしょう？」

チャンスを得るために上司の支援を受けたい場合　「（　　）を目的とする（　　）というプログラムを見つけました。（　　）に対する私の興味にぴったりです。申込書によると、私の（　　）を証明できる推薦者が必要です。申し込みにお力を貸していただけないでしょうか？（　　）が必要になるのですが、（　　）を使えば簡単に作れるようです」

まだ3つのCを証明しようとしている新人の段階では、こうした質問はなかなかうまくいかない。だが、上司から常にプラスのフィードバックを受けるようになったら、あなたのために動いてもらえるよう臆せず頼んでみよう。優れた上司は部下の成功を願っている。だが、どんなに優れた上司も、あなたの頭のなかを読み取ることはできない。あなたのほうから希望を伝えないかぎり、どのように支援すればよいかわからないのだ。

ミーティング後

フィードバックを受けたら、できるだけ早く仕事に取り入れよう。それも、上司が近くにいるときに。フィードバックを反映せずに長く放置していると、言われたことを聞いていなかった、という強いシグナルを発することになってしまう。フィードバックに納得できなくても、少なくとも熱意と協調性を示すために、まずは取り入れよう。アドバイスを真剣に受け止めていることを示すために、その後しばらくしてから、上司に状況を報告しよう。

フィードバックを反映しようとしたものの、無理がある、実行できないと感じた場合は、上司に報告する。たとえば、「いただいたアドバイスを（　　）に活かそうとしたんですが、（　　）に苦労しています。このような場合はどうしたらよいでしょうか？」と言えばよい。ただし、最終的にフィードバックが役立った場合には、「（　　）についてヒントをありがとうございます。（　　）や（　　）の場合に試してみたところ、（　　）が改善できました」と報告しよう。

結局のところ、多くの場合、重要なのはどれくらいポジティブまたはネガティブなフィードバックを受けたかではなく、フィードバックをどう受け止め、すばやく仕事に反映できたかということなのだ。新任の高校教師であるカヨーデは、この教訓について経験談を語ってくれた。彼の高校の教頭であるアンジェラは、いつも教師全員に「単語ポスター」を作成するよう求めていた。授業で出てきたすべての単語が書かれたポスターで、教室の掲示板に貼るためのものである。だが、この作業を時間の無駄と考えている教師も多かった。

あるとき、同じく新人教師であるカールの教室にアンジェラが入ってきた。そして、単語ポスターが掲示されていないことにすぐに気づいた。

「カール、単語ポスターの作成はどうなっていますか？」とアンジェラは言った。

「検討します」とカールは素っ気なく答えた。

次に、アンジェラはカヨーデの教室に入ってきて、同じことを言った。「カヨーデ、単語ポスターの作成はどうなっていますか？」

1週間後、カヨーデは単語ポスターを作成し、わざわざアンジェラを教室に招いて見てもらった。アンジェラが教室にやって来ると、カヨーデは気を使って、ポスターを活用していることを示すために、生徒たちの注意を引いて単語ポスターに注目させた。アンジェラは明らかに満足していた。

その後、アンジェラがカールの教室を通りかかると、カールはまだポスターを貼っていなかった。

翌週の職員会議で、アンジェラは今度は、「ライトアラウンド」という別の学級活動を提案した。やはりこれも時間の無駄と感じる教師が多かった。アンジェラは、腕を組んで椅子の背にもたれているカールをじっと見つめて言った。「カール、ライトアラウンドを試してみてくださいね」

カールは舌打ちして言った。「以前やってみたことがありますよ。くだらないですね」

アンジェラは顔を真っ赤にした。

カヨーデ自身も以前、ライトアラウンドを行なったことがあり、内心では意味がないと考えていたが、とにかく試してみることにした。結果は、予想どおりうまくいかなかった。だが、後日アンジェラに会ったとき、カヨーデは言った。「教頭が提案されていた活動をやってみました。アイデアはとても良いと思うんですが、生徒たちは興味を示しません。何かやり方のアドバイスがあればいただきたいのですが」

アンジェラは微笑んで言った。「それでいいのよ。いつもうまくいくとはかぎりませんからね。試してみてくれてよかった！」

のちに、カヨーデは主任に昇進した。一方、カールは試用期間が終了した1年後、解雇されてしまった。この経験を振り返って、カヨーデは言った。

私にはカールの気持ちもわかります。新任の教師として、すでに週80時間労働をしているのです。疲れ切っているところに、役立つとは思えないようなことをしろ、と上司が言ってきたわけです。でも、やるだけの価値はあります。他人のアドバイスやフィードバックに素直に耳を傾ける人物であることを示すために、単に45分ほどかけて、色紙を壁に貼りつけるだけでいいのですから。カールに対するフィードバックは、徐々に厳しくなっていきました。私に対するフィードバックは、徐々に優しくなっていきました。アンジェラと私は仲良くなっていき、アンジェラとカールは険悪になっていきました。私はアンジェラのフィードバックを受け入れ、カールは反抗的で、彼女を尊敬していないというシグナルを送り続けたこと。それがすべての始まりでした。

フィードバックミーティングの表向きの目的は、部下であるあなたの成長を助けることかもしれないが、その隠れた目的は、上司が「部下に認められている」と感じることでもある。あなたがいかに自分は正しいと考えるか、実際いかに正しいかは、たいして重要ではない。上司がいかに自分は正しいと考えるか、それがミーティングを左右する。フィードバックに関して言えば、その内容は、何が「正しい」か、何が「間違っている」かではなく、何が上司の世界観や仕事スタイルに合致しているか、何が合致していないかによって決まる。すべてのフィードバックは主観的なものなのだ。それを認識したうえで、向き合っていこう。

フィードバックがあなたの改善すべき点を指摘しているか、それとも上司の都合や希望を優先しているかにかかわらず、フィードバックに対処する力はスキルと言える。キャリア全体を通じて役立つスキルである。良い評価であれ悪い評価であれ、すべてのフィードバックは、あなたの学びと成長に役立つという点で（そして少なくとも、誰と協力すべきか、誰を避けるべきかを理解できるという点で）、「良い」フィードバックと言える。だが、本書のすべてのテーマと同様、あなたがどう感じるかを覚えておいてほしい。あなたは現在、フィードバックを受ける側にいるかもしれないが、与える側に回るのは時間の問題だ。自分が何を期待していたかをよく考え、いつか部下のためにそれを実現してほしい。私たちはみな、フィードバックという不完全な活動をより良いものにしていくために、自分なりの役割を果たすことができるのだ。

Point

□上司からフィードバックがない場合は、定期的にフィードバックを求めてみよう。
□上司の気のない同意、軽い提案、不安そうな問いかけを敏感に感じ取ろう。それらはフィードバックなのかもしれない。
□上司の失礼な発言や行動の裏に潜む真意を見極めよう。上司は何を伝えようとしているのか？
□上司の態度が突然変わった場合、どんな出来事が変化につながったのか、時間をさかのぼって考えてみよう。そして、信頼できる同僚に、それが何を意味するかを相談してみよう。
□フィードバックの内容は、何が正しいか、何が間違っているかではなく、上司の世界観や仕事スタイルに合致しているかによって決まることが多いと覚えておこう。

第14章 問題や悩みを解決する

3つのCを最大化するために全力を尽くしても、何かがおかしいと感じることがある。あなたは不安なのかもしれない。あるいは不満を感じ、疲れ切っているのだろう。そういう感情が心に浮かんだとき、取るべき選択肢は3つある。状況を改善する、状況を受け入れる、状況から逃れるという3つである（図表14－1を参照）。どの選択肢を選ぶか、それをどう行なうかは重要だ。ときには、それによって、問題に対処するか、しないかが決まることさえある。

✓ **知っておくべきこと**

- 仕事で思いどおりにいかないときは、状況を受け入れる、状況を改善する、状況から逃れるという3つの選択肢がある。
- 問題を解決できるかどうかは、問題の原因をいかに突き止められるかにかかっている。

図表 14-1

困難な状況での選択肢

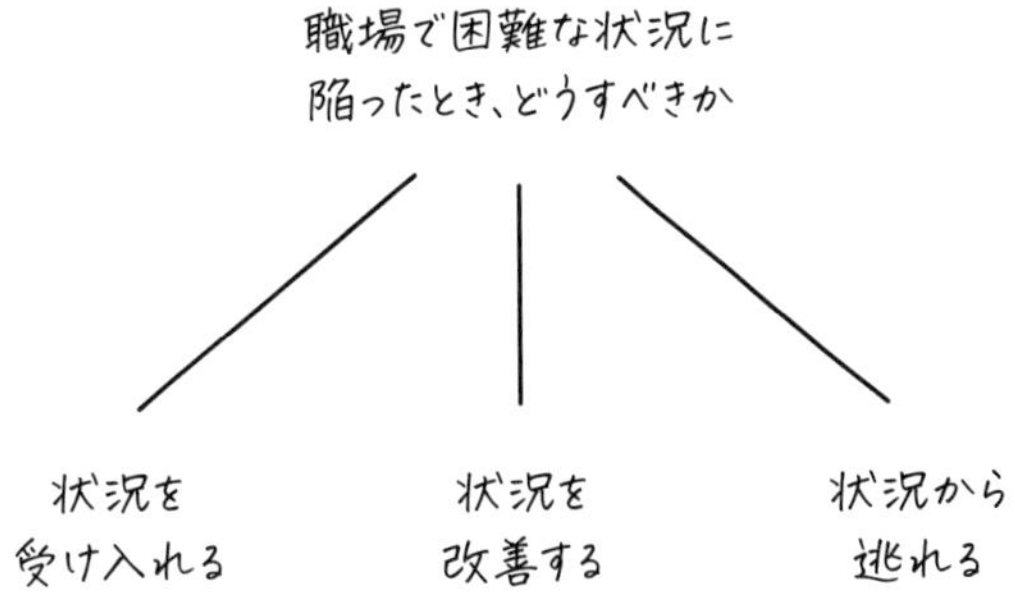

コンサルタントのキャスリンは、この教訓を身をもって学んだ。仲の良かった上司が退社し別の会社に転職したために、直属の上司が専務取締役に変わったところ、マネジメントスタイルが大きく変わってしまったのだ。以前の上司は、彼女にクライアントとのミーティングの責任者の役割を任せ、彼女の学びと成長に役立つ新たな責任を担わせてくれた。だが、新しい上司は、クライアント対応ではない大量のデスクワークを彼女に与えた。以前の上司は、めったに出張を命じず（それが彼女にはありがたかった）、金曜日に出張するときは、出先から直接自宅に戻ってよいと認めてくれた。新しい上司は、クライアントがほとんど参加しないような、1週間にもわたるプロジェクトに彼女を送り込んだ。以前の上司は、いつも彼女と本音で語り合い、上司というよりメンターの役割を果たしてくれたが、新しい上司は、彼女と雑談したことはた

だの一度もなかった。数週間が経つ頃には、以前は仕事が大好きだったキャスリンは、ベッドから起き出す気力も失っていた。結局、彼女は友人の紹介で、資産運用会社に転職した。

ところが、転職先でいざ仕事を始めてみると、キャスリンは新しい仕事が思っていたのとは違うことに気づいた。以前の会社では、ロールモデルとして尊敬できる幹部がいたが、新しい会社では、そのような人物はいなかった。以前の会社では、突然メンターがいなくなって不満を抱えてはいたが、新しい会社では、不満はさらに大きくなった。

結局、わずか9カ月後、キャスリンは再び転職した。今度は比較的規模が小さい会社に移ったが、そこも完璧ではなかった。1年も経たないうちに、キャスリンは、最初のコンサルティング会社に戻ることにした。幸い、一度会社を辞めて別の組織で働いてから戻ってくる「ブーメラン社員」を受け入れていたからだ。キャスリンは最終的には満足したものの、退社したときと同じ立場と給料で戻らざるをえなかった。その頃には、同期入社の社員の多くが、すでにマネジャーに昇進していた。

耐えられない、といきなり決断を下したキャスリンは、まずは状況を改善するための努力をせずに、退社してしまった。何から逃げ出そうとしているのかはわかっていると思っていたが、あとにする職場の状況を十分には理解できていなかった。自分が何を望んでいるのかはわかっていたが、入社しようとしている会社について、十分には理解できていなかった。その結果、2年ものあいだ、隣りの青い芝生を探し続けることになり、結局、始めの芝生がいちばん青いことに気がつくことになった。

職場で困難に直面したとき、キャスリンのような状況に陥らないためにはどうしたらよいのだろう？　早く楽になる道や、最小限の努力で済む道を選んではいけない。最も後悔しない道を歩むことが肝心だ。状況はそれぞれ異なるが、一言で言えば、問題の原因を突き止め、選択肢を検討し、問題を巧みに解決するというステップを踏むことだ。そして、正当な理由があれば、円満に退社する。以下でそれぞれのステップの内容を見ていこう。

≫ STEP1 問題の原因を突き止める

何かがおかしいと感じたとき、最初にやるべきことは、その根本原因を探ることだ。不安が次々と湧き起こる、夜眠れない、やる気が起きないといった場合には、それを引き起こしている隠れた問題がある。職場での問題の場合、その根本原因はたいてい3つに分類される。次ページの図表14－2を参照してほしい。

人の問題　特定の上司、同僚、クライアントに問題がある場合、あなたは人の問題を抱えている。あるエンジニアは、いつもプロジェクトの最後に姿を現す同僚に手柄を横取りされていた。つまり、「人」の問題を抱えていた。

職の問題　日々の仕事が好きになれない、長期的なキャリアに不安がある、あるいは低賃金や手当

図表 14-2　問題の根本原因として考えられるもの

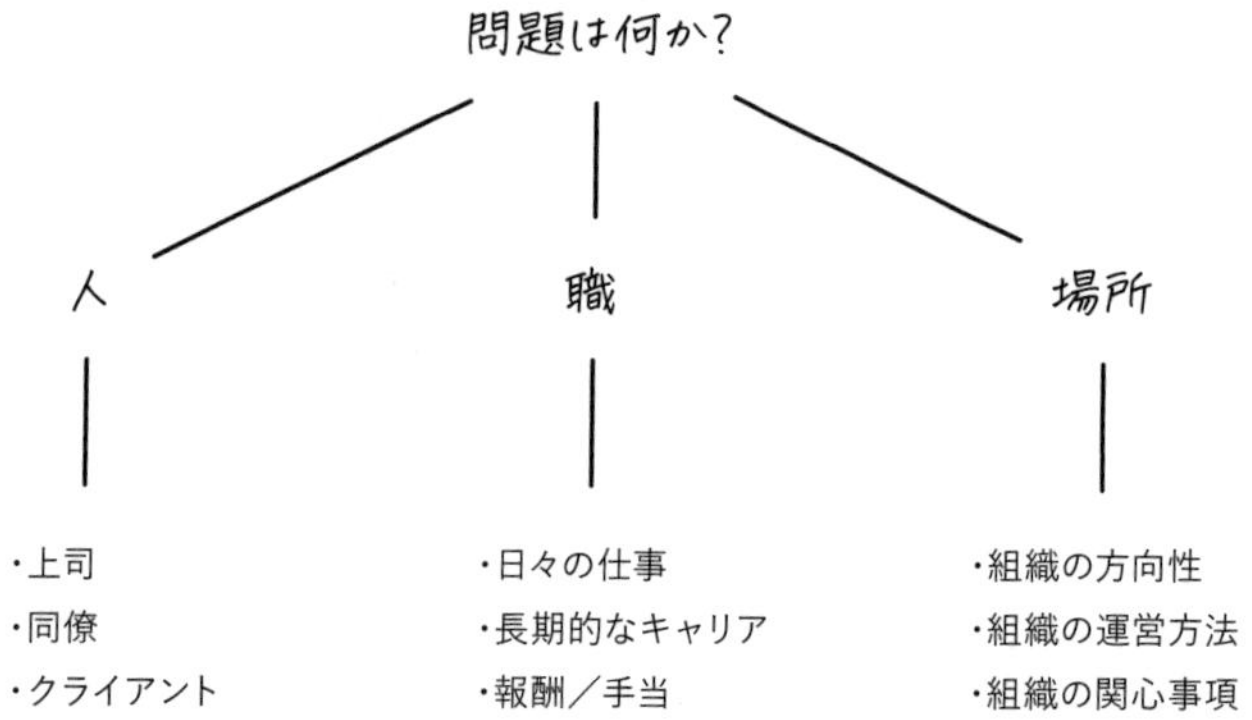

不足に不満を感じている場合、あなたは職の問題を抱えている。ある心理学の研究員は、研究所での明確なキャリアパスが見えないために、仕事に対する興味を失っていた。つまり、「職」の問題を抱えていた。

場所の問題　組織の方向性やその運営方法、関心事項に不満や不安を感じている場合、あなたは場所の問題を抱えている。ある政策アナリストは、何人かの同僚が辞めたためにますます多くの仕事を命じられるようになったが、昇給もサポートもなく、仕事のためのトレーニングさえ受けられなかった。つまり、「場所」の問題を抱えていた。

根本原因の見つけ方

悩みの根本原因を見つけるためには、第9章で紹介した問題解決アプローチを利用しよう。つまり、「なぜこうなったのだろう？」と問い続けるのだ。

キャスリンの場合、この「なぜ」を繰り返す作業を以下のように展開できたはずだ。

「仕事に行く気力がまったく湧かない」

それはなぜか？

「以前ほど、職場での時間を楽しめないからだ」

それはなぜか？

「以前ほど、周りに素晴らしい人たちがいないからだ」

それはなぜか？

「以前の上司とは仕事スタイルが異なる上司のもとで働いているからだ」

なるほど、そうか！

こうして思い返してみると、キャスリンの問題の根本原因はすべてというわけではなかった。原因は新しい上司だった。退屈な仕事、つらい出張、メンターの不在といったものは、別々の問題のように感じられたが、それらはすべてひとつの根本原因から生まれた現象だった。

すべての根本原因がすぐに明らかになるわけではない。突き止めるのに数週間、数カ月かかる場合もある。悩みの根本原因がわからず悩んでいる場合は、毎日一日の終わりに、次のような質問を自分に投げかけ、答えを書き留めてみよう。

・今日、自分は何をしたか？
・今日、自分は何を学んだか？
・一日のさまざまな場面で、自分はどのように感じたか？　それはなぜか？
・今日、自分は何を楽しんだか？　それはなぜか？
・今日、自分は何を楽しめなかったか？　それはなぜか？

1カ月後、書き留めたものを見直してみよう。問題の根本原因と、あなたのエネルギーをどこに向けるべきかが明らかになるかもしれない。

≫STEP2 選択肢を検討する

問題の根本原因を突き止めたら、次のステップは最適な改善策を見つけることだ。状況を改善するべきか、状況を受け入れるべきか、それとも状況から逃れるべきか？　正しい道を見つけるために、以下の問いを考えてみよう。

あなたが経験していることは度を超しているか？

安心を覚え、身体的にも精神的にも健康を維持でき、ありのままの自分でいられることは重要だ。

だが、すべての仕事や組織でこれが可能なわけではない。職場の状況のせいで、あなたの安心感、身体的・精神的な健康、自意識が損なわれていると強く感じるのであれば、状況は深刻で、切迫している。すぐにでも状況を改善するか、状況から逃れるために行動を起こすべきだ。もちろん、あなたが性差別や人種差別といった何らかの「差別」を受けている場合は、問題があるのは明らかであり、当然それに対処しなければならない。

問題はどんな範囲で起きているか？

問題を水たまりと考えてほしい。あなたは水たまりのなかに立っている。水たまりが小さければ、問題は一部の人たちに限定されている。水たまりが中くらいの大きさなら、問題は勤務先の範囲内にとどまっている。水たまりが大きければ、問題はあなたと同じような職種の人なら誰にでも共通するものだ。水たまりの大きさが理解できたら、そこから出るためにどれくらい踏み出す必要があるかと、その実現可能性を把握しよう。

- 「人」の問題を抱えている場合は、こう自問する。「チームを変われば、問題が解決するだろうか？ それは実現可能だろうか？」
- 「場所」の問題を抱えている場合は、こう自問する。「組織を変われば、問題が解決するだろうか？ それは実現可能だろうか？」

・「職」の問題を抱えている場合は、こう自問する。「職を変われば、問題が解決するだろうか？それは実現可能だろうか？」

ただし、すべてを得ることはできないと覚悟してほしい。私が経営コンサルタントだった頃、同僚たちはよく、「良い仲間、興味深い仕事、快適な生活をすべて兼ね備えたプロジェクトはない」と冗談めかして話していた。3つのうちふたつを提供できるプロジェクトはあるかもしれないし、ひとつだけを提供できるプロジェクトならもっとたくさんあるだろう。だが、3つすべてを兼ね備えたプロジェクトを期待しても無駄だ。そんなものは存在しない。この緊張関係を図式したのが図表14－3である。

個人の状況に応じて、この三角形の3つの角には、ほかの項目を置くこともできる。影響力の大きさ、高い報酬と手当、ストレスの少なさ、安定性、立地条件の良さなど、いろいろ考えられる。三角形の角に何を置いたとしても、結論は同じだ。人、職、場所の組み合わせが完璧になることはない。あなたが何に価値を置くか、何を犠牲にしてもよいかという問題なのだ。

自分の現在の仕事には、いったいどんなトレードオフが存在しているのか――それがわからない場合は、パターンを探してみよう。Glassdoor、Reddit、YouTube、ブログであなたの勤務先と職種を検索し、誰かが同じような問題を語っていないかを調べてみるのだ。もしそうした例が見つかれば、勤務先や職業のなかで広く見られる、長年続く問題が明らかになったのかもしれない。それをもと

図表 14-3　仕事におけるトレードオフ（例）

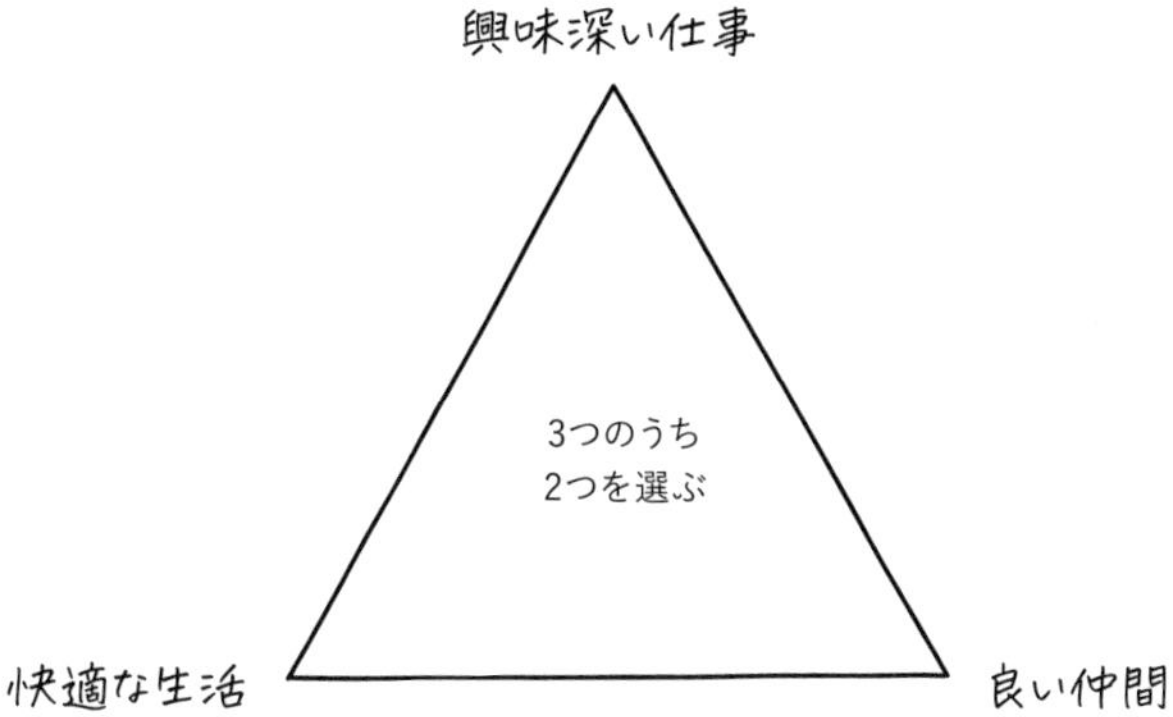

に、あなたはその問題を受け入れることができるかどうかを判断しなければならない。あるいは、あなたの組織の元社員をLinkedInで検索し、在籍1年以内に転職したパターンを探すこともできる。そういうパターンがあるのなら、問題を受け入れられなかった事例や解決できなかった事例が見つかったのかもしれない。もちろん、組織内の信頼できる同僚やメンターに相談し、あなたと同じ悩みを抱えていないか聞いてみることも忘れずに。悩みを共有できるのであれば、どう対処したかを確認しよう。

問題は一時的なものか？

気難しい上司や同僚にはストレスが溜まるものだが、もし彼らと一緒に取り組むプロジェクトが6カ月で終了する場合や、しばらくすればあなたが別のチームに移る選択肢がある場合には、さほど大きな問題ではない。ワーク・ライフ・バランスの崩れや低賃金は、受け入れ難いものだが、やがて年齢とともにライフスタイルが改善されるとわかっているのなら、これもさほど大きな問題ではない。キャスリンの場合、チームの変更を願い出ることはできたのだろうか？　それはわからないが、彼女はその選択肢を検討しなかった。

問題が一時的だとしても、苦痛が和らぐわけではなく、問題が小さくなるわけでもない。だが、それによって、状況を改善する、状況を受け入れる、状況から逃れるという3つの選択肢のどれが最も適切かが変わってくる。職場に居続けることの長期的なメリットが短期的な苦痛を埋め合わせると思えば、状況から逃れるよりも、状況を改善するか受け入れるほうがよいかもしれない。反対に、もっと働きやすいチームに移れる確率が低いと思えば、退社が最も魅力的な選択肢になるだろう。あなたが変化を働きかけないかぎり何も変わらないのなら、責任はあなたにある。あなたが全責任を負っているのだ。

改善後にどんな状況を希望するか？

退社するという選択肢はなく、あなたの希望どおりに状況を変えられるとしよう。あなたは何を変えたいか？　新たにどんな環境を希望するか？　その変化を起こすために、誰を説得する必要があるか？　意思決定者の目から見て、その希望は納得できるものか？

一般に、説得しなければならない人が多く、説得する相手の地位が高く、変化が理不尽とみなされる場合、変化を起こすのは難しくなる。説得しなければならない人が少なく、説得する相手の地位が低く、あなたの提案が妥当とみなされる場合、変化を起こすのは容易になる。

上司と話し合えば解決できる問題について、まだ上司に話をしていないのなら、状況から逃れたり状況を受け入れたりする前に、状況の改善を考えるべきかもしれない。改善後の環境がイメージしづらい場合は、知り合いに話を聞き、オンラインで検索し、ほかのチームや組織が同様の問題にどう対処しているかを調べてみよう。誰かを説得しようとすれば、「それで私に何をしてほしいのですか？」と聞かれてしまう。何かを提案して、それに対応してもらうしかないのだ。「何を望んでいるのか自分でもわからないんですが、とにかく現状が嫌なんです」と言うのではなく、「これが問題で、これが私の提案です」と言えれば、信頼性も説得力もはるかに高く見えるだろう。

各選択肢のメリットとデメリットは何か？

次ページの図表14－4のような2列の表を作成してみよう。左側の列には、ある選択肢が正しい理由をすべて書き留める。右側の列には、ある選択肢が正しくない理由をすべて書き出す。

こうしてメリットとデメリットを書いていくうちに、どの選択肢がほかよりも合理的で、納得でき、説得力があるかが見えてくるだろう。場合によっては、メリットとデメリットを2、3個書き出しただけで、いちばん良い選択肢を判断できることもある。また、この作業のもうひとつの利点は、今後難しい状況に陥った場合に、プラスの側面に目を向けることができるようになることだ。

図表 14-4

解決策のメリットとデメリット

メリット	デメリット
状況を受け入れる	
✓ 不満は＿＿＿＿までに解消するだろう	✕ 今後＿＿＿＿のあいだは厳しい生活になるだろう
✓ 誰からも文句を言われないので、私はこの仕事に向いているようだ	✕ 私が声を上げなければ、上司は問題があることに気づきもしないかもしれない
✓ 私にはもっと学ぶべきことがある。おそらく仕事が理解できれば、事態はそれほど悪くなくなるだろう	✕ 精神的／身体的な健康が損なわれるかもしれない
状況を改善する	
✓ 解決策を提案できるリーダーと見てもらえるかもしれない	✕ まだ新人なので、偉そうな人物／要求ばかりする人物と見られるかもしれない
✓ 結局退社するとしても、少なくとも最善を尽くしたと思えるだろう	✕ 要求したいのはこれだけか？　ほかにも問題が出てきたらどうするか？
✓ この組織に長く勤めたいので、状況の改善に努めたほうが良さそうだ	✕ 最近、仕事でベストを尽くしていなかった。もっと影響力を発揮できるようになるまで待つべきか？
状況から逃れる	
✓ ここでは長期的なキャリアパスを描けない	✕ 離転職を繰り返すと、ジョブホッパーのように思われるかもしれない
✓ 円満退社すれば、仕事上の付き合いは維持できるだろう	✕ 職探しは大変そうだ
✓ ここではもう成長／学習できる気がしない	✕ この仕事から得られることをまだ全部吸収できていない

このメリットとデメリットのリストは、あなたが何に価値を置くかによって変わってくることを頭に入れておいてほしい。だから、月に1回でも3カ月に1回でも半年に1回でも、リストを定期的に見直すことが重要だ。状況が改善していると思えれば、そのまま続けていこう。改善が見られなければ、選択肢を再検討してみよう。

10分後、10カ月後、10年後に最善と思える選択肢はどれか？

考えられる選択肢を並べたら、最後はタイムトラベルをしてみよう。コラムニストのスージー・ウェルチは、これを「10－10－10戦略」と呼んでいる。[1] 先回りして考えるのだ。10分後には、どの選択肢が最も魅力的と感じられるか？ 10カ月後、何か行動したこと（または行動しなかったこと）でプラスの結果とマイナスの結果を経験したあとに、どの選択肢が最も満足できるだろうか？ 10年後、キャリアを積み、時間をかけてあらゆるトレードオフを整理してからであれば、どの選択肢が最善と感じられるだろうか？ 早く楽になる道や最小限の努力で済む道は、最も後悔しない道と同じではないかもしれない。タイムトラベルには、感情を交えずに決断できるというメリットもある。キャスリンが痛い目に遭って学んだように、まさにいま苦痛を感じていると、状況から逃れるのが最善の策、あるいは唯一の策のように感じてしまう。だが実際には、それは手軽ではあっても、長い目で見れば得策ではないかもしれないのだ。

問題の原因となる人物は、自分が与える悪影響に気づいているか？

まだ記憶に新しい問題で、感情が高ぶっているときには考えにくいかもしれないが、この問いをぜひ考えてみてほしい。たとえば、問題の根本原因が上司や同僚にある場合、彼らは自分の言動が与える影響に気づいていないのではないか？（キャスリンの場合、彼女の上司は、自分のマネジメントスタイルが彼女に合わないことに気づいていなかったのではないか？）上司や同僚が「何だって？　考えもしなかった！」と言う可能性が高いとしたら、あなたは状況を受け入れたり状況から逃れたりする前に、状況の改善を考えるべきだろう。自分が与える悪影響に気づいていない人物のせいで問題が生じているのなら、解決は意外と簡単かもしれない。話し合えばよいだけのこともある。

STEP3 問題を巧みに解決する

状況の改善を図る場合、望みどおりになるか、状況が悪化するかの分かれ目は、適切なアプローチが取れるかどうかによる。問題や悩みを小さくしていくためには、本書で述べてきた次のような暗黙のルールが役立つはずだ。先回りして考えよう。適切な時期と人物を見極めよう。そっと訂正しよう。やんわりと、だがきっぱりと伝えよう。前向きな態度を心がけ、話し合う際には、学びたい、役に立ちたいという姿勢でのぞむことも大切だ。自分だけにメリットがあることを要求するのではなく、相手と同じチームの一員として、共通の目的を達成したいという気持ちを示さなければならない。状況を改善しようとする場合に取るべき戦略をいくつか紹介しよう。

独断で対応せず、協力を求める。話し合うべき人物に声をかける前に、信頼できる同僚に相談し、過去に同様の問題が起きていないか、起きていたとしたらどのように話し合ったかを確認する。そうすれば、同じような過ちを避けられる。

批判せず、感謝を示す。「ありがとうございます」「感謝しています」「ありがたいと思っています」といった言葉を多用する。前向きな気持ちは相手にも伝わりやすく、相手を評価することで助け合う雰囲気が生まれる。こうした言葉を利用し、和やかな雰囲気で話し合おう。感謝は無料なのだから、惜しまず感謝を示す。

ネガティブな意図を決めつけず、ポジティブな意図を想定する。「（ポジティブな意図）をお持ちなことはわかっています。ただ、そのおつもりはなかったと思いますが、（ネガティブな効果）が生じています」と話すようにする。実際はそう思っていなくても、このように言えば、相手は心を開きやすくなる。

自分の生活の改善について話すのではなく、チームへの貢献を強調する。「私には（＿＿＿）が必要です」と言うのではなく、「私たちが（＿＿＿）の改善を図るための方法を見つけたいのです」と言う。あなたの提案がチームの役に立つ場合は、そのように指摘する。そうすれば、要求ばかりする人物と思われずに済む。

問題を指摘するのではなく、アドバイスを求める。「（　　）はくだらないです」「（　　）は無意味です」「（　　）は耐えられません」と言うのではなく、「（　　）に関してアドバイスをいただきたいです」「（　　）にはどう取り組んだらよいのでしょう?」と言う。

変更ではなく、まずは試してみることを提案する。人間は強い決意が必要ない物事は取り入れる傾向がある。だから、「（　　）を変えるべきです」と言うのではなく、「（　　）を試してみるのはいかがでしょうか」「（　　）を検討してみませんか?」「（　　）をやってみてもいいかもしれません」と言う。

仕事について悩みすぎず、経験を広げることに目を向ける。チームの同僚に関して「人」の問題を抱えている場合は、人脈を広げる必要があるかもしれない。全社的なイベントやアフィニティグループ、地域社会の活動などに参加してみよう。たくさんのポジティブな経験のなかにネガティブな経験がひとつあるだけなら、理想的とは言えない状況を受け流しやすくなる。

たとえば、先ほど紹介したキャスリンは、これらの戦略を取り入れていれば、状況の改善に向けて、次のような話し合いをもつことができただろう。

キャスリン：どこかで30分ほどお時間をいただけませんか？　仕事について少し悩んでいるので、相談に乗っていただきたいのです。

上司：もちろんですよ！　私のスケジュールを見て、空いている時間を見つけてください。

（話し合いでのやり取り）

キャスリン：大変お忙しいところ、お時間をいただきありがとうございます（感謝を示す）。

上司：いいんですよ！　いつも熱心に仕事に取り組んでくれてありがとう。このクライアントの対応が簡単ではないのはわかっていますよ。

キャスリン：電話会議にじっくり耳を傾けるのは貴重な経験です。じつは、私が伺いたかったのはそのことなのです。どうやってご自身の得意分野を見つけられましたか？　いろいろな分野の知識を豊富に持っていらっしゃるので尊敬しています。プロフェッショナルとしてそういうレベルになるための方法を知りたいのです（アドバイスを求める）。

上司：大事なのはメンターの存在ですよ。ありがたいことに、私には新しいことに挑戦するよう促してくれるメンターが大勢いました。金融サービスと通信の分野に入っていけたのは、そのためです。今後もこれを続けるかはわかりませんが、いまのところは気に入っています。

キャスリン：なるほど！　私も最近、通信分野の勉強を始めました。そこで気づいたんですが、チームは金曜日にランチ勉強会を開いていますし、月に1回は勤務時間後に懇親会を開いています。それに参加したいのですが、毎週金曜日はクライアントへの出張があって難しいのです。それで、どうしたらよいか相談したかったのです（アドバイスを求める）。

上司：何とかなるはずですよ。金曜日の出張に融通が利くか、私のほうからクライアントに話してみましょう。

人はあなたの頭のなかを読み取ることはできない。だから、あなたが声を上げないかぎり、周りの人は問題があることさえ気づかないかもしれないのだ。キャスリンは、このような話し合いができていたとしたら、退社という道を選ぶ必要はなかったのかもしれない。

STEP4 円満に退社する

このように最善を尽くしても、結局、問題の解決には至らず、退社という選択肢だけが残ることがある。ほかにもう選択肢はないのか、退社せざるをえないのかは、どうすればわかるのか？ そのためには、次の10個の問いを自問してみてほしい。

□状況を受け入れようと（あるいは問題に対処しようと）努力したか？

□仲間に助けを求めたか？
□自分が何を望んでいるかを理解したか？
□相手と向き合おうとしたか？
□問題を上司や幹部に相談しようとしたか？
□別のチームに異動しようと働きかけたか？
□思いつくかぎりの選択肢を検討したか？
□我慢の限界に達したか？
□妥当な転職先を確保したか？
□別の会社に移ることで問題が解決すると確信しているか？

退社するからといって、10個すべての問いに対する答えが「はい」になる必要はない。だが、「はい」の答えが多ければ多いほど、退社するのが妥当ということになる。また、現在の会社にどれくらい在籍しているかも考えるべきだ。一般に、少なくとも1年間はひとつの仕事を続けるべきという暗黙のルールがある（理想を言えば、2年以上は続けたい）。熱意のないジョブホッパーと見られないためには、あまり頻繁に会社を変わるべきではない、という暗黙のルールもある。ただ、だから退社できない、退社すべきでないというわけではない。職歴にブランクがあっても外向きの物語を構築することはできる。

幸い、転職は単に何かから逃れるためだけに行なうものではない。より良い人であれ、より良い職であれ、より良い場所であれ、何かを求めて転職することもできる。理由を問わず、またその理由が好ましいか好ましくないかにかかわらず、就職したときと同じくらい慎重に退社することが重要だ。円満に退社するための５つのステップを以下で紹介しよう。

求職活動はこっそり行なう

「君にはできるかぎりのことをしてあげたい。転職するとしてもね」。上司がそう言ってくれるとわかっている場合は、計画を早めに伝え、意見をもらうのもよいだろう。だが、上司が熱心に支持してくれるとはかぎらない場合には、何も言わないほうが賢明だ。つまり、採用面接を終えてきたばかりだとしても、それがわかるような服装は避けたほうがいい。求人への応募や採用担当者とのやり取りには、個人のメールアドレスとパソコンを使うべきだ。仕事探しやそれに関連するスケジュール調整は、仕事のスケジュールとは切り離す。また、LinkedIn のプロフィールに転職希望と書くのもやめたほうがいい。退社することをしっかり伝える準備ができるまでは（そして、以下で説明するように、最終出社日までは）、上司にも同僚にもＩＴ部門にも、はっきりと熱意を示し続けなければならない。

公表する

会社を去っていく社員は、チームの和を乱しやすい。少なくとも、上司はあなたが担っていた役割を果たす者を採用しなければならない。あなたが重要なプロジェクトの責任者である場合や大事な締め切りが迫っている場合、あなたの退社は、さらに大きな混乱を引き起こすかもしれない。周りの人に与える迷惑を最小限に抑えることができれば、あなたは良い印象を残して去ることができる。退社を伝える時期はアメリカでは2週間前が一般的ではあるものの、上司にはできるだけ早く伝えるようにしよう。私自身は上司の準備期間を考慮し、2カ月も前に伝えた。退社日は、チームになるべく迷惑をかけないように、重要な締め切りの後やチームがあまり忙しくない時期にしよう。退社日やそのだいたいの日付を決めたら、それらを伝えるために、上司と1対1でミーティングを設定する。同僚への公表は、上司に伝えたあとにすること。あなたの退社に関する噂が、第三者から上司の耳に入ることがあってはならない。

仕事を緩やかに終了する

引き継ぎをスムーズに行なうためにできることがないか、上司に尋ねてみよう。後任者が引き受けやすいように、現在担当しているプロジェクトを十分に進めたほうがよいか？　ファイルを整理するべきか？　トレーニングマニュアルや引継書を作成したほうがよいか？　後任者を探し、面接し、トレーニングする手助けをしたほうがよいか？　退社する予定ではあっても、チームに貢献したいという気持ちを示すことができれば、あなたは良い印象を残すことができるだろう。同僚たちにも、また一緒に働きたいと思ってもらえるはずだ。

退社の挨拶をする

リモートワークではなくオフィスで働いている場合は、ビジネス用のデザインのサンキューカードを購入し、同僚やメンターや仲間に手書きで感謝を伝えよう。メッセージは必ず相手に応じて変えること。次のような表現を参考にしてほしい。

- 「大変お世話になりました。（――）していただきありがとうございました」
- 「（――）の仕事でご一緒できたことがとても嬉しかったです」
- 「（――）していただき、大変感謝しております」
- 「（――）のことは決して忘れません」
- 「（――）については感謝の気持ちでいっぱいです」

リモートワークをしていて、職場の人たちの郵送先住所がわからない場合は、最終日に一人ひとりに宛ててサンキューメールを送るために、個別のメッセージを下書きしておこう。また、リモートで働いているかどうかにかかわらず、親しい同僚、メンター、仲間とは最後に1対1で話をする場を設けるべきだ。最終日には、チーム全員宛に最後のメールを送り、それをあなた自身の個人メールにもCCしておくとよい（これについては、以下で説明する）。

余計な手間がかかる大仕事のように見えるかもしれないが、努力する甲斐はある。自分から辞めるのではなく、解雇される場合でも同じだ。この教訓について、あるCEOが娘のジョアンナの経験談を語ってくれた。スタートアップ企業に勤めていたジョアンナは、全社的な経費削減努力の一環として、多くの社員とともに解雇されることになった。

「娘にひとつアドバイスをしました」とCEOは言った。「今回のことがこれまで起こった最高の出来事のように振る舞えと言ったのです」。そして、娘が同僚にサンキューメールを書くのを手伝った。それが以下のメールである。

件名：みなさまを応援しています！

〇〇チームのみなさまへ

運用チームでの2年間、大変お世話になりました。素晴らしい経験をさせていただき、感謝の気持ちでいっぱいです。残念ですが、みなさまとは別の道を歩むことになりました。次の成長段階に一緒に参加できないのは寂しいですが、（――――）という新たなビジョンを実現させるために、これ以上のチームはないと思っています。

在職期間中は、友情、ご指導、機会を与えていただきありがとうございました。みなさまはやる気満々の新入社員だった私を仲間に迎え入れ、世界に通用するプロフェッショナルになるために必要なことを教えてくださいました。

具体的な感謝をいくつか挙げさせてください。

ルーシェン、キャサリン、カマウには、インド市場への（――）の導入支援にあたってアドバイスと機会を与えていただきました。

ケイシー、ソニア、ラヴィ、そして市場開拓チームのみなさまには、豊富な専門知識と創造性、計り知れない忍耐を学ばせていただきました。

サミール、キャロライナ、ダグ、そして経営陣のみなさまには、私たち全員を同じ方向に向かわせ、誇らしいと思える文化を生み出す姿勢に感銘を受けました。

私の今後はまだ不透明ですが、引き続きサンフランシスコに留まり、これからも電子商取引の分野に携わるつもりです（何かご提案があればお知らせください！）。

今後の連絡先は、（――）です。

本当にありがとうございました。

ジョアンナ

https://www.linkedin.com/in/（　）

はたしてこのメールを会社全体に送るべきか。ジョアンナは迷った末に、ルールにこだわらず、とにかく送信してみることにした。すると数時間後、会社のCEOから返信が来たのだ。

件名：Re：みなさまを応援しています！

ジョアンナ、君はじつに優秀な人物のようですね！

どういう種類の仕事を探していますか？　私の知り合いに頼んで、何か仕事を紹介できないか確認してみましょう。

ジョアンナの行動は、プラスの効果を生み出した。強い印象も残した。いま思えば、それはジョアンナの父親が私に話してくれたことだった。「第一印象が大切だとよく言われますが、最後の印象も同じくらい大切です。それほど難しいことでもありません。退社する予定だと公表すれば、あ

なたはさっさと立ち去ると思われるでしょう。そんな予想を裏切って、まだチームに貢献していることを示せば、ずいぶんと良い印象を残すことができます」

連絡を取り続ける

同僚たちとはLinkedInでつながり、特に親しかった者たちとは、第11章で紹介した方法を使って関係を維持しよう。仕事で知り合った人は、いまやあなたの人脈の一部だ。そうした人間関係を大切に育ててほしい。関連するニュースを共有しよう。手助けを申し出よう。あなたのキャリアは先が長く、初めて就いた職を定年まで続けるとはかぎらない。同僚たちの行く末はあなたにはわからないし、あなたと同僚の道は再び交わるかもしれないのだ。

職場で不満を感じるのは、愉快なものではない。問題や悩みがあれば、イライラして気が散るし、最悪の場合、充実した仕事が悪夢に変わってしまう。また、問題や悩みは基本的には人に関するものなので、一見小さな問題でも、仕事に行くのがたちまち憂鬱になってしまう。本章は自分には関係ないと思わないでほしい。結局のところ、人生に問題や悩みはつきものだ。問題を突き止め、それに優先順位をつけ、対処する方法を知ることは、重要なライフスキルと言える。あなたはもう、問題を避けて通るのではなく、問題に対処するためのスキルを手に入れたのだ。

Point

□どんな仕事も完璧ではなく、限界があるということを認めよう。
□職場で困難に直面した場合、問題の根本原因を突き止めよう。
□状況を受け入れる、状況を改善する、状況から逃れるという3つの選択肢がある。メリットとデメリットに基づき、どれが自分にとって最も有効かを判断しよう。
□協力者を見つけ、問題に関して誰かと話し合う場合は、やんわりと、だがきっぱりと伝えよう。
□退社する場合は、円満に、できるだけ良い印象を残して退社しよう。

第15章 ポテンシャルを示す

本書をここまで読み進めてきてくれた読者のみなさんは、こう思い始めているかもしれない。能力、熱意、協調性という3つのCを証明する方法はわかった。さて、次はどうすればよいのか？

学校と仕事では、ここに最も大きな違いがある。学校はベルトコンベアのような場所だ。授業を受けて、試験に合格すれば、前に進み続けることができる。それに対して、仕事は「荒野の探検」に似ている。どこに向かうか、そこにどれだけ早く到達するかは、人によって、また荒野の荒れ具合によっても違う。その選択はいまやあなたの手のなかにある。あなたはどこに向かって行きたいか？　その選択肢は、現在どんな仕事に就いているかによって違ってくる。

- **インターンシップ、見習い、臨時社員、契約社員**　現在の契約が終了したらどこかほかの職場に移りたいのか、それとも現在の職場で正社員になりたいのかを決める。
- **正社員**　今後も同じ仕事を続けたいのか、昇進してもっと重要な責任を担い、指示・命令する立場に立ちたいのか、別の部署に異動したいのか、それとも退社したいのかを決める。

昇進を希望するのなら、自分の力量を示す必要があり、本章はそんなあなたのためにある。だが、現在の立場のままでいることを希望するとしても、とにかく本章を読んでほしい。あなたが現状維持を望んでも、状況によってはそれが許されないこともある。先のことはわからない。あなたの仕事は変化し、外部に委託され、あるいは自動化されてしまうかもしれない。あなたの仕事はもはや不要だと、組織が判断するかもしれない。あなたが勤める組織自体がもはや不要だと、世界が判断するかもしれない。ここからは、昇進を目指して取るべき対策を説明する前に、組織のなかで人はどのように、いつ昇進していくのかを明らかにしよう。それを知れば、あなたは昇進に関して正しいマインドセットをもてるはずだ。

✓ 知っておくべきこと

- あなたはパフォーマンス（現在の立場でいかに優秀か）とポテンシャル（次の立場でいかに優秀と期待されるか）の両方に基づき評価される。
- 指示や命令をする立場に立ちたいか、より大きな責任を担いたいか、昇給を勝ち取りたいか？　そのためには、高いパフォーマンスと高いポテンシャルの両方を示す準備をしなければならない。

図表 15-1 パフォーマンスとポテンシャルの違い

パフォーマンス	ポテンシャル
現在の仕事をうまくこなせるか？	次の仕事をうまくこなせるか？
この仕事に夢中になっているか？	ここで成長したいと強く願っているか？
私たちと仲良くやっていけるか？	私たちのリーダーになれるか？

≫どのように、いつ昇進するのか？

本書はこれまで、インディビジュアル・コントリビューター（一般社員）として力量を示すためにどう行動すべきかを述べてきた。インディビジュアル・コントリビューターとは、管理職ではない者を意味する聞こえのいい呼び名である。だが、昇進を目指す場合、あなたはもっと高いレベルでそれとなく力量を示さなければならない。

というのは、誰でも社会に出たばかりの頃は、指揮命令系統の下位にいて、部下を抱えていない。そこから動いていくとしたら、上に行くしかない。次も一般社員のままだとしても、上司からの期待は大きくなるだろう。もはや自分の仕事をしていることはできない。図表15－1に示すとおり、パフォーマンスだけでなく、ポテンシャルも示す必要がある。業務を遂行する人物からリーダーシップを発揮する人物へと変わることを、周りの人に示さなければならない。

図表 15-2　9ボックス・マトリクス

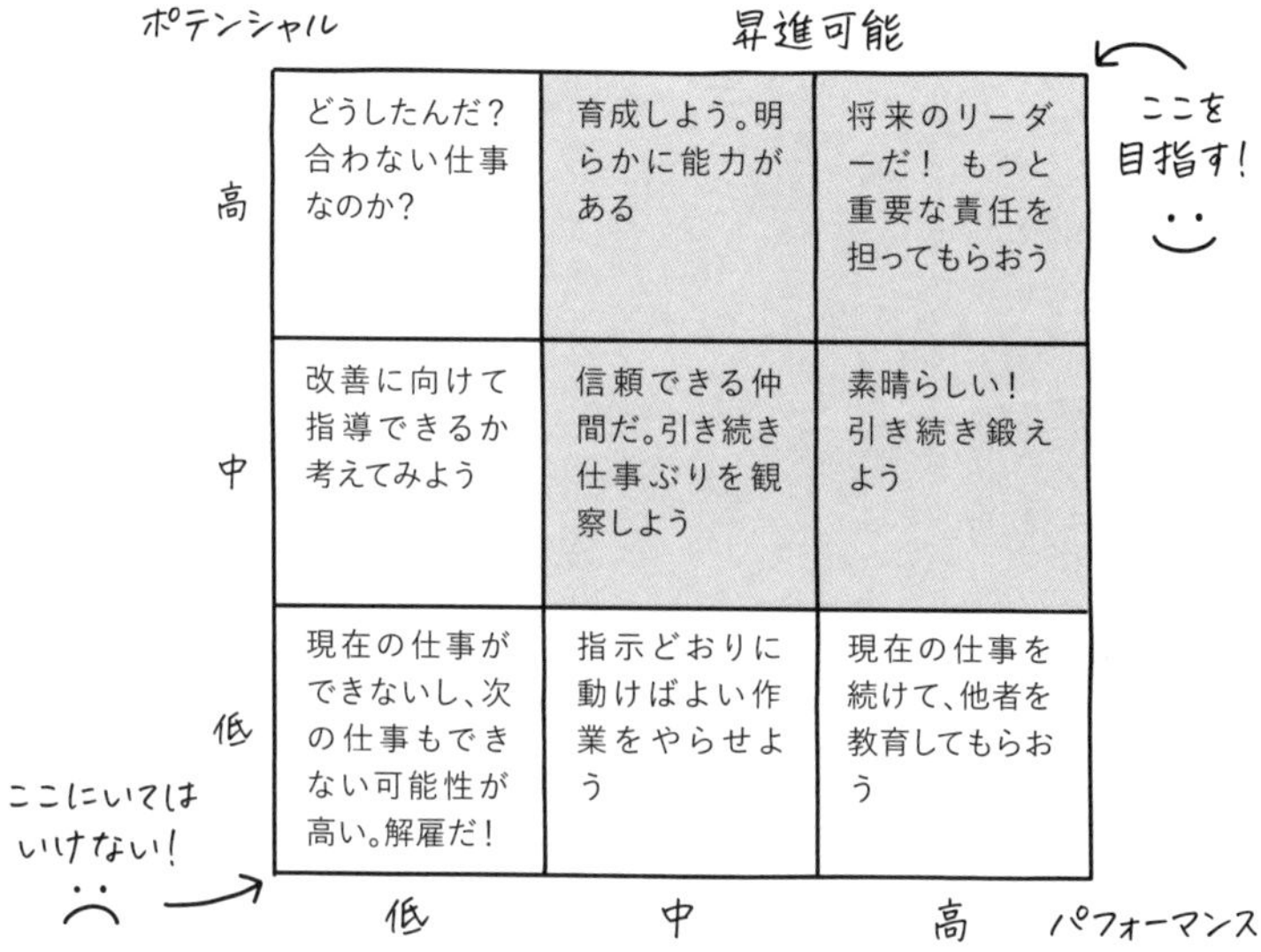
ポテンシャル
昇進可能
高
中
低
どうしたんだ？合わない仕事なのか？
育成しよう。明らかに能力がある
将来のリーダーだ！ もっと重要な責任を担ってもらおう
ここを目指す！
改善に向けて指導できるか考えてみよう
信頼できる仲間だ。引き続き仕事ぶりを観察しよう
素晴らしい！引き続き鍛えよう
現在の仕事ができないし、次の仕事もできない可能性が高い。解雇だ！
指示どおりに動けばよい作業をやらせよう
現在の仕事を続けて、他者を教育してもらおう
ここにいてはいけない！
低
中
高
パフォーマンス

ここで図表15－2を見てほしい。この図の狙いは、右上隅にできるだけ近づくことだ。つまり、高いパフォーマンス（現在の立場でいかに優秀か）と高いポテンシャル（次の立場でいかに優秀と期待されるか）が重なる領域に近づくことだ。この右上隅に近づけば近づくほど、あなたは一般社員として高いパフォーマンスを発揮できると同時に、リーダーとして活躍できるポテンシャルをもつと認められるようになる。パフォーマンスとポテンシャルの両方を認められた人物は、昇進する可能性が高くなる。

一部の組織（一般には人事部をもつ組織）では、このフレームワークは「9ボックス・マトリクス」と呼ばれ、社内の業績評価プロセスを支える役割を果た

している。こうした組織では、上司はプロジェクトや年度の終了時に部下を採点し、人事部にフィードバックを送る。それを受けた人事部は、全社員を9ボックスのどこかに配置する。組織のあらゆる階層で、このプロセスが繰り返される。昇進や賞与の時期には、幹部がミーティングを開き、このマトリクスを利用して、誰を昇進させるか、誰に高い賞与を与えるかを決定する。「ポテンシャルの高い人物」、つまり将来会社の幹部になると思われる人物の極秘リストを作成している組織さえある。ポテンシャルの高い人物は、プロフェッショナルとして成長するチャンスや指導を受ける機会を与えられ、海外赴任をはじめとする興味深い業務を任されることも多い。

一方、体系的な人事プロセスが整っていない組織では、このマトリクスは暗黙のものとして、幹部の頭のなかだけに存在する。だが、それでも、どの社員を登用すべきかを検討する際に、このマトリクスは利用される。一般に、昇進プロセスが体系化されていない組織では、直属の上司があなたの昇進を決定している可能性が高く、その場合、あなたと上司の親密さが重要になる。

ホワイトカラー以外の従業員が多い組織では、それらとは違う方法を取り、資格（特定のライセンスをもっているかなど）や勤続年数（その組織で何年働いているか）に注目する場合もある。だが、そういう仕事や組織は、学校の「ベルトコンベア」と似ているため、本章では取り上げない。

さて、ここまでは、組織が社員の昇進をどのように決定するかを見てきた。ここからは、組織がそれをいつ決定するのかを見ていこう。年功序列型の組織は別として、昇進は、2、3年ごと（「アップ・オア・アウト」型の組織に多い）、欠員が生じた場合、あるいは組織内で新たな必要性が生じた場合の3つのタイミングで行なわれることが多い（図表15－3を参照）。

図表 15-3　どんなときに昇進が期待できるか

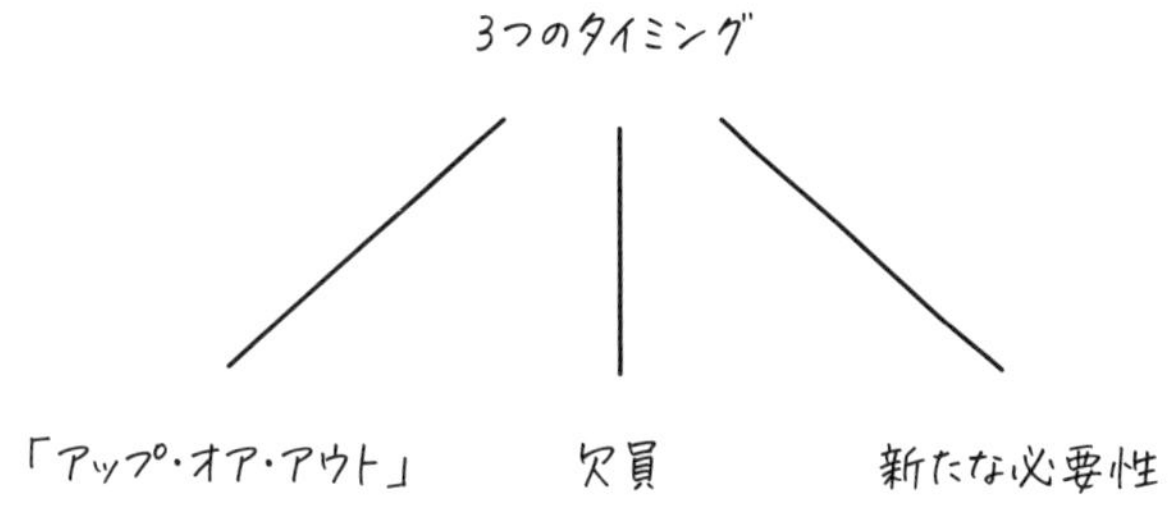

「アップ・オア・アウト」とは、「一定期間内に昇進できなければ、退社して別の仕事を探せ」という人事方針を一言で表した言葉だ。規模が大きく、離職率が高く、ある程度定期的に社員を昇進させられるような投資銀行、コンサルティング会社、会計事務所などに見られる方針だ。そういう環境で昇進するためには通常、同僚と比べてマトリクスの右上隅かその近くに留まり、しかも少しずつ成長していることを示す必要がある。

社員の在籍期間が長めの組織では、あなたより年次が上の者が別の仕事に移るか、退社するか、解雇されるか、退職し、欠員が生じるのを待たなければならない。このような場合、昇進ではなく、現状の役職のままでいることが基本となる。ポジションに欠員ができた場合に選ばれるためには、チャンスの到来よりかなり前に、パフォーマンスもポテンシャルも高い人物と評価されておく必要がある。

小さな組織やスタートアップ企業で働いている場合は、昇進できる機会は、さらに限られる。たとえば、あなたと創設メンバーだけの組織では、次に昇進できる明らかなポジションがないのはもちろんのこと、体系立った業績評価プロセスもない。投資対効果が見込まれ、あなたの昇進が組織の目標達成に役立つと経営陣が判断した場合に、あなたは昇進することになる。

このように、どこで働いているかによってプロセスは違って見えるものの、理屈は同じだ。昇進とは、あなたに対する投資なのだ。そして、ほかのあらゆる投資と同様、人々は時間やお金、エネルギーを投じる前に、回収できる可能性が高いと確信したいと思う。

それでは、あなたはどう行動するべきか？　詳しく見ていこう。

昇進を目指してどう行動するか

昇進するうえで鍵となるのは、チームにとって重要な役割や業務のうち、まだ誰も手をつけていないものを見つけて、それを主張することだ。そうした役割や業務を見つけるために、次の５つの行動を意識してみよう。

実施されていないことを実施する

ほとんどの組織には、同じ4つの目標がある。より多くの顧客やクライアントや資金提供者や支持者を獲得すること、より良い商品やサービスを提供し、高い評価を得ること、物事をより速く成し遂げること、すべてをより安価に動かし続けることの4つである。これらの目標をひとつでも達成すれば、あなたのポテンシャルに対する評価は上がり、その結果、昇進する可能性も高くなる。

例を挙げよう。臨時のアシスタント職から、それまで存在しなかった正規のマーケティングコーディネーター職へと変わったケティは、まさにこの戦略を取った。彼女の会社は、仕事を探している看護師を見つけて、病院の欠員とマッチングすることで利益を得ていた。ケティの仕事は、看護師のあらゆる書類を処理すること。仕事をしながら、ケティはあるパターンに気づいた。病院は常に大勢の看護師を雇いたがっているのに、会社はどういうわけかそれに応募する十分な数の看護師を見つけられない、と経営幹部は文句を言い続けていたのだ。

「当たり前じゃない！」。ケティは幹部の言葉を聞きながら思った。「看護師を募集するのにメールと電話に頼っているんだから。私の看護師の友人は全員、仕事探しにソーシャルメディアを使っているというのに、看護師が見つからないのも当然よ！」。ケティは試しに、ソーシャルメディアのアプリを使って、「看護師」と「仕事」というキーワードで検索をしてみた。すると、キャリアに関するアドバイスをやり取りし、数万人の看護師が登録しているグループが何十個も見つかった。そこで、ケティは発見したすべてのグループのスクリーンショットを撮り、上司のためにそのリンクを一覧表にまとめた。そして、それらのグループに求人情報を投稿する計画を上司にメールで提案した。

メールを読んだ上司は、それを自分の上司に転送した。すると、上司の上司が彼女の計画を気に入り、ケティの協力を得て計画を実行に移そうと言い出した。ケティは早速動き出し、会社のソーシャルメディアページを立ち上げ、数週間のうちに何千ものフォロワーと「いいね」を獲得することができた。

ケティの契約は6カ月の予定だったが、4カ月が経った頃、上司が彼女に言った。「君がいなくなると困る。正社員としてここに残ってほしい」。こうして、将来が望めない臨時の仕事に就いていたケティは、正規のマーケティング担当社員として採用された。そして、のちに会社で最年少の管理職のひとりとなった。きっかけは、以前よりも迅速かつ安価な方法で多くの求職者を集めるために力を尽くしたことだった。ケティが昇進した理由は、幹部があらかじめ計画していたからではない。彼女を雇い続け、彼女に投資するのは有益だ、と幹部が考えたからだった。

チーム内でいつも行なわれているやり方で仕事をしながら、「うわぁ、古くさいやり方だな」「なぜ（――）の方法に変えないんだろう」と感じることが、あなたにもあるかもしれない。そんなとき、自分の考えを書き留め、しなければならない仕事を完璧にやり終えたら、それを上司に提案してみよう。ただし、その際に気をつけてほしいことがふたつある。

ひとつめは、単に現在と違うだけでなく、より良い方法に目を向けることだ。あなたのアイデアは、ただの自分のやり方ではなく、現状を改善するものでなければならない。あなたはこれまでの方法を変える提案をしているのだ。古いやり方を好む人たちにとって、変化は不愉快なだけでなく脅威でもある。だが人々は、あなたのやり方のメリットが古いやり方のメリットを上回ることを納

図表 15-4　昇進するために力を入れるべき改善

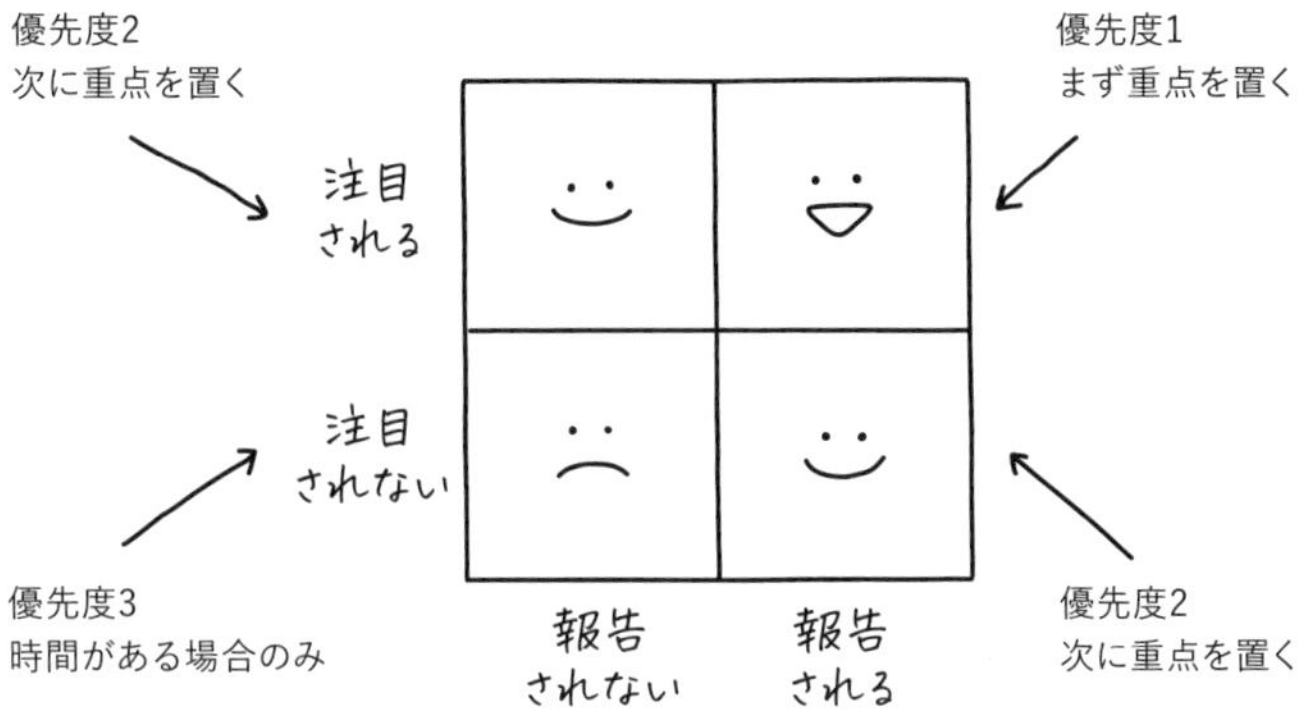

得すれば、あなたの提案に耳を傾けてくれるだろう。また、社内で影響力をもつ人たちを有効に活用してほしい。これまでどんな試みがなされてきたか、どんな失敗があったか、どんな協力者を味方につける必要があるかを理解する助けとなってくれるはずだ。

ふたつめは、より多く、より良く、より速く、より安価にという要素が特に重要であり、昇進につながりやすいと理解することだ。経営幹部の立場から見れば、注目される改善もあれば注目されない改善もあり、報告される改善もあれば報告されない改善もある。ケティの場合、より良い採用方法の導入だったからこそ、幹部に注目された。これがたとえば、職場の冷蔵庫を掃除する頻度を増やす提案だったとしたら、幹部に報告が行く可能性は低かっただろう。これもまた、オフィス内の家事が功績を認められにくいという残念な現実を物語っている。

あなたにいくつかアイデアがある場合は、図表15－4を参考に、最も注目され報告されやすいアイデアから、最も注目されず報告されにくいアイデアへとランク付けしてみよう。チームと組織にとって、何が緊急かつ重要であるかも考えよう。あなたのアイデアがチームの目標達成にとって緊急かつ重要であればあるほど、注目され報告される可能性は高くなる。だが、幹部に注目されず報告されない仕事は重要性が低いわけではないことを覚えておいてほしい。新人や若手社員は、必ずしも注目されず報告されない仕事を率先して行なうことで、信頼を構築し、チームプレイヤーとして認めてもらい、自己中心的な人物ではないと示すことができる（本章を本書の最後に置いたのはそのためである）。

解決されていない問題を解決する

職場で起こる問題にはさまざまなものがある。些細な苛立ちの種（人々が仕方なく受け入れてしまう不都合）から、重要な問題（解決しなければ、プロジェクトの失敗や組織の破綻にまでつながる恐れのある問題）まで幅広い。その中間あたりに位置しても、どちらかと言うと重要な問題に近いものは、職場で大きな苦痛になる（特に経営幹部にとっては、多くの時間を無駄に費やし、大きなストレスを感じる問題だ）。だから、あなたがそうした大きな苦痛や重要な問題の解決に取り組めば、周りの人はあなたのポテンシャルを認めるようになり、その結果、あなたが昇進する可能性は高くなる（図表15－5を参照）。そうした大きな苦痛や重要な問題を見つけるためには、幹部や上司の言葉に注意しよう。彼らが何かについ

図表 15-5　昇進するために力を入れるべき問題

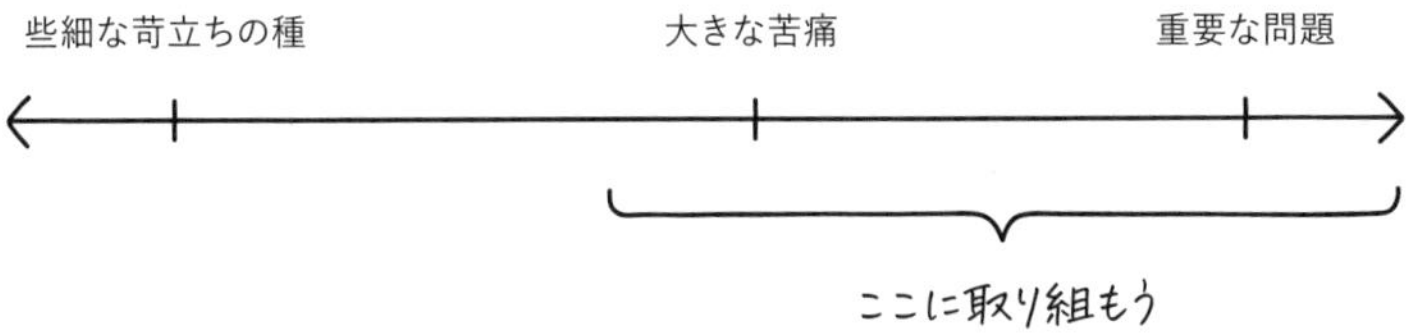

て頻繁に愚痴をこぼしていないか、注意を払うのだ。役職の高い幹部が愚痴をこぼし、大勢の人が、頻繁に愚痴をこぼしているほど、チャンスは大きくなる。組織の重要人物にとって何が重要なのかをよく理解できれば、あなたが問題を解決し、影響力を発揮できる可能性は高くなる。昇進する可能性も高くなるはずだ。

たとえば、テック企業に勤めるソフトウェアエンジニアのイマンは、自社製品の新機能のリリースが不規則に行なわれていることに気づいた。決まったスケジュールが見えないのだ。そのため、顧客は混乱し、マネジャーらは先を予測できず、複数のチーム間で仕事が重複していた。そこで、イマンはリリース責任者のところに行き、「ソフトウェアのリリーススケジュールのようなものはありますか？」と尋ねた。責任者が肩をすくめたため、イマンは言った。「もしよければ、私がスケジュールを作りましょうか?」責任者の了承を得たイマンは、チームの同僚に意見を聞いて回った。そして、計画を作成し、チーム内でフィードバックを求め、同僚と上司の同意を得て、全社会議で発表した。彼女のアイデアのおかげで、チームはその後、体系的なプロセスに従って新機能のリリースを行なえるようになった。イマン自身も年度末の評価で、リーダーシップを高く評価され、のちに同僚たちに先駆けて、シニアエンジニアに昇進した。すべての始まりは、それまでに解決されていなかった問題を解決したことだった。

もちろん、本書ですでに学んだように、「何を行なうか」は、戦いの半分にすぎない。周囲に威嚇的と思われずに「どのように行なうか」も同様に重要だ。そのため、解決策を提案する場合は、なぜそういう状況になっているかを把握するため、問題に関係する同僚に事前に相談しよう。誰かが本来やるべき仕事を怠っているのなら、その人を差し置いて踏み込まないよう慎重に行動すべきだ。昇進を望むのなら、アイデアの提案方法を注意深く検討しなければ、攻撃的な人物と思われる恐れがある。

これは、誰も取り組んでいないあらゆる業務に当てはまる。全員を満足させることはできないし、その必要もない。ベストは尽くすが、たとえ全員が味方になってくれなくても、自分を責めてはいけない。ただ覚えておいてほしいのは、職場の問題は逃げるべきモンスターではなく、駆け寄るべきチャンスだということだ。問題のなかでこそチャンスが生まれ、信頼が築かれ、キャリアが構築されるのだ。

つながっていないものを橋渡しする

何か新しいことを思いついたり、注目される大きな問題を解決したりする必要は必ずしもない。人と人、分野と分野、あるいは人と分野を「橋渡し」するだけでよい場合もある。たとえば、通訳は、ふたつの地域の言語を話し、ふたつの文化や考え方を理解し、片方の言葉や考えをもう片方が理解できる言葉に変えることができる。文字どおり、変換する人である。ある製薬会社のインターンは、部署でただひとりスペイン語が話せたために、重要なクライアントとの会議に参加するようにと言われた。また、テック企業の営業担当者は、販売チームのまとまりのない考えをシンプルな図やグラフ、スライドに整理することができたため、データ重視のマーケティングチームのメンバーから重宝された。

人と人との橋渡しをする仲介役のような者もいる。両者のあいだに立って、中立的な仲介者の役割を果たし、人を紹介し合い、争いの解決に力を尽くす。私が以前会ったキャリア・アドバイザーは、大学内のさまざまな部署の職員と親しくなり、そのため部署間のほぼすべての会議で参加と発言を求められていた。

ほかにも、複数の分野を結びつけ、ひとつの分野だけで作り出すより優れたものを作る者もいる。たとえば、ある研究者はポッドキャストを好んで利用していたため、これを自分の専門分野と結びつけ、所属する研究所のポッドキャスト参入と販売に力を尽くした。また、ある教育番組のボランティアは、グラフィックデザインのスキルを活用し、番組の退屈な資料を面白い解説画像に変えてしまった。

　こうした橋渡しをするいずれかの役割（あるいは同時にすべての役割）を果たすための秘訣は、自分が何を知っているか、誰を知っているかに自信をもつことだ。「私は（――）と（――）を理解している。なぜそれがほかの人にとってはそんなに大変なのか？」と思うのなら、通訳になれるチャンスが隠れているかもしれない。「私は（――）と（――）と仲良くしている。なぜふたりはつながっていないのだろう？」と思うのなら、仲介役になれるチャンスがあるかもしれない。「（――）の分野は（――）の分野からいろいろと学べるのに……」と思うのなら、あなたは複数の分野を結びつける存在になれるかもしれない。あなたとまったく同じ考えをもつ人はいない。だから、点と点とを結びつける自分なりの方法を見つけたら、それを周りに話してみよう。

ほかの人が知らないことを知る

　ある金融アナリストは、会社の研修に参加し、データ分析ソフトウェアの使用方法を学んだ。彼女のチームでは、まだ全員が表計算ソフトを使っていた。チームに戻った彼女は、あっという間に魔法のように仕事を片づけ、突如としてチームのなかで「ツールのエキスパート」になった。

　あるスタートアップ企業のCEOは、別のスタートアップ企業のCOOに電話をかけて尋ねた。「以前このベンチャーキャピタル会社と仕事をしたそうですね。どんな会社ですか？」。CEOの目から見れば、このCOOは「人脈のエキスパート」だった。

日本のある国際開発コンサルタントは、社内で東南アジアへの転勤を希望していたが、同地域での業務経験がないため、希望が叶わなかった。そこで、思いきって休職し、そのあいだにミャンマーの社会的企業でインターンシップに参加した。そして、自分がどんなことに取り組んでいるか、それが会社にどう関係するかを伝えるために、会社の上司や幹部にメールを送り続けた。休職後に会社に戻ってくると、彼は東南アジアのさまざまなプロジェクトに参加を命じられただけでなく、社内で東南アジアのエキスパートと目されるようになった。3カ月のうちに、彼は「分野のエキスパート」になった。

もしあなたがインポスター症候群（自分の能力を疑い、仕事に見合った実力があることを認められない状態）に悩まされているとしたら、自分が何かのエキスパートだと考えるのは難しいかもしれない。また、経験豊富で、頭の回転が速く、自己主張の強い同僚たちがいるチームでは、「みんな頭がいい！　私が何か役に立つことを言えるわけがない」とか「私は何のエキスパートでもない。この情報だって人から聞いただけだから」とつい言いたくなってしまうだろう。こういう考えが頭に浮かぶ場合は、基準を高くしすぎているのかもしれない。ツールや人脈や分野に関して、何も世界でいちばんのエキスパートになる必要はなく、チーム内のエキスパートとして貴重な存在になればよい。チームの同僚よりも少し詳しければ十分なのだ。

だが、ここで気をつけてほしいことがある。新たなツールがあると、より良く、より速く、より安価に成果をあげるうえで有利になるため、ツールのエキスパートになれば大きな影響力が手に入るが、注意する必要がある。特定のツールの使用方法を知っているのがあなただけだとしたら、あなたは周りの人に頼られやすくなる。だから、ひっきりなしに作業を頼まれたくなければ、有能と思われすぎないように注意しなければならない。エキスパートになろう。ただし、あなたが本当になりたい分野のエキスパートになるのだ。

共有されていない情報を共有する

日々の仕事や私生活のなかであなたが出会い、学び、作り出すものを侮ってはいけない。同僚たちにとって貴重な何か、同僚たちと共有する価値がある何かを、あなたはもっているかもしれない。この「何か」は、テンプレート（あなたが作成し、他者が再利用または改変できるもの）と情報（他者の仕事や関心に関係するニュース、データ、記録）のふたつに分類されることが多い。

これについて、以前、物流会社のマネジャーが、ある部下の話をしてくれた。その部下は仕事のなかで、エクセルのテンプレートをたくさん作成したという。プロジェクトが終わるたびに、彼は「こんなにモデル（集計表）を作ったので、無駄にしたくありません。みなさんに使ってもらうために、社内イントラネットにアップロードしてもいいですか？」と上司に尋ねた。許可をもらうと、モデルの機密情報を取り除き、ファイルの動作を説明した表紙をつけ、各機能を説明したコメントを書き込み、自分と自分のチーム名でそれをアップロードした。ファイルを共有することで、チームプレイヤーとして人の力になりたいという気持ちだけでなく、自分が特定の分野とツールのエキスパートであることをさりげなく伝えたのだ。やがて、評判が広まり、社内の人々がアドバイスを求めて彼のところにやって来るようになった。

「いつの間にか、盛んに褒められるようになりました」とマネジャーは話す。『君のところのメンバーに救われたよ！』と言われるのです。ほかのチームから大好評でした」

何かを作成したり、学んだりしたときは、「これはほかの人たちにも役立つだろうか？」「関係者以外に共有してもいいだろうか？」「上司はいいと言うだろうか？」と考えてみてほしい。これら3つがすべて問題なければ、人と共有しよう。

だが、気前よく振る舞うことは重要ではあるものの、本書で取り上げたすべての暗黙のルールと同様、他者を真似て、一般的なやり方に従うことも重要だ。ある広報担当社員は、チーム内で「四半期の貢献者」をメールで送り合う取り組みについて話してくれた。同僚の多くは、チームの仲間を褒めつつ、自分の成果をさりげなく織り交ぜていた。そのチームでは、自分の手柄だけを自画自賛すれば、傲慢で協調性に欠けると思われてしまうという。だが反対に、人のことばかり称賛すれば、あなた自身の能力と熱意を伝えるチャンスを逃してしまう。

ほかにも、同僚たちに関係があるかもしれないニュース、報告、発表、動画、ポッドキャストの番組などに常に気を配るという方法もある。こちらのほうが、はるかに簡単かもしれない。第11章で説明したように、関連する情報を送ることで、人間関係を維持できるだけでなく、自分が常に最新情報を把握していることを周りの人にアピールすることができる。

望むなら求めよう

ここまでは、パフォーマンスとポテンシャルが自然に認められることを前提として、昇進について見てきた。それが当てはまる場合もあるが、そうでない場合は、望むものを自分から求める必要がある。そして、そうするだけの価値はある。大規模な公立大学の講座編成職員であるガリーナの経験を紹介しよう。彼女は2年半前に、大学初の公務員養成講座を立ち上げ、学内で最大の講座にまで成長させた。だが、まったく新しい大きな役割を担うようになったというのに、彼女の役職は変わらず、昇給もなかった。そこで、彼女は給与の交渉を行なうことにした。まず、組織内の別の大学で同じような仕事を担当している同僚たちに、テキストメールを送った。

こんにちは、アバ。個人的な質問をして申し訳ないのですが、給料の額を教えてくれませんか？　じつは、私の給料について大学側と交渉しようと思っていて、比較できるデータを集めて回っています。その代わり、わかったことがあれば情報共有します！

ガリーナは集めた情報を見て、ショックを受けた。同僚たちより大きな講座を運営し、高い教育を受けているにもかかわらず、給与の金額が同僚のなかで最も低かったからだ。そこで、１ページの比較表を作成した。同僚たちが勤める大学、給与、教育レベル、経験年数、担当する学生数、講座の提供状況をまとめた表である。給与の中央値を算出し、仕事と経歴が自分にいちばん近い同僚を強調し、それと同等の報酬を上司に要求することにした。交渉時のやり取りを2週間ほど練習したあと、ガリーナは会議のあとに、部門長に話しかけた。

「ちょっとよろしいですか？」と彼女は切り出した。「じつは仕事のことでご相談があります。今後数日のうちに、お時間いただけませんか？」

部門長との打ち合わせで、ガリーナは状況を説明した。「お時間をいただきありがとうございます。部門長やチームのみなさんと一緒に働くのはとても楽しいですし、今年立ち上げた新たな取り組みも楽しみです。ただ、最近ふと思ったのですが、ここ2年から3年で私の責任範囲は倍増したのに、昇給がありませんでした。そのことでご相談したいのです」

そして、比較表を取り出した。「大学組織内のほかの学校の同僚と比較するために、こんな表を作ってみました。ご覧のとおり、私は彼らの2倍の規模の講座を立ち上げ、現在運営しています。修士号も取得していますが、同僚のなかには修士号をもっていない者もいます。ところが、給料を見ると、私は同僚たちをはるかに下回っています。現在の金額から14パーセント増にはなりますが、彼らと同じくらいの給料をいただきたいのです。そのためには、部門長にお力添えいただくことがとても重要です。いかがでしょうか？」

部門長はガリーナの比較表を眺めて、笑顔で言った。「さすがですね。これほどよく整理された資料は見たことありません。具体的な情報も示さずに『給料を上げてくれ』と言ってくる人が多いので、そういう場合はなかなか賛同できないんですよ。部長に話してみましょう」

2カ月後、部門長から返事が来た。ガリーナは次の会計年度から昇給することになった。

だが、ガリーナの昇給の要求はこれで終わらない。2年後には、受講費、交通費、宿泊費で総額5000ドルの職能開発プログラムへの参加を求めた。その数年後には、再び昇給を求めたが拒否されたため、別の大学でもっと給与の高い仕事を探し始めた。そして、無事に内定を手に入れてから、そのことを部門長に告げた。部門長がすぐに人事部に連絡を取ったところ、人事部は同等の給与を承諾した。

こうした経験を振り返って、ガリーナは語った。

給料を交渉しよう、と自分に納得させるのはとても大変でした。いまの給料に感謝しなければいけないと思ったのです。両親ともに大卒ではない移民の家庭に育った私は、すでに家族の誰よりも高い給料を稼いでいました……さらに高額を要求するのには罪悪感を覚えました……これは金額の問題ではない、私自身の価値が給料に反映されていないことが問題なのだ、と自分に言い聞かせる必要がありました。夜も週末も働いていたのに、時間に見合った金額が得られていませんでした……ならば、求めなければなりません。そして、拒否されたら、たとえば能力開発研修の費用など、ほかに何か得られるものがないかを考えてみるべきなのです。

あなたが過少評価されていること、期待以上の働きをすることを、誰もが知っているわけではない。あなたのキャリアをあなた以上に気にかけている人はいないのだ。パフォーマンスとポテンシャルのマトリクスの右上隅に向かって、まだ登っている最中だとしたら、昇進を求めるべきでないのは明らかだ。だが、すでにその領域に到達しているのに、そのことを認められていないのなら、認めさせるためにあなた自身で動くべきときかもしれない。本書で紹介してきた戦略を利用してほしい。迷った場合は、信頼できる同僚に、通常のプロセスについて尋ねてみよう。交渉相手を理解し、下調べと準備をしよう。先回りして考え、会話がどう進むかを思い描いてみよう。ミーティングでは、相手の時間と手間を省くために自分なりの提案をしよう。やんわりと、だがきっぱりと伝えよう。

評価されるためには、まずあなたが自分を評価しなければならない。あなたが自分自身を評価しなければ、人も評価してはくれないだろう。

≫常に望みが叶うとはかぎらない

懸命に働けば、才能があれば、認められて、報われる。そう思いたいものだが、残念ながら、社会は必ずしも公平ではない。昇進を目指して努力しても、客観性や機会の欠如のせいで、望みが叶わないこともある。

客観性の欠如

9ボックス・マトリクスが信頼性の高いツールのように見えるとしても、自動販売機にコインを入れたら飲み物が出てくるように、機械的に昇進すると勘違いしないでほしい。決定を下しているのは機械ではなく、人間なのだ。みなさんもすでにご存じのとおり、残念ながら、人間が関わる事柄には偏見がつきまとう。ひとつ例を挙げるとすると、マネジャーは業績評価を行なうにあたり、男性を言い表す場合は肯定的な言葉（「分析的」「信頼できる」「自信にあふれている」など）を多く使い、女性を言い表す場合は否定的な言葉（「自己中心的」「消極的」「優柔不断」など）を多く使う傾向があるという。[1] 職場は公平な競争の場ではないのだ。

偏見に対処するために、組織はさまざまな工夫をこらしている。ひとりのマネジャーだけでなく、対象者と一緒に働く全員が評価する「360度フィードバック」を導入している組織もある。昇進候補者と個人的な面識のない幹部で構成される昇進委員会を設置し、そこで性別や人種がわかる情報を削除した社員記録を審査する組織もある。とはいえ、一般的には、そうしたプロセスを取り入れているのは、比較的規模の大きい組織に限られる。組織の規模が小さくなればなるほど、昇進は、社員の3つのCに対する社内の人々の直感をもとに決定されることが多い。そして、あなたの昇進を上司ひとりで決めている可能性が高くなり、組織におけるあなたの将来は、上司との相性で決まってしまう。

状況に応じて、これは良し悪しだ。あなたのことをいちばんに考えてくれる上司もいれば、自分が最優先の上司もいる。あなたに脅威を感じる上司や、単にあなたのことが好きではない上司もいれば、「僕が昇進しなければ、君たちの昇進もお預けだ」と考えるような上司もいる。上司の行動パターンから、自分の上司がどんなタイプか、すでにわかっている人もいるかもしれない。また、いまはわかっていなくても、いずれわかるだろう。昇進をめぐって人間の本質が明らかになることは多い。あなたが能力、熱意、協調性を最大限に発揮するために全力を尽くしても、上司が妨げになるのなら、ほかの職場に移るべきかどうかを検討したほうがいいかもしれない。

機会の欠如

良い仕事をしても、組織で成功するとはかぎらないし、組織が成功するともかぎらない。スタートアップ企業、小規模な非営利団体、政治の世界などでは、非常に有能な人物でも、昇進できずに苦労するかもしれない。その原因は、個人のパフォーマンスが低いからでもポテンシャルに欠けるからでもなく、その人を取り巻く環境だ。たとえば、あなたがアンチョビ味の歯磨き粉を製造するスタートアップ企業の営業部に勤めているとしよう。あなたは優秀な営業担当者ではあるけれど、歯磨き粉の売り上げはあまり上がらない。アンチョビ味は人気がなかったからだ。その場合、運悪く思い込みの強い幹部のもとで働いている場合、幹部は自分たちの無能さ（商品決定の失敗）を営業担当者の無能さ（商品販売スキルの低さ）のせいだと間違って解釈することがある。あるいは、あなたが優れたスキルを活かして何とか売り上げを伸ばしたとしても、会社にはあなたを昇進させるためのポストがないかもしれない。

売れない商品を作る会社に勤めていなくても、機会に恵まれないことはある。リモートワークをしている場合は、経営幹部や同僚らと顔を合わせる機会が少なく、誰も取り組んでいない業務を見つけるチャンスを逃してしまうかもしれない。そういう場合は、チームミーティングで細心の注意を払い、インスタントメッセージャーで同僚たちと交流を図るなど、周りの人たちがどんな仕事をしているかを知る必要がある。仕事が与えられるのを待っているのではなく、上司にいろいろなアイデアを積極的に提案する必要もある。

さらには、個人の仕事を超えた要素もある。景気が悪いかもしれないし、業界が伸び悩んでいるかもしれない。あなたの部署がリストラの対象になっているかもしれないし、あなたを応援してくれていた上司が別の部署に異動してしまうかもしれない。理由は何であれ、良い仕事をしても、ビジネスの世界で必ず成功できるわけではない。期待以上の働きをするという評判を得るのは決して悪いことではないが、行き詰まりを感じてもどかしいこともあるだろう。その場合、キャリアの次のステップを見据える時期に差しかかっているのかもしれない。

結局のところ、あなたへの投資が組織にとって有効だと人々に納得してもらうためには、ポテンシャルを示さなければならない。個人の仕事がこなせるだけでなく、チームにとって欠かせない人物だと証明することが重要だ。キャリアは「荒野の探検」に似ている。キャリアの荒野で風雪をコントロールすることはできないけれど、成功を目指して最大限の努力はできるはずだ。あなた自身が後悔しない道を切り開いていこう。

Point

- □高いパフォーマンスと高いポテンシャルの両方を示すことを目指そう。
- □個人の仕事や役割を超えて、組織の大きな目標を考えよう。
- □次のような行動を意識しよう。「実施されていないことを実施する」「解決されていない問題を解決する」「つながっていないものを橋渡しする」「ほかの人が知らないことを知る」「共有されていない情報を共有する」
- □人に認められていないのなら、認められるために積極的に動こう。

おわりに

第15章で、キャリアを「荒野の探検」に例えた。どこに向かうか、そこにどれだけ早く到達するかは、あなたの行動次第であり、また荒野の荒れ具合によっても違うと述べた。だが、キャリアと荒野の探検はまったく同じわけではない。

山道を歩くという行為は、自然を相手にした対話だ。それに対して、キャリアの探検は、人間同士の対話である。山道を歩く場合は、詳しい地図さえあれば遠くまで行けるかもしれないが、キャリアを探検する場合、地図だけでは物足りない。山道はひとりで歩けるが、キャリアはひとりでは歩けない。キャリアを探検するためには、地図だけでなく、あなたを引っ張ってくれる人間が必要なのだ。

要するに、良い上司が必要だ。上司の上司、それに上司の上司の上司にも（組織のトップに至るまで）恵まれる必要がある。そういう点で、キャリアの成功は、2車線の道路のようなものだ（あるいは、線路のようだとも言える）。あなた自身が自分のポテンシャルを最大限に発揮したいと望む必要があるのと同時に、あなたの上司と、そのうえにいるすべての上司は、誰もがポテンシャルを最大限に発揮できる環境を作り出す必要がある。わずかな人だけが発揮できるのでは意味がない。彼らはあなたをトレーニングし、指導し、称賛し、尊重し、公平に扱い、あなたが失敗したときには大目に見なければならない。

だが、残念ながら、みなさん全員がそうした扱いを受けられるわけではない。偏見や現実離れした期待の有無にかかわらず、すべての部下を育成できる上司ばかりではないし、全社員を昇進させられる組織ばかりではない。そういう状況では、個人の努力には限界がある。だからこそ、集団で力を合わせて努力し、「恩送り」をする姿勢が求められている。誰にでも果たすべき役割があり、あなたにも果たすべき役割がある。

本書の「暗黙のルール」を活用し、キャリアの成功を目指して進んでいってほしい。だが、前に進みながらも、あとに続く者たちのことを忘れないでほしいのだ。突然メールが送られてきても返信してあげよう。見知らぬ若者からの相談にも乗ってあげよう。社外の人にも手を差し伸べよう。同僚の力になろう。知っている情報を共有しよう。そして、いつか誰かの上司になったときは、自分がかつて望んだような上司になろう。即断は避け、能力が未知数の者を採用し、育成し、激励の言葉をかけよう。チャンスを与え、努力に報いよう。不公平と戦おう。

あらゆる機会を利用して、いまよりも公平で公正な職場や社会をつくってほしい。本書の執筆に力を貸してくれた５００人以上のビジネスパーソンがしてきたのと同様、「恩送り」を心がけてほしいのだ。

人々がともに働きやすいルールを伝えていこう。人々にチャンスを与えないルールは廃止しよう。うまくいけば、あなたやあなたのような先人たちのおかげで、成功するための平等なチャンスを誰もがつかめるようになれば、次世代の若手ビジネスパーソンは本書を読む必要すらなくなるだろう。

本書はここで終わるが、あなたのキャリアは始まったばかりだ。さらに詳しい情報は、gorick.comをご覧いただきたい。さあ、あなたのキャリアを成功させるために、前に進んでいこう！

謝辞

本書には生みの親が大勢いる。その数はじつに900人以上。このプロジェクトが実現したのは、これから紹介する人たち、さらには私が書き漏らしてしまったさまざまな人たちの努力のおかげである。彼らは私に助言を与え、私のためにドアを開き、私が知らなかったことを学ぶ手助けをしてくれた。私の数えきれないほどの質問に根気よく付き合い、私の悩みに耳を傾け、私の考えやちょっとした思いつきを文章にするために力を貸してくれた。それがついに本となり、いまあなたの手のなかにある。本書はみなさんのお役に立てただろうか？　もしお役に立てたのなら、本書が私だけでなく、大勢の人々のおかげで生まれたことをわかってほしいのだ。

私がまだ世間知らずのＭＢＡの学生だった頃、レン・シュレジンジャー教授は、私が送ったコールド・メールにわずか6分で返信してくれた。そして、初めてお会いしたときにすぐに、私の研究を本にして出版するよう勧めてくれた。私がひとりで作った壮大なプロジェクト提案書を快く受け取り、初期の原稿に目を通し、出版業界の暗黙のルールを教えてくれた。私にポール・Ｂ・ブラウンを紹介し、彼のおかげで、私は初めて出版社に企画を持ち込むチャンスを手にした。持ち込みは失敗に終わり、その後19回も失敗が続いたものの、機会を与えてくれたことに感謝している。多くの学びがあったからだ。

私の企画の評価者であり、マネジャーであり、メンターであり、友人でもあるジェイム・Ｂ・ゴールドスタインは、「完璧を目指すよりまずまずの出来でいい」と教えてくれた（この教訓はいまも戒めとしている）。準備ができていないと思っても、勇気を出してやってみたほうがよいと励まし、スコット・ベルスキーを紹介してくれた。そして、スコットが私を、著作権代理人のジム・レヴァインと引き合わせてくれた。

ジム・レヴァインは、私のコンセプトに可能性を見いだしてくれただけでなく、マシュー・ハフとコートニー・パガネッリとともに、出版社から断られ続けても、常に私を励ましてくれた。「必要なのは1社だけなんだから」というジムの言葉は、それ以来、私の大好きな言葉になっている。

良いことも悪いこともあるなかでずっと支えてくれた「合唱団」の仲間であるマイケル・アルトマン、カミーユ・ズムウォルト・コッポラ、エリック・ヘンディ、リー・ヘンディ、ヴィシュヌ・カルゴットラ、ケン・リュウ、チャオダン・ツェンにも感謝したい。

デヴィッド・キャリーと、私たちを引き合わせてくれたショーン・ボーエンに感謝したい。デヴィッドは、両親ともに大卒ではない家庭で育った仲間として、貧しい生い立ちの人々のために公平な競争の場を作るという使命のために、常に助言とインスピレーションと友情を与えてくれた。

私からの際限のない質問に根気よく付き合い、原稿を何度も何度も読み返して私の考えと言葉を形にし、「人の意見に耳を傾けたい」と思うのではなく「耳を傾ける必要がある」ということを教えてくれた、私のブレーンとも言える人々、アーロン・アルタベット、ダマリス・アルトメリアノス、クウェク・ダルテ・アナン＝アピア、アイザイア・バルディセラ、ジュリア・カニック、ワドネス・キャステリー、ジム・チャン、クリス・チェン、ジョアンナ・コーネル、エヴァン・コヴィントン、キャロライン・デイヴィス、マシュー・デ・ラ・フェンテ、エウジェニオ・ドナティ、ニール・ドシ、シェイラ・エナマンドラム、ウリエル・エプスタイン、レベッカ・ファイカート、トリストン・フランシス、コリン・フー、ガリーナ・ゲイマン、ルーク・ホッジス、ウィンストン・ファン、サミール・ジュンナーカー、ビクター・カメンカー、ジョイス・キム、レオ・キム、キーレン・クレセビッチ・サラザール、リン・ラム、アリソン・リー、アンジェラ・リー、クリスチャン・リン、ジャロン・ロード、モニカ・マクギリス、カマウ・マッセイ、サナ・モハメッド、ミランダ・モリソン、ハシブ・ムハンマド、インジル・ムハンマド・ジュニア、ヴェロニカ・オブライエン、リチャード・パーク、ウェス・ピーコック、ヤン・フィリップ・ペータースハーゲン、サディア・ポルル、ミシェル・ポパディッチ、キャスリーン・パワー、レイチェル・プレガン、ジョッシュ・ロス、カレブ・シュワルツ、スティーブン・スレイター、ドノヴァン・スミス、ロブ・スナイダー、スコット・スティレット、メーガン・ティッツァー、ジョージ・ヴィントン、デイヴィス・ウィルキンソン、チャールズ・ウォン、ルシェン・ウーにも感謝したい。「学習と教育に関するハーバード・イニシアチブ」の創設仲間であるマハディ・アルバスリ、ソフィー・ターンブル・ボスメニー、アゼーズ・グプタ、アンジェラ・ジャクソン、スーザン・ジョンソン・マッケイブには、私が本書を書き始めた頃から応援し、一緒に考えてくれたことを感謝する。

編集者のアリシン・ザルには、制限字数を4万ワードも超えた原稿をまさに魔法のように編集してくれたことを感謝したい。また、サリー・アッシュワース、ジュリー・デヴォル、リンジー・ディートリッヒ、ステファニー・フィンクス、ブライアン・ガルヴィン、エリカ・ハイルマン、ジェフ・キーホー、アレクサンドラ・ケファート、メリンダ・メリノ、エラ・モリス、ジョッシュ・オレジャーズ、ジョン・シプリー、フェリシア・シヌサス、アン・スター、そしてハーバード・ビジネス・レビュー・プレスの編集部、制作部、営業部のみなさんには、ワード文書と手書きのスケッチを1冊の書籍にまとめ上げてくれたことを感謝する。

私にキャリアの正しいスタートを切らせ、このプロジェクトの知的で実践的な基盤となってくれたボストン・コンサルティング・グループ（BCG）とBCGデジタルベンチャーズの以下のみなさんにも感謝を伝えたい。ハーシェム・アラウイ・ソース、スペンタ・アーノルド、リア・アスクィーニ、ベン・エイラー、モハメド・バディ、サイモン・バートレッタ、ロバート・バッテン、ウィリアム・ブロンナ、エイドリアン・ブロス、ウィリアム・ブラウン、ジェイミー・ブラッシュ、キース・コールドウェル、ジョー・カラッバ、ラジブ・チェグ、ケイトリン・ウルフ・クリフフォード、ピーター・チェレパック、カール・ダハー、デヴィッド・デサンドレ、アレクサンダー・ドラムモンド、ミーガン・イングリッシュ、シーラ・フリン、ジェームズ・フォーリー、リア・フォーティス、ジャレッド・ガニス、プリヤ・ガーグ、アニカ・グプタ、マイケル・ハグカーダー、ゲイリー・ホール、ダニエル・ハーヴェイ、ジャスティン・ハッソン、ブライアン・ヘッド、ジェリ・ハーマン、マックス・ホースリー、ダニエル・フス、ハーニッシュ・ジャニ、ハチグ・カラマヌキアン、スコット・キーナン、ラニー・ステラ・キム、ウラジミール・キリチェンコ、アキフミ・キタ、アリソン・クー、アミット・クマール、オルガ・ラベル、ハナ・レーン、シチ・リュー、エリザベス・ライル、ネイト・マッケンジー、ジャスティン・マクブライド、エリック・ミシェル、サラ・シュワルツ・モハン、エミリー・マルケイ、スコット・ミスリンスキー、カーラ・ニーロン、ヒクマット・ヌーハイム、クリッシー・オブライエン、サラ・オルセン、リチャード・ピエール、ロジャー・プレモ、クロエ・チー、マリサ・ラクソン、スルティ・ラヴィ、ローマン・レーゲルマン、エドゥアルド・ダニエル・ロシアン、トム・シュニッツァー、ドリアン・シンプソン、アイシュワリヤ・スリダール、チェタン・タドヴァルカー、ジョーダン・テイラー、ニティア・ヴァドゥガナサン、オリアン・ウェリング、リア・ウォーレン、ジョン・ウー、グラハム・ワイアット、ウェンジア・(グレース)・ユー、ビル・ヤング、ルーク・Ｈ・ヤング、ジョッシュ・ザイドマン、ジェフ・チャン、クバ・ジェリンスキーである。

ベッキー・クーパー、フランクリン・スーホー・リー、エフォーサ・オジョモ、エミリア・フィリップス、マーティン・ロール、ジュリー・ジュオには、出版業界の暗黙のルールをわかりやすく説明してくれたことを感謝する。

この旅の始まりから一緒に考え応援してくれたこと、そして私のその日の気分にかかわりなく、常に寄り添ってくれたことを、イーサン・バリド、サム・バロウズ、オムニア・チェン、シュオ・チェン、ロブ・チェラン、シャオ・ユアン・チュー・チア、イザベラ・チウ、ダイアン・シアレッタ、ジョシュア・カレブ・コリンズ、ステファニー・コノートン、エリック・ダリン、ザッカリー・ディアリング、ヴァルン・デサイ、ケリー・グラハム、ローラ・ホギキャン、マルセル・ホルバッハ、ナサニエル・ホートン、シャージャン・フサイニー、モハマド・ハニフ・ジャヴェリ、ジャクソン・カーン、シャーマン・ラム、ジェニー・リー、ＤＩ・リー、ダスティン・レスシンスキー、ケイティ・リー、ティアンユ・リュー、ジャスティン・ロー、ローレン・ロング、コリン・リンチ、シャム・マニ、グレッグ・マギー、エヴァ・マイロ、ノンディーニ・ナキ、マーク・ニューバーグ、レイチェル・オニール、スー・フェファー、イーサン・ピアース、パトリック・クイントン＝ブラウン、ネヴィン・ラージ、サーシャ・ラムニー、グスタボ・レセンデス・ジュニア、デヴィッド・スー、パトリック・トリシュナ、ダイアン・トゥオンブリー、クリストファー・ウシー、ローハン・ワドワ、ナイチェン・ウァンギュ、スー・ウォン、ピーター・シュー、ノア・ヨナック、ハリー・ユー、アイク・チャン、リチャード・チャン、サンディ・チューに感謝する。

私に助言、体験談、フィードバック、紹介、サポートを与え、私からの頻繁な働きかけに応えてくれたことを、以下のハーバード・ビジネス・スクールのセクション1の仲間たちとハーバード・ビジネス・スクールの創立コミュニティに感謝したい。ダニエル・エイブラムス、マイケル・アフト、ウェイド・アンダーソン、ジョナサン・アリーナ、ジェレミー・オー、ウォード・オールト、グラハム・ボールバッハ、ウィルズ・ベガー、ロビー・バーナー、エリザベス・ブレイク、ゴンザロ・ボアダ・ギメネス、グラント・ボーレン、ソフィア・ブラネス、ジェシー・カイ、アリソン・キャンベル、ローラ・カーペンター、ヘンリー・カシン、エリック・チャベス、フェイ・チェン、ステファニー・チェン、スア・チョー、スペンサー・クリステンセン、マイケル・クランシー、クリスティアナ・コルタート、マイク・コンティロ、ゲイブ・カニンガム、キャサリン・デグネン、マット・デラニー、フェリペ・デルガード、サヒル・デワン、バイア・エル・オディ、キャロリン・ファラート、ディーニ・ファティハ、ヴィンセント・ファウロ、ハビエル・フェルナンデス、ミチ・フェレオル、クイン・フィッツジェラルド、ブランドン・フライバーグ、リリー・フー、フランチェスカ・フュルヒテゴット、ファン・デヴィッド・ガリンド、マット・グラハム、ラシャード・グリーン、シュリー・グラティ、ナタリー・J・グオー、マイケル・ハダッド、ダニエル・ハンドリン、ベンジャミン・ハーディ、クリストファー・ヘンリー、マーク・ハウランド、クリスティーナ・フリストヴァ、リンダ・フィン、サンダー・インテルマン、ハリ・アイヤー、ナンシー・ジン、アシュウィニ・カダバ、ライアン・カルムータ、サリマ・カッサム、アナント・カストゥリラマン、アイリーン・ケスキネン、ライリー・キーナン、デヴィッド・キム、ジュリア・クリマシェフスカ、アンドリュー・クネズ、ラフィ・コールバーグ、エヴァン・コーンブルー、アディティ・クマール、ベン・レイシー、ハンス・ラッタ、キャサリン・リー、ブライアン・レヴィン、ジェナ・レヴィ、ケニー・リム、レイチェル・リプソン、ベイジュン・ルオ、アリソン・マクラウド、アムリタ・マインシア、ヤーデン・マオズ、フレドリック・マロ、ペギー・マティヴォ＝オチョラ、デヴィッド・ムバウ、エリス・マクドナルド、パット・マクマン、アミット・メギド、アニタ・メロトラ、マイケル・メキール、シャンタヌ・ミスラ、デヴィヤニ・ミスラ＝ゴドウィン、ロベルト・モルフィノ、ラーキーム・モリス、スタニスラフ・モスコフツェフ、ヨセン・ミュールバウアー、パトリック・ニーロン、クラリセ・ノイ、ベンジャミン・ニューマーク、グレース・ング、エリカ・オオハシ、ソーニャ・ペイジ、サンチャリ・パル、サム・パルミサーノ、イリーナ・パパラマヴァ、アプールヴァ・パスリチャ、サウラフ・パティアル、アナ・ペドラホ、フィービー・ペロント、アミラ・ポラック、オリヴィエ・ポルテ、シュベタ・ライナ、クリシュナ・ラジェンドラン、ＪＪ・レイナー、マイケル・レスリンスキー、ミサン・レウェイン、ハンター・リチャード、ケイトリン・リーデラー、ケン・ロウ、ベン・サミュエルズ、タファズワ・サムッションガ、ホセ・サンチェス、ボー・サンガサパヴィリヤ、レヴァナ・サニ、マイケル・サード、レベッカ・シャルフスタイン、ジョン・シェクター、モンティ・シャルマ、クイン・シェルトン、ミミ・シェン、ダグ・シュルツ、アンドリュー・シエラ、デンジル・シッカ、マイケル・シルヴェストリ、カモイ・スモーリング、テイラー・スペクター、サム・ストーン、ロヒト・スディンドラナート、コリーン・タペン、スティーブン・テンプル、リズ・トーマス、ピエール・Ｈ・ティス、タルニカ・トラニ、ステファニー・トン、チャド・トラウシュ、スジェイ・タイル、サクシャム・アパル、エリカ・オイターホーフェン、デヴィッド・ヴァキリ、シャリフ・ヴァキリ、グスタボ・ヴァズ、ファンファン・ワン、ダン・ワイズリーダー、マイケル・アラン・ウィリアムズ、アーロン・ウィルシュバ、ジョン・ウォフシー、マリア・ウッドマン、リン・シー、キャサリン・シュー、シェリー・シュー、タカフミ・ヤマダ、ジェレミー・ヤン、ローランド・ヤング、ナナコ・ヤノ、ラヴィ・イェギャ＝ラマン、ブライアン・イェー、アンジェロ・ゼニア、ユジエ・ゼン、メアリー・チャン、イタマール・ズールである。

刺激的な議論を交わし、個人的な体験談と励ましを寄せてくれたボストン・シェイパーズのメンバーたち、なかでもライアン・アンシン、ヨハン・ビュルマン・バーグマン、ショーン・J・チェン、ハワード・コーエン、ギフィン・ドートリッジ、アナンド・ガンジャム、ファン・ジラルド、カイル・グロス、ネクタ・ハミディ、レイチェル・カンター、タンヴィール・カタワラ、ミリー・リュー、フィル・マイケルズ、デヴィッド・ムー、ライアン・オマリー、ジョズエル・プラセンシア、アビシェーク・ラマン、マイケル・ラスプッツィ、ジェイク・ライシュ、ジェン・リーデル、メイセン・サン、ヤニス・K・バルティス、ボザンカ・ヴィタノワに感謝を伝えたい。

自分が何もわかっていないことに気づいていない学生たちにアドバイスしたい。そんな難しいがやりがいのある仕事を手がけることを認めてくれた、マサチューセッツ大学ボストン校の同僚たち、なかでもジェニファー・バローン、ウィリアム・ファリック、デボラ・フェデリコ、アデスワ・イグビネウェカ、マーク・ケニオン、マイケル・マハン、キャサリン・ニューマン、マシュー・パワー＝コッホ、アマンダ・ストゥパケビッチにも感謝する。さらには、ハーバード大学アダムス・ハウスのチューター団体、第一世代・低所得者向けキャリアアドバイスチームのみなさん、なかでもヴァーネル・アントワーヌ、セイロン・オーギュスト＝ネルソン、マット・バーク、ジェレン・チャン、マリーナ・コネリー、メダ・ガルゲヤ、シェイラ・ゴルカー、ジェラニ・ヘイズ、シャンドラ・ジョーンズ、シャノン・ジョーンズ、アンバー・カズミック、ジョン・ムレシアヌ、ルンビ・ムシャヴィ、エマ・オギエムワニエ、デニス・オジョゴ、ジュディス・パルフリー、ショーン・パルフリー、サニー・パテル、オシリス・ランキン、キャスリン・C・リード、ウェイル・シェン、ティモシー・スミス、オーブリー・スレルケルド、エミリアーノ・ヴァッレ、ラリッサ・チョウにも感謝する。

実現が難しそうな私の企画書を受け入れ、早くからフィードバックを提供し、私のアイデアを試す機会を与えてくれたブライアン・バー、ダイアナ・チェン、ジャスティン・カン、ポール・マーティン、アマンダ・シャリック、カレン・シー、アンドリュー・ヤンに感謝したい。

心地よいソファを提供し、上海の通りを真夜中に一緒にぶらついてこの旅にインスピレーションを与えてくれたクリス・ロイルとアンドリュー・ユーにも感謝する。

私のユニークな試みのきっかけとなった砂浜での（文字どおり）長い散歩に付き合ってくれたH・ウク・キムにも感謝する。

ハーバード・ビジネス・スクールの教授陣とスタッフの多くは、教え子でもない私と会うために時間を取り、貴重な知見と助言を与えてくれた。イーサン・バーンスタイン、ライアン・ビューエル、ジェフ・バスギャング、ティモシー・バトラー、クレイトン・クリステンセン、マイケル・チュー、トーマス・デロング、エイミー・エドモンドソン、クリスティン・ファベ、クリステン・フィッツパットリック、デヴィッド・フビーニ、ジョセフ・フラー、ジョディ・ジャーノン、シカール・ゴーシュ、レナ・ゴールドバーグ、ポール・ゴンパーズ、ボリス・グロイスバーグ、ジョナス・ヒース、ローラ・ファン、チェット・フーバー、ロバート・ハックマン、エリザベス・キーナン、ウィリアム・カー、ジョン・J＝H・キム、レンブランド・コーニング、マーク・クレイマー、クリストファー・マロイ、トニー・メイヨー、ラマナ・ナンダ、マーク・ロベルジュ、リチャード・ルバック、エイミー・シュルマン、ウィリー・シー、ルー・シプリー、エリック・スタッフォード、ブライアン・トレルスタッド、アシュリー・ウィランズ、ロイス・ユドコフに感謝する。

そして最後に、大切な感謝を伝えたい。これまでのどの分類にも当てはまらないけれど、本書を作るきっかけとなる体験談や知見を提供してくれた、数えきれないほど大勢の人々への感謝である。彼らの多くは、私からのコールド・メールに快く回答し、私のくどいほどの質問に対応し、本書の基礎を形づくる率直な考えを打ち明けてくれた。本書では、感謝の意を込めて、（そして実在の人物の匿名性を保つために）これらの人物の名前を一部、仮名として使用させていただいた。以下に挙げる多くの方々、アンドレア・アボット、アセット・アブドゥアリエフ、CJ・アベレダ、ラビア・アブラー、スーザン・アクトン、クリステン・アダモウスキー、エヒゾギー・マリアマーサ・アボンラホール、ムハンマド・キサル・アーメド、シャーリー・アイ、ボブ・アラード、リンゼイ・アルペリン、ヴェレニス・アンドラーデ、オリヴィア・アンジュリ、カール・アーノルド、サリー・アーノルド、ジェレミー・アロンソン、ケーシー・アーリントン、クリスティーナ・アサドリアン、ササンカ・アタパットゥ、アフナン・アティア、アンドレア・バキリッチ、ショタ・バガトゥリア、アリー・ボールドウィン、ソミア・バンワリ、ジョン・バレット、ライアン・バッター、ヨナス・バユ、ジュリー・ベルベン、エイミー・ベノワ、アンソニー・ベノワ、スティーブン・J・バーガー、サバ・ベリゼ、トーマス・ベルナール＝ラニエ、ジュリー・ベルチュ、メナーズ・ボーラット、マクスウェル・ビッグマン、サラ・ビショップ、ニコラス・ブランコ＝ガリンド、ロバート・ブランク、ケイティ・ボルバッハ、スティーブ・ボナー、レオポルド・ボッティンガー、マリア・カミラ・ブランゴ、ニック・ブリードラブ、ベス・ブレットシュナイダー、ドン・ブレジンスキー、ニール・ブロンフィン、ベン・ブルックス、デヴィッド・ブライアン、パメラ・キャンベル、トビアス・カンポス、エヴァン・カオ、デブ・キャロル、ジョスリン・カーター、サラ・ケース、クラリス・チャン、レイラ・チャン・カリー、アレクサンドリア・チェイス、ブラッド・チャターグーン、ミン・チェ、ケビン・チェン、ニーナ・チェン、ルーク・チェン、ジョナ・シェブリエ、プラシッド・チャブリア、アルテア・チア、ネイサン・チン、カオ・ジ・チョン、アダム・チュー、エリック・チャン、シンディ・チャーチル、プリシラ・クラマン、トム・クレイ、サム・クレメンス、キース・クライン、セリーヌ・コギンズ、クリス・コルベール、エメット・コルベール、マイルズ・コリヤー、マイケル・コンセプシオン、スーザン・コナー、サラ・コナーズ、ジョヴァンニ・コンセルヴァ、アシュリー・クック、ケリー・ウォートン・クーパー、カイラニ・コーデル、ベン・コーニッシュ、ライアン・クレイグ、アルバート・キュー、ジェイク・キュー、マシュー・カリー、テイラー・ダリン、アニー・ダン、フランチェスコ・ダニエレ、サミュエル・ダヴィオー、グラハム・デイビス、ライアン・デイビス、ダニエル・デボウ、グウェンドリン・デルガド、シャーン・デサイ、マイク・デズベ、アリス・ダイヤモンド、ケイトリン・ディマルティーノ、ジェイク・ダイナーマン、アマンダ・ドビー、オマー・ドブレスク、ブライアン・ドイル、コナー・ドイル、トム・ドレラー、トーマス・ダンリービー、アン・ドウェイン、タヌシ・イーガル、ブレンダン・イーペン、オリバー・エドモンド、デナ・エルカティブ、バシール・エルメガリアフ、メアリー・エルムズ、オリヴィア・エンゲラウ、アンドレア・エスポジート、ケイラ・エヴァンス、ロニー・ファング、ゼヴ・ファーバー、アワイス・ファルーク、キャロライン・フェイ、ジョッシュ・ファインバーグ、レスリー・ファインガーツ、デイブ・ファーガソン、ベンジー・フェルナンデス、ジェシカ・フローレス、シャノン・フリン、アレクサンドラ・フット、アビー・フォーブス、エーオイフェ・フォーティン、アイシャ・フランシス、デブラ・フランケ、デヴィッド・フランケル、ジュリア・フリーランド・フィッシャー、ネイサン・フライ、オリビア・フー、チェン・ガオ、ジャック・ガオ、アンドリュー・ガルシア、ヴァレリア・ガルシア、アンドレス・ガルシア・ロペス、ジェリー・ガービン、ジョアン・ガス、ボブ・ゲートウッド、レイチェル・ギブソン、フランシーヌ・ギラック、アリ・ギトマー、カテリーナ・グリプティス、ロブ・ゴー、ダイアナ・ゴッドフリー、アーヴィン・ゴメス、アンドレ・ゴンティエ、アンドレ・ゴンザレス、ダン・ゴンザレス、ジョッシュ・ゴットリーブ、ラフィ・グリンバーグ、シンディ・グアン、マシュー・ギダレリ、ルーシー・グオ、ディアナ・グティエレス、ギレルモ・サミュエル・ハムリン、ロンゼン・ハン、クリステル・ハリス、エマ・ハリソン＝トレイナー、ナジブ・ハヤト、シェイマス・ヒーニー、タイラー・ヘスター、マーク・ヘプリンガー、スティーブン・ホン、ジュナイド・ホーセン、ダニエル・ホーガン、エディ・ホーガン、ウィル・ホーテリング、アリス・ヒョン、エリック・ファン、インジ・サクラ・ファン、アリシャ・フダニ、マット・ホイ、マイケル・ハントリー、ウルージ・フセイン、イアン・イングレス、キャスリーン・ジャーマン、チェタン・ジャヴェリ、アリシャ・ジョンソン・ウィリアムズ、サウミア・ジョシ、サラ・ジューン、リック・カマル、イーナン・カン、ハワード・カプラン、イマネ・カロウミ、ランス・カティグバック、ニル・カゼミ、マリー・キール、ジュリア・ケンプ、イクラ・カーン、カシム・カーン、ジェイミン・キム、シェリル・カイザー、リサ・クレイツ、カリン＝イザベル・ヌープ、ナサニエル・コロック、ジョスリン・クラウス、カール・クライツバーグ、クローディア・クリムスキー、アンディ・クー、カラ・クバリチ、ジャスティン・クーラ、ルース・クワクワ、エイドリアン・クォック、スコット・ラシャペル、マーゴット・ラフランス、デビー・ライ、クリティ・ラル、クレメント・ラム、ミシェル・ラローシュ、ハイディ・ラーソン、アトール・ラワン・ダウ、フラン・ローラー、レスリー・ロウズ、トゥオンヴァン・レ、ライアン・リーフ、アンティナ・リー、クレア・リー、トレヴァー・リー、ジハン・リー、ジェームズ・リーパー、ジョリーン・レア、ジョン・レオン、アネル・レフコビッチ、リンダ・ルイ、ジュンイ・リー、メアリー・リー、ユアンジェン・カーラ・リー、ケヴィン・リャン、サンディ・リャン、レイチェル・リデル、ビル・リン、ジェシカ・リン、エリザベス・リン、ジョン・リュー、ティナ・リュー、ジェイク・リベングッド、ダニエル・ロボ、ブリンダ・ロイワル、ブライアン・ロングマイア、ローラ・トンプソン・ラブ、ニコラス・ローウェル、ヘレン・ルー、イン・ルー、ジーナ・ルセンテ＝コール、コリー・ランドバーグ、ケリー・リュオ、アンデ・ライオンズ、シャノン・ライトル、デヴィッド・マー、マルコ・マー、ルビー・マー、アリ・マハラジ、ファズラー・マリク、ビル・マンリー、リン・マーティン、ブライアン・マット、リンレイ・マコーネル、カレン・マクランク、メッタ・マクガーベイ、テシー・マクガフ、ノエル・マクアイザック、エレノア・ミーゴダ、リシャブ・メハン、ビル・メイ、エミリー・ミーランド、ルイ・メレイロ、ミシェル・メンデス＝スウィジンスキー、クリスティーナ・メンデス、ジェシー・マーメル、マット・マイヤーソーン、カイル・ミラー、ファティマ・モハマド、キャサリン・マネー、デヴィッド・ムーン、ブライアン・モーガン、エリック・モリス、マドレーヌ・モーティモア、ロビン・マウント、トーマス・マーフィー、ケナン・マーフィー＝シエラ、ブライアン・ムワラニア、アニー・ナム、アンソニー・ナルディーニ、ケイティ・ングマック、ディナ・グエン、クリスティン・グエン、パトリック・ニヒル、タスノバ・ヌスラト、クレア・オコンネル、トム・オライリー、リア・オドネル、ベン・オーノ、チデラ・オコエ、アナ・オラノ、ジャスティン・オッソラ、エリック・ウーヤン、スコット・オーバーダイク、ナタリー・オーウェン、カヨデ・オーウェンズ、ライザ・パディラ、ジェームズ・パラノ、アーロン・パーマー、ベン・パーマー、ベリンダ・パン、ローハン・パラク、サンティアゴ・パルド・サンチェス、ニシャ・パリク、クリスティー・パーク、ハンナ・パーク、リンダ・パッサレリ、プリヤ・パテル、ゼール・パテル、インディア・ピーク・ジェンセン、クリスティン・ペンダー、アンジー・ペン、サリー・ペネル、マレン・ピーターソン、シャロン・パイアー、スティーブ・プフレンジンガー、アレックス・ファム、タイラー・ピアッツァ、ジュールズ・ピエリ、ルベン・ピンチャンスキ、ダン・ピノリス、ディーネウス・ポーク、アンディ・ポーリンジャー、イヴァ・ポッパ、エマ・ポトヴィン、イアン・プー、シヤ・ラージ・プロヒト、キャサリン・チエン、アンドリュー・クイン、アンジェラ・キタダモ、ケイティ・レイ、アリーヤ・レイニー、サケシュ・ラーマ、マンジャリ・ラマン、アンドレス・ラミレス・カルドナ、シャーウェット・ラッシュド、アヌヴ・ラタン、ケイト・リービス、レイチェル・レドモンド、トリスティアン・リード、シーラ・ラインドル、ニニ・レン、アレクサンダー・レンドン、ブライアン・レイノルズ、ロリ・リチャードソン、リン・リチャードソン、アンドレア・リッキー、ポール・ライリー、アドリアーナ・リバス、スティーバー・ロビンス、ジャブリル・ロビンソン、マリア・ロドメル、ジョアン・ロネイン、ターニャ・ロズバッシュ、ブラッド・ローゼン、アリエル・ロスマン、イジー・ルービン、マリア・ルイス、アリ・サディク、アフマド・ジャウド・サキ、ローランド・サラティーノ、ファキン・サンチェス、シェルビー・サンドゥ、マリリン・サンティステバン、スティーブ・シェウィ、ピーター・シリパ、ロザリー・シュラウト、アムナ・シェイク、アリ・シャリフ、クシュ・シャルマ、エミリー・シエン、コート・ネイ・シャーマン、アヤネ・シガ、エリン・ショーテル、アマンダ・シューイ、ジェーン・シュイ、ストゥーティ・シュクラ、ジェシー・シュルマン、マリア・シグエンザ、ゾーイ・シルバーマン、クリスチャン・シモイ、サミュエル・シンガー、ナヴジート・シン、ハーシュ・シソディア、アルヴィン・シウ、エリック・スカンツェ、マイケル・スコック、フラン・スラッキー、アーマン・スミゲルスキー、アレクシス・スミス、デビー・スミス、フレーザー・スミス、マルタ・ソバー、ダニエラ・スパニョーロ、ジョナサン・スパーリング、スニル・スリーカンス、ラフル・スリニヴァサン、ヴィッシュ・スリヴァスタヴァ、ケイトリン・スタントン、ジュリア・スター、ステファニー・スティール、テリー・スターリング、ビバリー・スティーブンス、ヘザー・スティーブンソン、グレース・ストロング、アビナッシュ・サブラマニアム、ケント・サムマーズ、エドワード・サン、ジェイク・サスマン、セオドア・サザーランド、マシュー・サットン、ポール・サイタ、トーマス・タフト、カリス・タイ、セレナ・タン、オードリー・タオ、エイミー・タウル、クリス・テイラー、ライアン・テンサー、タイラー・テリオ、トレイシー・テリー、サラ・テザー、マシュー・トーマス、スーザン・トーマス、ケビン・トンプソン、ジェリー・ティン、エマ・トウ、マイケル・トラン、セス・トルドー、デヴィッド・ツイ、マリアンナ・トゥ、マット・タッカー、マット・ターゾ、ジョセリン・タトル、ケイティ・アーバン、マイケル・ユー、アミラ・ヴァリアーニ、エイミー・ヴァン・カーク、シンシア・キング・ヴァンス、ジェームズ・ヴァンダー・フーヴェン、オルガ・ヴァシレヴァ、デヴィッド・ヴェンシス、ダニエラ・ヴェラ、クラウディア・ビジャヌエヴァ、トーマス・ヴィータ、トリエット・ヴォ、クレア・ワドリントン、ワジエハ・ワヒード、アリソン・ウォール、ケイティ・ウォルシュ、アニー・ワン、リサ・ワン、マリリン・ワン、ミケーレ・ワン、レイ・ルイチェン・ワン、ランリン・ワン、スーザン・ワン、ユートン・ワン、トム・ワード、ネシム・ワトソン、アナエル・ペマ・ウェーバー、カロライナ・ウェーバー、ハワード・ウェイ、ジョアン・ワイス、カーラ・ワイス、スコット・ウェストファール、ダニエル・ウェクスラー、ミーガン・ホワイト、ガブリエル・シルベスター・ワイルドバーガー、タラ・ウィルソン、ジェイソン・ウィンミル、バスキ・ウィノト、アレクシス・ウルファー、フェリックス・ウォン、マシュー・ウォズニー、アリソン・ウー、ブライアン・ウー、ダン・ウー、アイリーン・ウー、イーファン・ウー、ブントウ・シオン、アニータ・シュー、ジョージ・シュー、ニコラス・シュー、ヴィッキー・シュー、ベルベル・シュエ、ジョナサン・ヤム、チャ・チャ・ヤン、チェリー・ヤン、イザベル・ピンイン・ヤン、ジュリー・イエン、ジェニファー・ユン、グレース・ヤング、セレン・ユー、ケビン・ユエン、チャーリー・チャン、ダニー・チャン、リンダ・チャン、ペイイー・チャン、リリ・ザオ、セレーナ・ザオ、ルーシー・ゾン、クリス・チョウ、ムハンマド・ジオーディン、ララ・ジマーマン、リリアン・ズオ、デヴィッド・ジルベルバーグに感謝を捧げたい（上記に書き漏らしてしまった方々にも、ここでお礼を申し上げる。感謝の気持ちが足りなかったわけではなく、私の忘れっぽい性格が災いして見落としてしまったのだろう。ご連絡をいただければ、一杯奢らせてほしい）。

そして、上記の人たちに「恩送り」をしたすべての人々、本書の出版を可能にしてくれた多くの人々に伝えたい――みなさんもリレーに参加していることを。みなさんの貢献に深く感謝する。これからも「恩送り」を続けてほしい。

3. Thomas J. DeLong, "Three Questions for Effective Feedback," hbr.org, August 4, 2011, https://hbr.org/2011/08/three-questions-for-effective-feedback.

第14章　問題や悩みを解決する

1. Suzy Welch, *10-10-10: A Life-Transforming Idea* (New York: Simon & Schuster, 2009).［邦訳：スージー・ウェルチ『10-10-10——人生に迷ったら，3つのスパンで決めなさい！』小沢瑞穂訳，講談社，2010年］

第15章　ポテンシャルを示す

1. David G. Smith et al., "The Power of Language: Gender, Status, and Agency in Performance Evaluations," *Sex Roles* 80 (2019): 159–171.

第9章　多くの仕事を円滑にこなす

1. Dwight D. Eisenhower, "Address at the Second Assembly of the World Council of Churches, Evanston, Illinois," speech, August 19, 1954, https://web.archive.org/web/20150402111315/http://www.presidency.ucsb.edu/ws/?pid=9991.
2. Linda Babcock et al., "Gender Differences in Accepting and Receiving Requests for Tasks with Low Promotability," *American Economic Review* 107, no. 3 (2017): 714–747.
3. Vanessa Fuhrmans, "Where Are All the Women CEOs?," *Wall Street Journal*, February 6, 2020, https://www.wsj.com/articles/why-so-few-ceos-are-women-you-can-have-a-seat-at-the-table-and-not-be-a-player-11581003276.
4. Rosabeth Moss Kanter, *Men and Women of the Corporation*, 2nd ed. (New York: Basic Books, 1993).［邦訳：R・M・カンター『企業のなかの男と女――女性が増えれば職場が変わる』高井葉子訳, 生産性出版, 1995年］
5. Joan C. William et al., *Climate Control: Gender and Racial Bias in Engineering?* (Center for WorkLife Law, UC Hastings College of the Law, 2016), https://worklifelaw.org/publications/Climate-Control-Gender-And-Racial-Bias-In-Engineering.pdf.
6. Madeline E. Heilman and Julie J. Chen, "Same Behavior, Different Consequences: Reactions to Men's and Women's Altruistic Citizenship Behavior," *Journal of Applied Psychology* 90, no. 3 (2005): 431–441.
7. Babcock et al., "Gender Differences in Accepting and Receiving Requests for Tasks with Low Promotability."

第11章　人間関係を築く

1. John M. Gottman and Joan DeClaire, *The Relationship Cure: A Five-Step Guide to Strengthening Your Marriage, Family, and Friendships* (New York: Three Rivers Press, 2002).［邦訳：ジョン・M・ゴットマン＆ジョアン・デクレア『ゴットマン式コミュニケーション術――自己診断テストでわかる改善と対策』伊藤和子訳, パンローリング, 2021年］

第13章　上司のフィードバックを利用する

1. Erin Meyer, *The Culture Map: Breaking Through the Invisible Boundaries of Global Business* (New York: PublicAffairs, 2014).［邦訳：エリン・メイヤー『異文化理解力――相手と自分の真意がわかる ビジネスパーソン必須の教養』田岡恵監訳, 樋口武志訳, 英治出版, 2015年］
2. Hall, 前掲書

原注

第1章　3つのC――能力、熱意、協調性

1. Lauren A. Rivera, "Hiring as Cultural Matching: The Case of Elite Professional Service Firms," *American Sociological Review* 77, no. 6(2012): 999–1022; Miller McPherson, Lynn Smith-Lovin, and James M. Cook, "Birds of a Feather: Homophily in Social Networks," *Annual Review of Sociology* 27(2001): 415–444; Emilio J. Castilla and Stephen Benard, "The Paradox of Meritocracy in Organizations," *Administrative Science Quarterly* 55(2010): 543–576.

2. Dongwon Oh, Eldar Shafir, and Alexander Todorov, "Economic Status Cues from Clothes Affect Perceived Competence from Faces," *Nature Human Behaviour* 4 (2020): 287–293; Erez Levon et al., *Accent Bias: Implications for Professional Recruiting* (Accent Bias in Britain, 2020), https://accentbiasbritain.org/wp-content/uploads/2020/03/Accent-Bias-Britain -Report-2020.pdf; Lauren A. Rivera, *Pedigree: How Elite Students Get Elite Jobs* (Princeton: Princeton University Press, 2016); Jens Agerström and Dan-Olof Rooth, "The Role of Automatic Obesity Stereotypes in Real Hiring Discrimination," *Journal of Applied Psychology* 96, no. 4 (2011): 790–805.

3. Joan C. Williams and Rachel Dempsey, *What Works for Women at Work: Four Patterns Working Women Need to Know* (New York: NYU Press, 2018); Costas Cavounidis and Kevin Lang, "Discrimination and Worker Evaluation," NBER working paper no. 21612, National Bureau of Economic Research, Cambridge, MA, October 2015; Simon M. Laham, Peter Koval, and Adam L. Alter, "The Name-Pronunciation Effect: Why People Like Mr. Smith More Than Mr. Colquhoun," *Journal of Experimental Social Psychology* 48, no. 3 (2012), 752–756.

第5章　自分の物語の伝え方

1. Sam Friedman and Daniel Laurison, *The Class Ceiling: Why It Pays to Be Privileged* (Bristol, United Kingdom: Policy Press, 2019).

第7章　適切なシグナルを送る

1. Edward T. Hall, *The Silent Language* (New York: Doubleday & Company, 1959). [邦訳：エドワード・T・ホール『沈黙のことば――文化・行動・思考』國弘正雄・長井善見・斎藤美津子訳，南雲堂，1966年]

著者紹介

ゴリック・ウン　Gorick Ng

ハーバード大学のキャリア・アドバイザーとして、両親がともに大卒資格をもたない第一世代の低所得層の学生を専門に指導する。ハーバード・ビジネス・スクールのManaging the Future of Workプロジェクトの研究者でもある。クレディ・スイスの投資銀行部門、ボストン・コンサルティング・グループ（BCG）の経営コンサルティング部門、マサチューセッツ大学ボストン校のキャリアサービスなどを経て現職。ハーバード大学卒業、ハーバード・ビジネス・スクール修了（MBA）。

www.gorick.com

訳者紹介

道本美穂　Miho Michimoto

英語翻訳者。東京大学文学部社会学科卒業。大手通信会社に勤務したのちに翻訳者に。訳書に『失われた報道の自由』（日経BP）、『トマトの歴史』（原書房）、『地獄への潜入』（柏書房）、『告発 フェイスブックを揺るがした巨大スキャンダル』（共訳、ハーパーコリンズ・ジャパン）がある。

THE《ジ》 UNSPOKEN《アンスポークン》 RULES《ルールズ》 暗《あん》黙《もく》のルール

ハーバード大学《だいがく》のキャリア・アドバイザーが書《か》いた、新《しん》・社会人《しゃかいじん》の教科書《きょうかしょ》

2023年 2 月25日　初版第 1 刷発行

著　者　ゴリック・ウン
訳　者　道本《みちもと》美《み》穂《ほ》
発行人　小山隆之
発行所　株式会社実務教育出版
〒163-8671　東京都新宿区新宿 1-1-12
電話　03-3355-1812（編集）
03-3355-1951（販売）
振替　00160-0-78270
印刷・製本　図書印刷株式会社

ISBN978-4-7889-0830-7　C0030